그리스의 신과 영웅

GODS and HEROES

그리스의 신과 영웅

조명동 · 강미라 지음

HUEBOOKS

GODS and HEROES

서문

왜 신화에 주목하는가?

언제부터인가 우리 사회에서 신화에 대해 관심을 갖는 사람들이 많아지기 시작했다. 그 징후는 서점에 가보면 알 수 있는데, 우리 사회가 어떤 주제나 분야에 대해 얼마나 큰 관심을 가지고 있는가를 단적으로 보여주고 있는 것들 중에 하나는 아마도 대형서점에서 흔히 볼 수 있는 책들의 진열상태이기 때문이다. 꽤 오래 전부터 시내의 대형 서점의 가장 주목받는 자리에 신화관련 서적들이 산더미처럼 쌓여서 진열되어 있기 시작했고, 특히 그리스 신화에 관련된 다양한 서적들이 진열대의 가장 좋은 자리를 차지하기 시작했다. 왜 우리 사회의 많은 사람들이 이처럼 신화에, 특히 그리스 신화에 많은 관심을 가지기 시작한 것일까?

사람들이 신화에 관심을 가지는 이유는 크게 두 가지 측면에서 설명해 볼 수 있을 것이다. 그 첫 번째는 문화콘텐츠의 측면이다. 21세기에 들어서면서 우리 사회에 (또는 전 세계적으로) 나타난 두드러진 현상들 중의 하나는 대중매체의 종류와 그 수의 폭발적인 증가이다. 우리나라만 해도 과거에는 영화와 몇 개 채널의 텔레비전과 라디오 방송, 그리고 몇

몇 출판사들과 몇 개의 신문사와 잡지사들이 대중매체의 전부였다. 그러나 21세기에 들어서면서 대중매체의 종류와 가지 수는 거의 상상을 초월할 정도로 폭발적으로 증가하고 있다. 20세기 후반에 급격히 성장한 인류의 과학기술, 특히 통신기술의 놀라운 발달과 다양한 네트워크의 폭발적 증가는 21세기에 들어서면서 대중매체에 있어서 큰 발전을 가능하게 해주고 있다. 현재의 우리는 다양한 대중매체들의 홍수 속에 둘러쌓여 있다고 해도 과언이 아니다.

이러한 대중매체의 종류와 수의 폭발적인 증가는 우리에게 또 다른 현실적이고 절박한 과제를 부여하고 있는데, 그것은 그 많은 대중매체들을 가득 채울 콘텐츠들의 생산이다. 쉽게 말해 이야깃거리들의 생산이다. 비근한 예로 우리가 쉽게 접할 수 있는 케이블 TV를 예로 들어보자. 많은 사람들이 시청하고 있는 케이블 TV는 보통 채널의 수가 20여 개에서 많게는 100여 개에까지 이른다. 그리고 각 채널들은 일 년 365일 하루 24시간 거의 쉬지 않고 끊임없이 방송을 내보내고 있다. 그런데 방송을 좀 자주 보는 사람들은 잘 알겠지만 그 많은 방송들의 대부분이 중복 방송이라는 것이다. 새로운 이야깃거리가 등장하기보다는 각 채널들이 또 각 시간대별로 계속 중복되게 한정된 수의 내용들을 돌아가면서 수도 없이 반복해서 방송한다. 그래서 아무리 채널을 바꾸고 장시간을 지켜봐도 새로운 콘텐츠를 기대하기 어려울 정도이다. 매체들 상호 간에도, 예를 들어 영화 TV 서적 등 각종 매체들 간에도 동일한 콘텐츠를 반복해서 재생하거나 재생산하고 있다. 이러한 현상은 기술의 발달로 인해 매체의 종류와 수는 급격히 증가했음에도 불구하고 그것을 채울 콘텐츠, 즉 이야깃거리들이 미쳐 그것들을 채울 만큼 공급되지 못하고 있기 때문이다. 즉 수요와 공급의 불균형 상태라고 말할 수 있겠다.

이러한 수요와 공급의 불균형 상태를 극복하기 위해 많은 콘텐츠 사업자들이 새로운 이야깃거리들을 제공하기 위해 부단히 노력하고 있다. 이미 많은 사람들이 알고 있듯이 그러나 새로운 이야기를 그것도 단시간 내에 많이 만들어 낸다는 것은 결코 쉬운 일이 아니다. 그래서 사람들은 옛 이야기들을 재생산해내곤 한다. 우리가 자주 접하는 이야기들, 예를 들어 콩쥐팥쥐나 심청전 춘향전 같은 옛 이야기들이나 장희빈이나 연산군에 얽힌 역사적 사건들을 이용한 이야기들과 같은 것들은 자주 반복해서 재생산되곤 한다. 너무 많이 들어서 사람들에게 식상하거나 지겨울 수도 있는 이러한 이야기들이 계속 재생산되고 있는 데는 나름대로 이유가 있을 것이다. 그것은 바로 이 이야기들이 살아남은 이야기들이라는 점이다. 지금까지 우리 조상들이 만들어낸 수많은 이야기들 중에서 그리고 지금까지 있었던 수많은 역사적 사건들 중에서 이 이야기들이 살아남았기 때문에 오늘날 우리에게 여전히 전달되고 있는 것이다. 살아남은 이야기, 거기에는 분명 그 이야기들이 살아남은 이유들이 있을 것이다. 최소한 이 살아남은 이야기들은 그 자신의 이야기로서 가치가 입증된 것임으로 그런 이야기들은 어느 정도 시차를 두기만 하면 반복해서 재생산해도 콘텐츠 소비자들로부터 외면당하는 일은 거의 없다. 그래서 몇몇 옛 이야기들이 반복해서 재생산되곤 한다.

완전히 새로운 이야기를 만든다는 것은 사실상 거의 불가능에 가깝다. 많은 이들이 말하듯이 창작이란 일종의, 또는 최소한 부분적으로, 모방이다. 새로운 이야기들을 만든다는 것은 다양하고 참신한 또는 친숙한 그래서 콘텐츠 소비자들에게 호감을 받을 만한 소재들을 모아서 그것을 흥미진진한 줄거리에 맞추어 재구성하는 것이라 말할 수 있다. 이렇게 소비자들에게 호감을 받을 수 있는 그리고 소비자들에게 친숙한 소재들이란 이미 우리에게 친숙한 이야기들에 자주 사용되어져온 이야기의 조각들이다. 그래서 새로운 이야기를 만드는 가장 효과적인 한 방식은 우리에게 이미 친숙한 이야기들의 구성요소들을 수집해서 그것들을 활용하여 새롭게 구성하는 것이다. 따라서 창작을 위해서도 우리는 옛이야기들이나 설화들 또는 신화들에 주목하게 된다. 현대의 가장 유명한 창작물 중의 하나인 '반지의 제왕'이나 '해리포터' 시리즈들 역시 그 속에 담겨 있는 각 종족들이나 지형들 괴물들 그리고 여러 신기한 현상들 등은 이미 서양인들에게 각 지역의 신화나 설화 등을 통해서 친숙해져 있는 것들이다. 작가는 이미 사람들이 친숙해져 있고 그리고 또한 충분히 흥미를 가질만한 요소들을 모아서 그것으로 새로운 세계를 만들고 그 속에서 흥미로운 이야기들을 구성해 낸 것이다. 이처럼 신화는 새로운 문화콘텐츠들의 제작에 중요한 재원으로서 가치가 있다.

현대인들이 그리스 신화에 관심을 가지는 두 번째 이유는 그것이 서양철학과 사상의 원천이라는 측면에서 설명되어질 수 있을 것이다. 우리가 흔히 난제難題라고 번역하는 '아포리아aporia'라는 용어가 있다. 이 말은 더 이상 앞으로 나아갈 수 없다는 말에서 유래한 것으로 마치 새로운 항로를 개척하기 위해 연안 해역을 항해하던 배가 새로운 뱃길로 기대하고 들어섰던 길목이 막다른 곳이라서 더 이상 앞으로 진행해 나갈 수 없을 때와 같은 상황을 가리킬 때 쓰인다. 일반적으로 어떤 주제에 대한 논의를 진행하다 모든 가능한 선택지들을 다 검토했음에도 불구하고 더 이상 논의를 진행할 수 없는 상태에 빠졌을 때 우리는 아포리아에 빠졌다고 말한다. 즉 길을 가다 막다른 골목을 만난 것과 같은 상황이다. 이런 경우 우리는 어찌해야 하는가? 아마도 우리가 선택할 수 있는 방안은 두 가지 뿐일 것이다. 하나는 그냥 그곳에서 멈추는 것이고, 또 하나는 처음으로 또는 마지막 분기점으로 되돌아 나와 새로운 길을 찾는 것일 것이다.

우리가 흔히 방법으로 번역하는 method란 말은 meta와 hodos의 합성어로 '길을 따라서'의 의미이다. 우리가 어떤 목적지에 도달하기 위해 취해야 할 가장 기본적인 방식을 나타내고 있는 용어라 할 수 있다. 예를 들어 우리가 처음 발을 들여 놓은 산이 있다고 가정하자. 그 산의 어떤 특정 장소에 우리가 가고자 하는 목적지가 있다고 가정하자 그렇다면 우리는 제일 먼저 무엇을 해야 하는가? 우리는 목적지를 찾기 위해서 일단 길을 따라 걸어가야 한다. 그런데 모든 길은 가다보면 갈림길을 만나게 된다. 여러분은 낯선 곳에서 갈림길을 만난다면 어떻게 할 것인가? 우리가 우리의 목적지에 꼭 가려고 하고 그리고 그곳에 가는 정확한 길을 모른다면 우리는 어느 길이든 한 곳을 선택해서 가야만 한다. 어느 쪽을 선택할 것인가? 그것은 각자의 기호에 따라 다를 수 있다. 그러나 한 가지 분명한 원칙을 정해서 일관되게 행하는 것이 좋다. 예를 들어 '갈림길이 나오면 무조건 오른쪽 길로 간다'와 같은 원칙을 정해서 그대로 행하는 것이다.

일단 첫 갈림길에서 오른쪽 길을 택해 가자. 이 경우 우리는 우리가 선택할 길이 어떤 것인지 반드시 표시를 할 필요가 있다. 그래야 나중에 있을지도 모르는 혼란을 방지할 수 있다. 그렇게 한쪽을 선택해서 가다보면 또 갈림길을 만날 수 있다. 그럼 이번에도 오른쪽 길을 선택해서 가자. 그렇게 계속 갈림길마다 오른쪽 길을 선택해서 가다보면 어느 순간 우리의 길이 끊기거나 낭떠러지처럼 더 이상 나아갈 수 없는 국면에 다다르게 될 수 있다. 즉 아포리아에 빠진 것이다. 그런 경우 여러분들은 어떻게 하겠는가? 우리가 취해야할 방법은 마지막 갈림길로 되돌아 나와서 우리가 선택하지 않았던 다른 길을 가야한다. 그 길을 가다보면 우리는 또 다른 갈림길을 만나게 될 수 있고 또한 우리가 선택할 길에서 아포리아에 빠지게 될 수도 있다. 또 다시 아포리아에 빠지면 우리는 다시 되돌아 나와서 우리가 선택하지 않은 다른 갈림길을 따라 또 새로운 길로 접어들게 된다. 이와 같은 작업을 반복하다보면 어쩌면 우리는 우리가 목표로 하던 목적지에 이르는 길을 찾을 수도 있을 것이다. (우리가 바라던 목적지에 반드시 도달하게 될 것이라거나 또는 그 목적지 자체가 우리가 희망하는 것처럼 이 산에 꼭 있어야 한다는 보장은 없다.) 이것이 우리가 낯설거나 또는 새로운 주제를 논하게 될 때 우리가 취하게 될 전형적인 논의 방법이다. 모든 가능한 논의를 낱낱이 진행해 가고, 또한 모든 논의를 아포리아에 이를 때까지 진행해가며, 그리고 아포리아에 빠질 때마다 다른 방식으로 새롭게 논의를 진행하는 것, 이것이 전형적인 논의의 방식이다. 그리고 모든 논의를 통해 우리가 처할 수 있는 아포리아들을 모두 밝혀내게 되면 우리는 처음 출발점으로 다시 돌아와서 새로운 논의를 시작하게 된다.

고대 그리스의 신화적 사유는 서양의 철학적 사유나 과학적 사유의 원천 또는 시원으로 여겨지고 있다. 과거 한때는 고대 그리스의 신화적 사유를 철학이나 과학과 같은 합리적 사유와는 대립되는 소박하고 비천한, 학문적으로 별로 가치가 없는 사유인 것처럼 여겨진 적도 있었지만, 오늘날 대부분의 철학자들은 고대 그리스의 신화적 사유를 서양의 철학적 사유의 출발점이자 또한 풍부한 원천으로 여기고 있다. 그래서 우리의 철학적 사유가 아포리아에 빠지면, 우리의 논의가 궁극적인 막다른 골목에 도달하게 되면, 다시 되돌아 나와서 새롭게 시작해야 할 출발지로서, 그리고 끊임없이 우리에게 새로운 논의의 원동력을 제공해 주는 원천으로서 그리스 신화가 주목받고 있다. 그래서 서양의 일부 학자들은 이러한 이유 때문에 그리스 신화에 대해 큰 애정과 관심을 가지고 지속해서 연구 활동을 하고 있다.

문화 콘텐츠의 문제 때문이든 서양 사유의 시원으로서 가치 때문이든 그리스 신화는 오늘날 많은 사람들의 주목을 받을 만한 가치가 있다. 또 이러한 이유 때문이 아니더라도 그리스 신화는 이야기 그 자체만으로도 재미있고 흥미롭다. 그래서 굳이 어떤 분명한 목적의식을 가지고 있지 않더라도 그리스 신화는 접하는 것만으로도 독자들에게 충분히 즐거움을 줄 수 있을 것이다. 이 책이 독자들에게 그리스 신화에 대해 흥미를 가질 수 있는 작은 기회가 되기를 바란다.

그리스 신화는 소재 면에서 보면 크게 두 가지로 분류할 수 있다. 하나는 신들에 관한 이야기이고, 다른 하나는 영웅들에 관한 이야기들이다. 그래서 이 책은 크게 두 부분으로 나누어져 있다. 전반부는 그리스 신들에 관한 이야기로, 그리고 후반부는 영웅들의 이야기로 구성되어져 있다. 1부는 이 세계의 시작에 관한 이야기들과 신들의 탄생에 관한 이야기, 그리고 올림포스 신들을 중심으로 한 신들에 관련된 이야기들을 담고 있다. 2부는 그리스 신화와 비극에 등장하는 영웅의 이야기를 담고 있다. 영웅 이야기라고는 하지만 전형적인 영웅의 이야기는 헤라클레스에 한정했고, 대신 아가멤논 가문, 오이디푸스, 안티고네 등 주요 비극 작품의 주인공들에 지면을 할애했다. 한정된 지면에 유사한 구조를 지닌 비슷비슷한 영웅 모험담을 소개하기보다는, 음미하고 생각해 볼 여지를 많이 제공하는 비극작품을 다루는 것이 더 의미 있다고 여겼기 때문이다(그렇다면 이 책의 제목에 들어간 '영웅'은 잘못되었고 속았다고 생각하는 독자가 있을까봐 미리 말해두는데, 영웅의 의미는 9장에 소개되어 있다). 이 한 권의 책으로는 그리스 신화 전반에 걸친 다양한 이야기들을 다 대변할 수는 없다. 그러나 기본적인 사항들은 골고루 담으려고 노력했다.

특히 에피소드의 나열에 그치지 않고, 철학적인 또는 심리학적인 해석을 제시하려 노력했다. 그리스·로마 신화를 단순히 소개하는 책은 이미 세상에 많기 때문에, 저자들은 기왕에 전공한 철학을 신화를 해석하는데 충분히 이용했다. 이런 일이 가능한 것은 저자들의 스승이신 한국외국어대학교 철학과 박희영 선생님 덕분이다. 박희영 선생님이라는 그리스의 고대 철학과 신화를 아우르는 지식과 지혜의 수원水原이 없었더라면 저자들은 그리스 신화에 대한 철학적 해석을 시도한 책을 집필할 꿈은 꾸지 못했을 것이다. 그러나 이 책이 오히려 선생님의 명예를 손상시키는 것이 되면 어쩌나 두려운 마음도 있다. 또한 이 책이 독자가 그리스 신화의 내용을 알고자 하는 욕망을 충족시킬 뿐만 아니라, 한 걸음 더 나아가 삶의 문제를 해결하는 아리아드네의 실마리가 되어 주길 바라는 염원도 동시에 있다. 이 실마리에 의지해서 신화의 미궁을 탐험하다보면 저 멀리 출구가 보이고, 그 출구에서 새로운 나를 발견하는 즐거움이 독자의 것이 되기를 간절히 바란다.

2012년 가을

조 명 동·강 미 라

Contents

제2부 그리스의 영웅

GODS and HEROES

제1부
그리스의 신

1. 신화(神話) 그리고 뮈토스(mythos)

2. 세계의 기원

3. 가이아의 자녀들

4. 올륌포스 신들 이전의 신들

5. 아프로디테(Aphrodite)

6. 제우스의 아내들

7. 제우스의 자녀들

8. 제우스의 형제들

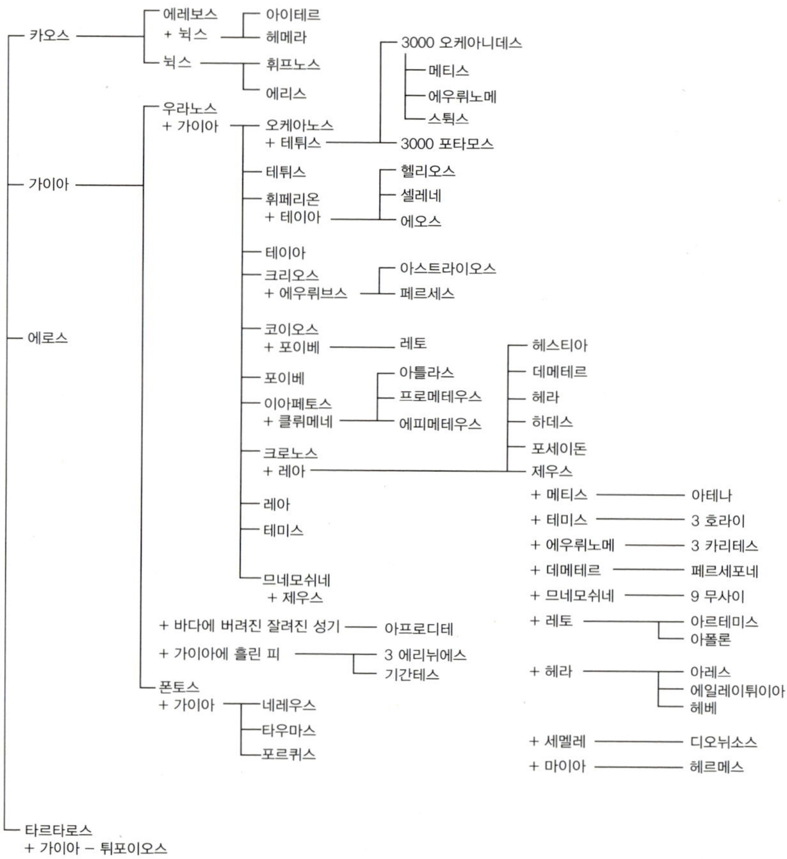
카오스
에레보스
+ 뉙스
아이테르
헤메라
뉙스
휘프노스
에리스
가이아
우라노스
+ 가이아
오케아노스
+ 테튀스
3000 오케아니데스
메티스
에우뤼노메
스튁스
3000 포타모스
테튀스
휘페리온
+ 테이아
헬리오스
셀레네
에오스
테이아
크리오스
+ 에우뤼브스
아스트라이오스
페르세스
코이오스
+ 포이베
레토
포이베
이아페토스
+ 클뤼메네
아틀라스
프로메테우스
에피메테우스
크로노스
+ 레아
헤스티아
데메테르
헤라
하데스
포세이돈
제우스
+ 메티스
아테나
+ 테미스
3 호라이
+ 에우뤼노메
3 카리테스
+ 데메테르
페르세포네
+ 므네모쉬네
9 무사이
+ 레토
아르테미스
아폴론
+ 헤라
아레스
에일레이튀이아
헤베
+ 세멜레
디오뉘소스
+ 마이아
헤르메스
레아
테미스
므네모쉬네
+ 제우스
+ 바다에 버려진 잘려진 성기
아프로디테
+ 가이아에 흘린 피
3 에리뉘에스
기간테스
폰토스
+ 가이아
네레우스
타우마스
포르퀴스
에로스
타르타로스
+ 가이아 – 튀포이오스

그리스 주요 신 계보도

그리스의 신

1. 신화(神話) 그리고 뮈토스(mythos)

신화란 무엇인가? 신화란, 우리가 그것을 글자 그대로 읽는다면, 신神에 대한 이야기話이다. 오래 전부터 인류는 많은 신들을 상정해왔고, 그리고 그 신들에 대한 많은 이야기들을 만들어왔다. 그래서 지역마다, 민족마다, 또는 동일 언어권이나 동일 문명권마다 다양한 체계의 무수히 많은 신들에 대한 여러 종류의 이야기들이 전해진다. 이런 측면에서 보면, 지금 우리가 관심을 가지고 있는 '그리스 신화'란 한 때 지중해 지역을 장악했던, 고대 그리스 민족으로부터 유래된, 그리스어로 분류될 수 있는 언어를 사용했던, 그래서 고대 그리스 문명을 이룩했던, 그리스인들에 의해 만들어지고 전래되어진 그리스 신들에 대한 이야기이다. 다시 말해 그리스 신화란 그리스 신들에 대한 이야기이다. 그런데 재미있게도 우리가 '신화'로 번역하고 있는 그리스의 원래 말 '뮈토스mythos'에는 신theos이란 말은 들어있지 않다. '뮈토스'는 그냥 '이야기(설명, 보고 등)'로 번역될 수 있는 말이다. 따라서 한자어 '神話신화'와 그리스어에서 유래된 'mythos뮈토스' 사이에는 어떤 분명한 차이점이 있을 것이다. 우리가 보통 '그리스 신화'라고 말하는 바로 그것은 신화라는 말에서 우리가 느낄 수 있는 단순히 '신들에 대한 이야기' 그 이상의 어떤 것을 가질 수 있음을 우리는 미루어 짐작할 수 있다. 그러나 지금은 이에 대한 논의를 시작하기 전에 먼저 신神; theos이란 용어에 대해 논의해 보자.

1) 신(神)

신이란 무엇인가? 만약 신이라는 개념이, 또는 신이라는 대상이 인간이 창조해낸 것이라면, 인간들은 어떤 것들을 신이라 지칭하고 또 어떤 의미로 신이라는 용어를 사용하고 있는가? 신이라는 단어의 의미를 파악하는 데는 명사로서의 '신' 보다는 이 말이 수식어로 사용되는 경우를 검토해 보는 것이 좋을 것이다. '신'이란 말이 수식어로 사용되는 경우는, 예를 들어 신궁神弓, 신마神馬, 신통神通, 신동神童, 신기神奇 등이 있다. 이 경우의 '신'자는 극도의 놀라움을 표현하기 위한 수식어이다. 우리는 어떤 경우에 '신궁'이란 말을 사용하는가? 아마도 세계양궁선수권대회에 나가서 한 백발쯤 아니 천발쯤 화살을 쏴도 모두 다 정 가운데 만점지역에 정확히 명중한다면, 우리는 그 선수를 '신궁'이라 칭할 것이다. 또 너무나 잘 달리는 말이 있어서 하루에 삼사천리를 쉬지 않고 달릴 수 있다면, 우리는 또한 그 말을 '신마'라 칭하게 될 것이다. 무엇을 물어보던지 막힘이 없이 모두 다 척척 대답한다면, 이제 갓 한살 정도밖에 안 된 어린 아이가 천자문을 외우고 국어책을 술술 읽는다면, 갑자기 하늘에 둥그런 원반 모양의 구름이 생긴다면, 우리는 그런 경우에 '신통'이니, '신동'이니 '신기'니 하는 표현을 사용할 것이다. 이처럼 '신'이란 수식어는 흔히 볼 수 없는 능력이나 현상 등에 대한 극도의 놀라움을 표현하기 위해 주로 사용된다. 이는 보통 인간이나 동물은 할 수 없는 능력, 그리고 정상적인 자연 상태에서는 쉽게 나타날 수 없는 현상들에 대해 사용되는 수식어이다. 그래서 '초인간적인' 그리고 '초자연적인' 불가사의한 것들을 가리키는 수식어이다. 따라서 '신'이란 말은 '초인간적超人間的; superhuman' 그리고 '초자연적超自然的; supernatural'과 같은 의미를 가진다고 할 수 있다. 이런 측면에서 보면 사실 앞서의 표현들, 즉 신궁이나 신마니 신통, 신동, 신기와 같은 표현들은 엄밀하게 말해서 정확한 표현이라고 할 수는 없고, 지나치게 과장된 표현일 뿐이다. 그것이 진짜 '신'이란 수식어가 붙을 수 있는 것이라면 이 세상에서는 결코 발견될 수 없는 '초세계적인', 그래서 '초월적인' 어떤 것이다. 그리고 이 단어가 어떤 대상을 지칭한다면, 그것은 인간의 능력이나 자연의 현상들을 완전히 벗어나서 그것들과 대비되는 '초월자超越者'일 것이다.

신神이라는 단어는 示보일 시와 申납 신으로 이루어진 글자이다. 기본적으로 示보일 시가 중심어이고 이것은 제단 모양을 본뜬 것이라고 한다. 제단이란 제물을 바치는 장소이다. 따라서 신은 인간이 제물을 바치는 대상이다. 그런데 이 제단 모양을 본뜬 글자의 의미가 '보이다'인 점은 매우 흥미롭다. 즉 어떤 대상에게 제물을 바친다는 것은 그 대상에게 무엇인가를 준다는 것이 아니라, 그저 보여줄 뿐이라는 것이다. 이것은 인간과 신의 관계가 일종의 상납上納관계임을 보여준다. 인간은 신에게 단지 제물을 보여줄 뿐이다. 그리고 그 제물을 받아들일 것인가 말 것인가는 전적으로 신의 뜻이다. 마치 인간 사회에서 아랫사람들이 윗사람특히 왕들에게 무엇인가를 바칠 때의 모습과 같다. 아랫사람들이 윗사람들에게 무엇인가를 전달할 때는 물건을 주는 것이 아니다. 우리가 고전 영화나 드라마에서 자주 볼 수 있는 모습들 중의 하나가 바로 그것인데 신하들이 왕에게 어떤 문서나 물건들을 전달할 때는 왕에게 직접 전달하는 것이 아니라 받침대에 받쳐서 그저 내 보일 뿐이다. 그것을 받아들 것인지 말 것인지는 전적으로 왕의 의사에 달렸다. 그 물건이 마음에 들면 받아들이는 것이고, 마음에 들지 않으면 내칠 것이다. 이런 식으로 상전上典에게 행하던 행동양식이 그대로 신과의 관계에서도 드러난다고 할 수 있다. 그래서 신에게 무엇인가를 전할 때 우리는 그저 우리의 정성을 내보일 뿐이다. 그리고 그것을 받아들일 것인지 또는 거절할 것인지는 전적으로 신의 의지에 달렸다.

고대사회에서 신에게 제물을 바치는 가장 전형적인 방법은 번제燔祭이다. 이것은 가축과 같은 동물들을 제단에 올려놓고 통째로 불에 태워서 바치는 의식이다. 고대 그리스와 그 밖의 많은 지역에서 일반적으로 사용되던 제사의식 중의 하나다. 이것은 장례의식 중의 하나인 화장火葬과도 깊은 관련이 있어 보인다. 제물을 태워서 바치는 것은 그 제물을 받을 대상이 높은 곳에 있다는 것을 전제한다. 모든 상전들은 위상만 높은 것이 아니라 사실 물리적으로도 항상 높은 곳에 있다. 소위 윗전들은 평소에도 아래 것들보다 항상 높은 곳에 거하려고 한다. 신들도 마찬가지이다. 고대 그리스의 신들은 인간사회에서의 지배자, 즉 왕과 같은 존재여서 이 세계의 주인이고 지배자이다. 그런 존재들은 당연히 높은 곳에 살 것이고 그렇게 높은 곳에 거하는 존재들에게 제물을 전하려니 태우는 방법을 택했을 것이다. 그리스에서 신들이 산다고 생각했던 산의 이름인 '올림포스Olympos'는 단지 '높은 산'이라는 의미에서 유래되었다. 신들은 가장 높은 곳에 거할 것이니, 당연히 그곳은 가장 높은 산일 것이기 때문이다. 인간들이 할 수 있는 일은 제물을 제단에 올리고 그것을 태워서 그것의 정기가 연기가 되어 신들이 있는 높은 곳으로 올라가기를 바라는 것뿐이다. 만약 신들이 그 제물이 마음에 들어서 그것을 받아들인다면, 연기는 곧장 위로 잘 올라갈 것이고, 만약 신들이 그 제물이 마음에 들지 않아서 그 제물을 내친다면, 연기는 위로 오르지 못하고 그냥 바닥에 깔릴 것이다.

우리는 제물을 태워서 나는 연기가 어떤 때는 위로 오르고 어떤 때는 아래로 깔리는 이유를 안다. 그것은 기압과 깊은 관련이 있고 그날의 기상상태에 따라 이런 다른 결과가 나오는 것이다. 그러나 고대인들은 이것을 신의 의지로 받아들였을 것이다. 사실은 기압과 같은 기상상태의 변화에 따른 결과임에도 고대인들은 신이 인간들의 제물을 기꺼이 받아들이거나 또는 받아들이지 않는 것으로 해석했을 것이다. 그리고 아마도 연기가 바닥에 깔리면, 신이 제물을 받아들이지 않은 것으로 해석해서 그 책임을 누군가에게 묻거나 제사장이나 무당들의 무능함으로 돌렸을 것이다. 따라서 유능한 제사장이란 그가 제사를 주관하면, 그리고 그의 지시에 따라 제물을 바치면 언제나 신께서 기꺼이 제물을 받아들이는 그러한 자일 것이다. 호주의 어떤 원주민 부족은 기우제로 유명하다고 한다. 그 부족이 기우제만 하면 반드시 비가 오기 때문이다. 그런데 그들이 기우제만 지내면 반드시 비가 오는 비결은 그들은 비가 올 때까지 기우제를 지내기 때문이라고 한다. 비가 올 때까지 기우제를 지내므로 그들의 기우제 성공률은 100퍼센트일 수밖에 없다. 그러나 정말로 유능한 제사장이라면 그는 아마도 비가 오기 전날 기우제를 드리는 자일 것이다. 그는 아무리 사람들이 기우제를 원하더라도 곧 비가 올 것 같지 않으면 어떤 핑계를 들어서라도 기우제를 연기하거나 취소시킬 것이다. 그러다가 마침내 비가 올 기미가 보이면 사람들을 부추겨서 기우제를 지내도록 유도할 것이다. 그렇게 해서 기우제를 지내고 비가 오게 되면 그는 유능한 제사장으로 또는 무당으로 사람들로부터 인정받게 될 것이다. 번제의 경우에도 마찬가지이다. 유능한 제사장은 연기가 위로 잘 올라갈 수 있는 기상조건과 연기가 바닥으로 깔리게 될 기상조건을 잘 아는 사람이다. 그래서 그는 언제 번제를 드려야 연기가 위로 잘 올라갈지를 알고 있고, 그래서 그 시기를 맞추기 위해 모든 수단을 다 동원할 것이다.

결국 유능한 제사장이란 오늘날의 기상통보관과 같은 존재라고 할 수 있겠다. 그들은 누구보다도 기상상태의 변화에 대해 잘 알고 있고 그리고 앞으로의 기상변화를 예측할 수 있는 능력을 가진 자들이다. 즉 천기天氣를 읽는 사람들이다. 그런데 천기를 읽는다는 것은 곧 신의 마음과 의지를 읽는 것이라 할 수 있다. 고대인들에게 있어, 특히 고대 그리스인들에게 있어 모든 자연현상들은 곧 신들의 의지표명임으로 기상상태의 변화를 파악할 줄 안다는 것은 곧 신의 마음을 읽을 줄 안다는 것으로 해석될 수도 있다. 따라서 유능한 제사장이란 신의 의지와 뜻을 이해하는 자이다.

이처럼 신神은 이 세상의 주인이자 또한 이 세상의 지배자로서 높은 곳에서 인간들로부터 제물을 받으며 인간 세상을 지배하는 존재이다. 그래서 피지배자인 인간들은 항상 그 신들을 주의 깊게 관찰하며 그들의 심리상태나 의도를 파악하고 그리고 그에 대처하려고 노력해왔다.

2) 테오스

그리스어로 신은 '테오스theos'이다. 이 단어는 '테이오스theios'라는 형용사에서 유래되었다고 한다. 다시 말해서 신이란 단어는 먼저 어떤 대상을 지칭하는 명사로 시작한 것이 아니라 어떤 현상이나 상황, 상태 등을 묘사하는 형용사에서 비롯되었다는 것이다. 이것은 인간 언어 발달에 있어서, 그리고 인간사유 발달에 있어서 소위 형용사의 명사화 또는 속성의 실체화로 일컬어지는 과정과 일치한다. 사람들은 먼저 반복적으로 일어나는 특정한 현상이나 특성 등에 대해 그것을 나타내는 표현을 사용하다가 표현 그 자체를 가리키는 추상명사를 사용하게 되고, 그 다음으로 그것의 원인이자 작용자인 특정 대상을 상정하면서 그 대상을 가리키는 고유명사를 고안해 내게 된다. 그래서 처음에는 형용사로 쓰이던 것이 추상명사화 되고, 나중에는 구체적인 대상을 위한 고유명사로 자리 잡게 된다. 더욱이 이 단어의 첫 음인 'θ'은 일종의 감탄사와 같은 것으로 추정된다. 이는 인간이 어떤 감당할 수도 그리고 형용할 수도 없는 자연적 현상에 맞닥뜨린 순간 자신도 모르게 입에서 터져 나오는 신음소리 같은 감탄사의 일종이다. 우리 인류는 우리를 둘러싸고 있는 이 자연의 한 가운데에서 많은 자연적 현상들을 겪으면서 살아왔다. 우리를 둘러싼 자연은 우리에게 끊임없이 생존에 필수적인 산물들을 제공해주고 때로는 포근한 어머니의 품처럼 우리를 따뜻하게 감싸주기도 하지만, 그러나 자연은 때로는 우리가 감당할 수 없는 엄청난 재앙을 우리에게 몰고 오기도 한다. 자연의 거대한 힘 앞에서 무기력하게 그저 당해야만 하는 나약한 인간들이 죽음의 두려움과 공포 속에서도 또한 동시에 가지게 되는 자연의 힘에 대한 존경심, 바로 경외敬畏란 이런 것을 가리키는 말일 것이다.

갓 스무 살이 되던 해 나는 부산에 있는 이모님 댁에서 여름을 난 적이 있다. 당시 이모님은 부산 광안리해변가의 한 아파트촌에 사셨는데 이모님 댁의 거실에서 발코니로 창문을 열고나서면 바로 아래에 바다가 쫙 펼쳐져 있는 상당히 경치가 좋은 곳이었다. 그곳에서 그해 여름에 태풍을 맞이했었는데, 아마도 그때의 체험은 내 생애 가장 충격적이고 감동적인 기억들 중의 하나였었다. 열려 있는 발코니 창을 통해 펼쳐진 부산 앞바다의 풍경, 하늘을 온통 덮고 있는 시커먼 먹구름과 강하게 몰아치는 바람, 그리고 거실 안까지 세차게 밀려오던 굵은 빗방울들, 그날 나는 이모님 댁의 거실에서 몰아치는 폭풍우에 온 몸이 흠뻑 젖으면서도 오랫동안 그 자리에 멍하니 서있을 수밖에 없었다. 워낙 바람이 매섭고 빗방울이 거세서 한편으로는 몰려오는 저 폭풍우 때문에 어쩌면 이 자리에서 내가 죽게 될 지도 모른다는 큰 두려움과 공포 속에 빠져있었지만, 또 한편으로는 다시는 이런 광경을 보지 못할 거라는 염려와 죽어도 좋다고 생각할 만큼 강렬한 인상 등이 나 자신을 그 자리에서 한 발짝도 움직이지 못하게 하고 있었다. 아마도 그때 내가 느꼈던 감정이 '경외敬畏'라는 것이 아니었나 싶다. 그리고 아마도 그 순간 나도 모르게 내지르는 비명소리에 가까운 어떤 감탄사가 있었으리라. 바로 그러한 감탄사가 'θ'의 유래라는 것이다.

자연은 마치 어머니처럼 우리를 낳고 기르는 우리의 삶의 터전이다. 특히 수렵과 채집에 의존해서 살던 고대인들에게 있어 자연은 인간 삶의 필수적인 요소들을 제공해주는 매우 고마운 대상이다. 그러한 자연이 때로는 우리에게 극단적인 공포와 위협의 대상이 되기도 한다. 고요하고 조용하던 바다에 갑자기 쓰나미가 몰려오면, 작은 고깃배에 의존해서 바다에서 고기를 잡던 어부나 또는 바닷가에 정착해서 평화롭게 살던 주민들은 일순간에 그들의 삶의 터전 뿐 아니라 그들의 생명조차도 잃어버리게 된다. 어떤 때는 비와 따뜻한 햇빛을 적절히 제공해줘서 우리의 삶을 풍요롭게 만들어 주던 자연이 또 어떤 때는 대지가 온통 불타오르기라도 할 듯이 극심한 가뭄이 이어지다가 또 한순간 엄청난 폭우를 통해 대지의 모든 것들을 쓸어버리기도 한다. 또는 우리에게 안정적인 터전을 제공해주던 멀쩡했던 대지가 갑자기 요동쳐서 우리 삶의 토대를 다 무너뜨리고 다 삼켜버리기도 한다. 이처럼 갑작스럽게 일어나서 우리가 전혀 대처할 수도 없는 자연현상들을 접할 때마다 인간들은 자연에 대한 두려움과 공포 그리고 자신의 무력함과 함께 자연의 위대한 힘에 대한 놀라움을 한데 엮어 경외심을 가지게 되었을 것이다. 그러한 경외심에서 내지르는 감탄사가 그러한 상황을 묘사하는 형용사로 발전하고 결국에는 그러한 현상들을 지칭하는 명사로, 그리고 그러한 현상의 원인으로서 특정 대상을 지칭하는 용어로 발전했다. 그것이 바로 테오스theos이다.

일순간에 우리를 두려움과 공포 속으로 몰고 가는 이러한 자연현상들을 접할 때마다 공통적으로 느끼게 되는 것 중의 하나는 마치 자연이 우리에게 화를 내는 것 같다는 것이다. 어릴 적 한밤중에 무섭게 천둥번개가 치면 마치 내가 뭔가 잘못을 저질러서 부모님이나 주변 사람들이 크게 고함을 지르며 몹시 화를 내시던 모습들을 연상하면서 혹시 하늘이 크게 화를 내는 것이 아닌가 하고 두려워하던 기억이 있다. 현대인들도 마찬가지이지만 고대인들도 역시 급격한 자연현상의 변화를 접할 때마다 그것이 분노, 진노, 격정과 같은 인간감정의 표출과 유사하다고 생각했을 것이다. 그들은 마치 자신의 부모나 또는 지배자들과 같은 윗사람들이 자신에게 그들의 감정이나 의사를 표출하듯이, 무엇인가가 또는 누군가가 우리가 일상적으로 접하는 자연현상들을 통해 우리 인간들에게 자신들의 감정이나 의사를 표출하고 있다고 충분히 그렇게 생각했을 수 있고, 자신의 의지에 따라 의도적으로 자연현상들을 야기하는 원인으로 자연현상의 배후에 어떤 인격체를 상정했을 수 있다. 바로 그것이 테오스이다.

3) 뮈토스

우리가 일반적으로 '신화神話'로 번역하는 '뮈토스mythos'란 말은 희랍어 동사 '뮈테오마이mytheomai'에서 유래되었다. '뮈테오마이'라는 동사는 기본적으로 '이야기하다'라는 뜻이다. 그러므로 서구의 신화 '뮈토스'는 '이야기'이다. 이야기한다는 것은 다른 사람에게 어떤 정보를 전하는 것이다. 그래서 이 '이야기하다'라는 말은 '전하다', '설명하다'라는 의미를 갖는다. 그러므로 '뮈토스'는 직역하면 '이야기' 또는 '설명'이다. 앞에서 이미 언급한 것처럼 이 '뮈토스'란 말에는 '신화'처럼 '신'이란 단어가 직접적으로 들어있지는 않다. 말 그대로 '뮈토스'는 일종의 설명방식의 이야기이다. 이 설명방식의 이야기의 대상은 일차적으로 우리를 둘러싸고 있는 그리고 우리가 그 안에서 살아나가야 하는 바로 자연이었다. 그래서 신화란 우리를 둘러싸고 있는 이 주변 세계, 즉 자연을 나름대로 이해하고 그것을 설명하려고 했던 옛 고대인들의 노력의 결과라고 할 수 있다.

어떤 이는 신화는 할아버지의 무릎 위에서 생겨났다고 말한다. 아주 오래 전 옛 시절에 할아버지가 어린 손주를 무릎 위에 앉혀놓고 해주시던 이야기, 그 이야기가 바로 신화의 한 시작점이다. 할아버지, 할머니라는 존재는 인간에게만 있다고 한다. 대부분의 상대적으로 보다 고등한 동물들은 최소한 출산과 양육에 관련된 기간 동안에는 부모 자식 간의 관계가 유지된다. 그러나 인간을 제외하고 어린 개체들이 성체가 되고 난 이후에도 부모자식 간의 관계를 분명히 유지하는지는, 종류마다 차이가 있기는 하겠지만, 분명치 않은 것 같다. 더욱이 조부모와 손주 관계가 분명히 유지되는 지는 여타의 다른 동물의 종류들에서 발견하기 어려울 것이다. 인간만이 할아버지 할머니라는 존재를 가진다고 한다. 왜 인간에게만 할아버지 할머니가 존재하는가? 이는 아마도 양육이나 교육하고 깊은 관련이 있어 보인다. 다른 동물의 종류들과 다르게 인간은 양육기간이 길다. 인간은 하나의 어린 개체가 성체로서 제구실을 하기까지 너무 긴 시간을 필요로 한다. 대부분의 포유류들은 젖을 떼고 나면 거의 독립 성체에 가까워지고 길어야 1년에서 3년이면 하나의 독립된 성체가 되는데, 인간은 젖을 떼고도 적어도 십여 년은 더 지나야 비로소 독립된 성체, 즉 성인이 된다. 그래서 인간의 아이는 어머니에게서 태어난 후 전적으로 어머니에게 의존해서 1~2년을 보낸 후에 그보다 훨씬 더 오랜 시간을 누군가가 돌봐줘야만 한다. 왜냐하면 어머니는 또 다른 젖먹이 아이들을 돌봐야 하기 때문이다. 구석기 또는 신석기 시절에 한 집안에 3대가 모여 산다고 가정하면, 부모 세대들은 계속해서 아이들을 생산해야 하고, 그리고 가족들이 먹을 양식들을 구해와야만 한다. 사실 인류는 인류의 종의 역사에서 거의 대부분 굶주림 속에서 살았다. 배고픔의 문제가 해결됐다고 말할 수 있는 것은 기껏해야 인류사의 마지막 백여 년도 되지 않는다. 그래서 인류는 인류사의 거의 대부분의 시간을 생존에 기본적인 요소인 의식주 문제를 해결하는 데에 매달려 있었다고 해도 과언은 아니다. 특히 고대 구석기 또는 신석기 시대의 부모들은 거의 대부분의 시간을 가족들을 위한 식량을 구하는 데에 매달렸을 것이다. 더욱이 어머니들은 젖먹이 아이들을 업고 가사 일을 하거나 식량을 구하러 다녔을 것이다. 그러므로 집에 있는 아직 어린 다른 아이들을 양육과 교육을 통해 돌볼 사람이 필요한데, 바로 조부모세대들이 이 역할을 맡았다는 추정이 가능하다.

한 할아버지가 아이들의 양육을 맡고 있는 모습을 상상해 보라. 어린 아이들은, 특히 이제 막 말을 시작한 아이들은 분주하기 이를 데 없다. 아이들은 하루 종일 사방팔방 뛰어다니고 온갖 일에 간섭하고 또 끊임없이 질문을 던져가면서 같이 있는 어른들을 정신없이 만들기 일쑤이다. 특히 노년의 할아버지가 한창 생명력이 꿈틀거리는 어린 아이들을 쫓아다니며 돌본다는 것은 결코 말처럼 쉬운 일은 아니다. 이렇게 정신없이 분주히 뛰어다니는 아이들을 한자리에 잡아 앉히고 잠시라도 조용히 있게 만들 수 있는 가장 좋은 방법은 아마도 아이의 넋을 쏙 뺄 만큼 재미있는 이야기들을 들려주는 것일 것이다. 그래서 할아버지들은 아이들에게 항상 수많은 이야기들을 들려주어야만 하는 상황에 놓인다. 특히 비바람이 불거나 눈보라가 쳐서 날씨가 험악해 지면, 할아버지는 아이들을 집안에 있도록 끊임없이 단속해야만 한다. 그런 경우 이야기는 아이들을 통제하는 아주 좋은 수단이 될 수 있다. 할아버지는 손주들을 무릎에 앉혀놓고 자신이 알고 있는 여러 가지 이야기들을 다양한 형태로 가공해 가면서 아이들에게 들려준다. 그 이야기들 중에는 자신이 겪었던 과거의 경험들도 있을 것이고, 이전에 자신이 어렸을 때 어른들로부터 들었던 이야기들도 있을 것이고, 그리고 자신의 순수한 창작물과 또는 다른 이야기들을 변형시킨 각색물들이 있을 것이다. 이런 이야기들을 통해 자신의 직접적이거나 간접적인 경험들을 전함으로써 일종의 교육 역시 행해졌을 것이다. 그래서 이야기는 아이들을 양육과 교육을 통해 돌보는 데에 있어서 매우 중요한 도구이다.

어린 아이들의 가장 큰 특징 중의 하나는 끊임없이 무수히 많은 질문들을 한다는 것이다. 아이들은 자신의 주변에 있는 사람들에게, 특히 항상 많은 시간을 함께 보내는 할아버지에게 수많은 질문들을 던졌을 것이다. 아이들은 자신을 둘러싸고 있는 주변 세계에서 벌어지는 여러 현상들과 그 속에 가득 차 있는 대상들, 그리고 그 대상들 상호간의 관계들에 대해 끊임없이 질문들을 던진다. 이것은 일종의 생존본능이다. 모든 생명체들은 세상에 태어나면 가능한 한 빨리 자신을 둘러싸고 있는 주변 세계를 파악하고 나름 이해하려고 노력한다. 그래야만 자신의 생존가능성이 높아지기 때문이다. 먹을 수 있는 것과 먹을 수 없는 것, 안전한 요소들과 위험한 요소들, 자신의 친구와 자신의 적, 이런 것들을 가능한 한 빨리 파악해야만 한 생명체는 이 험한 세상 속에서 보다 더 안전하게 생존해 나갈 수 있다. 그래서 어린 생명체들은 자신의 혈육이나 가까운 종족들의 도움을 받아 가능한 한 빨리 자신의 주변 세계를 이해하려고 노력한다. 어린 아이들도 마찬가지로, 최소한 짧은 문장을 만들 수 있는 능력을 가지게 되면, 자신의 주변 사람들에게 그래서 끊임없이 "이게 뭐야?", "왜?"와 같은 질문을 던진다.

비바람이 몰아치는 날 할아버지가 어린 손주를 밖에 나가지 못하게 단속하면서 가능한 한 자신의 무릎에 앉혀 놓으려고 노력한다면, 아마도 아이는 분명 다음과 같은 질문을 던질 것이다.

"할아버지, 비는 왜 와?"

이런 질문을 받는다면 여러분들은 어떻게 대답할 것인가? 물론 우리는 비가 왜 오는지 알고 있다. 우리는 습도니, 기압이니, 온도니, 그리고 고기압, 저기압, 전선 등의 기상현상과 관련된 용어들을 사용해서 비가 오는 이유들에 대해 설명할 수 있을 것이다. 설사 전문적인 용어들을 사용하지 않더라도 수분의 증발과 수증기의 응결 등의 예를 들어 대략적으로 설명할 수도 있을 것이다. (오늘날에도 이런 설명 방식은 어린 아이에게 별 효과가 없을 것 같다.) 그러나 고대인들에게 기상현상들에 대해 이런 식의 이해나 설명을 기대할 수는 없을 것이다. 그렇다고 질문을 받은 할아버지가 손주에게 '모른다'고 말할 수는 없다. 왜냐하면 이는 할아버지의 권위를 떨어뜨리는 행위이고, 그리고 할아버지의 권위가 실추되면, 할아버지의 아이들에 대한 통제권 역시 무참히 무너질 수 있기 때문이다. 현대인들과 같은 기상변화에 관련된 상식을 가지지 못한 고대인들이 이런 경우 어떻게 설명을 했을까? 고대의 할아버지들은 어릴 적부터 자신이 웃어른들로부터 들었던 이야기를 들려주거나 또는 그것들을 토대로 자신이 각색한 이야기들을 들려줬을 것이다. 내 기억에 어렸을 때 비와 관련하여 가장 익숙하게 들었던 이야기는 '선녀님들이 울어서'였다. 아마도 이런 식의 대답은 아이들에게는 효과가 있을 것이다. 그러나 아이들은 하나의 답변에 만족할 줄 모른다. 하나의 답변은 그들에겐 또 다른 물음의 시작일 뿐이다. 분명 아이들은 많은 시간이 지나기도 전에 "왜 선녀님이 울어?"라고 묻거나 또는 "선녀님이 뭐야?"라는 식의 질문을 던질 것이다. 그럼 그 이야기들은 '옥황상제에게 야단을 맞았다'느니, 또는 '하늘나라에 사는 여인네들'이라느니, 이런 식으로 또 다른 이야기들을 이끌게 되고, 여러 사람들의 입을 통해 여러 세대를 거치면서 하나의 거대한 왕국과 그 왕국에 사는 존재들, 그리고 그 존재들 상호간의 관계들과 그들에 얽힌 많은 에피소드들을 만들어내게 될 것이다. 하나의 거대한 이야기의 체계가 된다.

우리 주변에서 일어나고 있는 자연현상들을 이해하고 설명하는 것은 인류에게는 중요하고도 지속적인 거대한 과제이다. 그것은 일차적으로 우리 인류의 생존과 밀접한 관련이 있기 때문이다. 오늘날까지도 인류는 우리를 둘러싸고 있는 이 세계 속에서 벌어지고 있는 자연현상들을 이해하기 위해 끊임없이 노력하고 있다. 우리가 어떤 자연현상을 이해하고 설명할 수 있게 되면 또한 그 자연현상에 대해 예측할 수 있는 능력도 가지게 된다. 예를 들어 우리가 '왜 비가 오는지'를 이해하고 설명할 수 있으면, 또한 어떤 조건에서 비가 오고 안 오는지를 알게 되는 것이고, 그래서 내일 비가 올지 안 올지를 예측할 수 있게 될 것이다. 우리가 우리 주변에서 벌어지는 자연현상들을 미리 예측할 수 있다는 것은 앞으로 벌어질 일에 대해 그것을 미리 피하거나 또는 해결책을 마련해서 그것에 대비할 수 있다는 것을 의미하고, 따라서 그것은 그만큼 우리의 생존확률을 높일 수 있다는 것을 의미한다. 결과적으로 우리가 자연을 이해하고 설명하려는 노력은 이 위험천만한 세상 속에서 생존해 나가기 위한 노력이다. 물론 여기서 한 단계 더 진전해 나간다면 인류는 자연현상들을 조작하는 단계까지 이르게 될 것이다. 그렇게 되면 그때에는 우리는 우리를 둘러싸고 있는 이 세계의 현상들을 우리에게 유리하게 조작해서 단순한 생존이 아니라 우리의 삶을 보다 풍요롭고 안락하게 만드는 능력을 가지게 될 것이다.

그리스의 뮈토스신화는 이 세계의 자연현상들을 이해하고 설명하려고 했던 초기 고대인들의 노력의 결과물들이다. 설명이란 단순하게 보면 모르는 것을 아는 것으로 대체하는 것이다. 물론 오늘날의 가장 기본적인 설명방식은 일종의 분석적 설명이고, 이것은 복잡한 것을 단순한 것들로 환원하는 환원적 설명방식이다. 복잡하다는 것은 이해하기 어렵고 그래서 잘 모르겠다는 것이고, 단순하다는 것은 이해하기 쉽고 그래서 잘 아는 것이다. 그래서 설명이란 우리가 이해하기 어렵고 잘 모르는 것들을 보다 이해하기 쉽고 그래서 더 잘 알 수 있는 것들로 대체하는 작업이라 할 수 있다. 그러나 근본적으로 설명은 전혀 이해가 되지 않거나 전적으로 알지 못하는 것에 대한 것은 아니다. 이미 서양고대철학에서 제기된 인식론의 가장 오래된 딜레마를 통해 우리가 알고 있듯이, 우리는 '이미 알고 있는 것은 알 필요가 없고, 모르는 것을 알 수 없다.' 어떤 의미에서 우리가 어떤 대상에 대해 그것을 이해하고 설명하기 위해 어떤 물음을 던지려고 한다면, 우리는 그 대상을 이미 우리 손 안에 쥐고 있어야 한다. 즉 최소한 그 물음의 대상을 우리의 인식 선상에 띄울 수 있어야 한다. 그래서 우리는 우리가 전혀 모르는 것에 대해서는 제대로 이해하거나 설명을 할 수조차 없다. 먼 옛날 고대인들이 처음으로 이 세계에서 벌어지고 있는 자연현상들에 대해 그것을 이해하고 설명하려고 노력했을 때에 그들에게 있어 자연은 사실상 그들이 전혀 알지 못하는 대상이었다. 따라서 엄밀히 말하면 그들에게 자연현상들은 이해와 설명의 대상이 아니다. 그들은 그것들을 다룰 능력 자체가 없다고 말해야 할 것이다. 그러나 아주 먼 옛날 고대인들은 자신들의 생존을 위해 자신을 둘러싸고 있는 이 세계의 다양한 현상들을 이해하고 설명하려는 노력을 기울여야만 했고, 그 노력의 일환으로 그들은 자연을 신격화했다. 그리고 이러한 자연의 신격화는 곧 자연의 인격화이기도 하다. 특히 그리스의 신들은 사실상 인간적인 특성을 그대로 가지고 있다고 해도 과언이 아니다. 설명의 가장 원초적인 방식은 우리가 알지 못하는 것들을 설명하기 위해 우리가 이미 알고 있고 그리고 우리에게 친숙한 것들을 총동원해서 어떻게든 그럴듯한 이야기들을 만들어 보려고 애쓰는 작업이다. 이것은 원시적이기는 하나 일종의 유비추리이다. 인간에게 익숙하고 친숙하며 그래도 상대적으로 잘 알고 있다고 말할 수 있는 것은 인간관계이다. 부모와 자식, 주인과 종, 친구와 적, 그들 사이에서 벌어질 수 있는 여러 사건들, 그 사건들로 인해 야기되는 사랑, 증오, 분노, 격분, 질투 등 등, 그리고 그로인해 야기되는 당혹감과 두려움 또는 존경심 등, 이러한 인간들 사이에서 벌어지는 사건들과 인간들의 감정적 반응들을 동원해서 자연현상들을 이해하고 설명하려고 노력한 결과물이 신화, 특히 그리스의 뮈토스라고 말할 수 있다.

4) 뮈토스로부터 로고스로

서양 사상사에서 기원전 5세기 무렵은 매우 중요한 사유의 전환이 이루어진 시기로 여겨진다. 이 시기는 소위 '뮈토스로부터 로고스로' 또는 '신화적 사유로부터 철학적 사유로', '비합리적 사유로부터 합리적 사유로', '미신적 사유로부터 과학적 사유로' 등으로 표현될 수 있는 시기이다. 어떤 면에서는 이러한 사유의 전환은 인류가 보다 진보된 사유 능력을 가지게 되었음을 의미하는 것으로 해석될 수도 있다. 우리를 둘러싸고 있는 이 세계의 자연현상들에 대해 그 적절성과 무관하게 우리가 동원할 수 있는 모든 것들을 동원하여 설명하려고 노력했던 시도들은 이제 그러한 현상들을 설명하기에 보다 진보한, 보다 적합한 설명방식으로 대체되는데, 이는 곧 로고스에 의한 시도이다.

'로고스logos'란 '레게인legein'이라는 희랍어 동사에서 유래된 말인데, '레게인' 역시 기본적으로 '말하다'라는 뜻을 가지고 있다. 즉 '로고스'는 '뮈토스'와 마찬가지로 '이야기' 또는 '설명'으로 해석될 수 있는 말이다. '뮈토스'가 '이야기'인 것처럼 '로고스' 역시 '이야기'이다. 그렇다면 이 '뮈토스'와 '로고스' 사이에는 어떤 차이가 있을까? 이 두 '이야기'들은 어떻게 다른 '이야기'들인가? 서양 사상사에서 '뮈토스'와 '로고스'를 중요한 사유의 전환과 관련된 표현들로 사용한다는 것은 이것들이 비록 같은 말인 '이야기'로 해석될 지라도 그 '이야기'들 속에 분명한 차이점이 있기 때문일 것이다. 이 두 말의 차이점을 분명히 파악하는 것이 서양의 합리적 사유나 과학적 사유, 또는 철학적 사유의 일차적 특징을 분명히 이해하는 것이 될 것이다. "비가 왜 와?"라는 물음으로 돌아가 보자. 이 물음에 대해 우리가 하늘의 신이자 기후의 신인 제우스를 상정하고 그의 지상에 대한 의무나 그와 지상에 있는 인간들 간의 관계에서 비롯된 그의 감정표현이라든가, 다른 신들과의 역학관계 등을 근거로 해서 비가 오는 이유를 설명한다면, 그것은 '뮈토스'이다. 그러나 우리가 이 물음에 대해 온도니 습도니 기압이니 또는 수분의 증발과 수증기의 응결 등과 같은 표현들을 사용해서 설명한다면, 그것은 '로고스'이다. 이 두 설명방식의 차이점은 무엇이라고 생각하는가? 좀 더 예를 달리해서 "물리학적 설명이란 무엇인가?" 그것은 물리학적 현상들을 물리학적 용어들을 통해 설명하는 것이다. "화학적 설명이란 무엇인가?" 그것은 화학적 현상들을 화학적 용어들을 통해 설명하는 것이다. "정치적 설명이란 무엇인가?" 어떤 현상을 정치적인 것으로 보고 정치적 용어들을 통해서 설명하는 것이다. 그래서 과학적 설명이란 과학적 현상들을 과학적 용어들을 통해서 설명하는 것이다. 이런 것들이 과학적 설명이고 또한 합리적인 설명이다. '비'와 같은 자연현상들을 자연현상들이 아닌, 그것들과는 다른 범주에 속하는 신과 같은 대상들이나 현상들을 통해 설명하려는 노력의 결과물들을 우리는 '뮈토스'라고 부른다. 반면에 '비'와 같은 자연현상들을 그것들과 같은 범주에 속하는 온도니 습도니 기압이니 하는 바로 자연현상들을 통해 설명하려는 노력의 결과물들, 그것을 우리는 '로고스'라고 부른다. 따라서 '뮈토스로부터 로고스로'의 전환은 인류가 우리를 둘러싸고 있는 이 세계의 자연현상들을 마침내 자연적 현상들로 이해하고 같은 범주에 속하는 다른 자연적 현상들을 통해 설명할 수 있는 단계에 이르렀음을 의미한다. 이때부터 소위 서양의 과학적이고 합리적인 사유의 역사가 시작되었다고 할 수 있다.

사유의 전환과 관련하여 '뮈토스'는 '신화적 사유', '비합리적 사유' 또는 '미신적, 비과학적 사유'로 언급되고는 한다. 그래서 이 사유의 전환은 어떤 의미에서 미숙하고 보잘 것 없으며, 미신적이고 하찮은 사유방식으로부터 보다 성숙하고 가치 있는, 적절한 설명력을 갖춘 사유방식으로의 진보 또는 진화를 의미하기도 한다. 이러한 사유의 전환기인 기원전 5세기경에 고대 그리스의 이오니아 지방의 밀레토스에 살았던 탈레스를 비롯한 일군의 희랍사상가들은 오늘날 서양 학문과 과학과 철학의 시초로 여겨지고 있다. 이 말을 곧이곧대로 해석하면 그 이전까지 인류는 학문이나 과학 또는 철학이라고 부를만한 사유를 하지 못했다는 것이다. 그런 의미에서 '뮈토스'와 '로고스'는 아주 대립되는 것으로 여겨지기도 한다. 인류는 어떤 이유에선지 특정한 시대에 특정한 지역에서 어둡고 어리숙한 '뮈토스'의 시대에서 밝고 세련된 '로고스'의 시대로의 전환기를 맞은 것이다. 그렇다면 그리스의 신화, 즉 '뮈토스'는 그저 어리석은 사람들의 이 세상에 대한 제멋대로의 어리숙한 이야기일 뿐인가? 앞서 '로고스'를 말할 때 그것은 이 세계의 자연현상들을 또 다른 자연현상들을 통해 설명하는 사유방식이라고 언급했다. 그런데 이러한 사유가 가능하기 위해서는 우리는 이 세계의 자연현상들에 대해 어느 정도 상당한 이해와 지식을 가지고 있어야만 한다. 그래야만 우리는 보다 복잡한 자연현상들을 보다 단순한 자연현상들로 환원하는 가장 일반적인 설명방식을 취할 수 있다. 그러나 이 세계에 대해 물음을 던졌던 초기의 인류들은 이 세계에 대해 거의 아는 것이 없었다. 그들에게 이 세계의 자연현상이란 그들이 전혀 이해할 수 없는, 그것을 환원해서 설명할 수 있는 어떤 이해나 지식도 없는 그러한 전혀 무지한 대상이었을 것이다. 그런 상황에서 우리가 취할 수 있는 방도는 가장 원초적인 설명방식인, 우리가 알고 있는 다른 모든 것들을 동원해서 유비적으로 추리해 보는 것뿐이다. 결국 그리스의 신화, 즉 '뮈토스'는 단순히 고대에 특정 지역에 살던 특정한 사람들의 세상에 대한 자기 나름대로의 이야기들의 모음이 아니라, 초기 인류가 우리를 둘러싸고 있는 이 세계를 이해하려고 시도했던 최초의 노력들의 산물이다. 이러한 노력이 쌓여서 점차 세계에 대한 우리의 이해와 지식이 넓혀졌고 그래서 마침내 우리 인류가 이 세계에 대한 '로고스', 즉 합리적 사유가 가능한 단계에까지 이르게 된 것이다. 오늘날 서양의 철학자들은 이 그리스의 신화적 사유, 즉 '뮈토스'를 철학적 사유의 한 원형처럼 여기기도 한다. 비록 서양 철학자들은 전통적으로 탈레스를 최초의 철학자로 지목하고는 있지만, 그렇다고 해서 그 이전에 인류에게 철학적 사유나 철학적 문제의식이 없었다고 주장하지는 않는다. 오히려 그리스의 신화적 사유, 즉 '뮈토스'를 철학적 사유의 원천으로, 철학적 사유의 초기단계로 여기기도 한다. 오늘날에도 많은 철학자들이 전통적으로 '형이상학'이라는 철학의 한 분과를 철학의 가장 근본적인 분과로 여기고 있다. 그런데 이 '형이상학'이란 분과는 우리의 경험 세계를 넘어선, 소위 초월적 대상들이나 우리의 사유의 한계 가까이 또는 그 넘어서 있을 법한 가장 일반적이고 보편적인 개념들을 그 탐구 대상으로 삼고 있다. 이러한 대상들을 탐구 대상으로 삼고 있는 형이상학적 사유는 일반적인 설명방식인 환원이나 분석과 같은 방식으로는 행해질 수 없고 가장 원초적인 방식인 유비추리에 의존할 수밖에 없다. 즉 우리는 우리의 경험을 뛰어넘는 대상들을 탐구하기 위해 우리의 경험일반을 총동원해서 가능한 설명을 시도하고 있다.

초기 고대인들의 신화적 사유, 즉 '뮈토스'는 마치 미지의 대륙에

과감히 발을 들여놓은 탐험가들이나 개척자들처럼 우리 인류가 새로운 인식의 지평을 넓히는 데에 첫걸음의 역할을 했다고 말할 수 있다. 이러한 무모하고도 소박한 고대인들의 수많은 시도와 노력들이 결국 오늘날과 같이 풍요로운 인류의 지적 유산들을 만들어낸 원동력인 것이다. 그러므로 그리스의 신화는 단순히 과거 인류의 어수룩한 세상 이야기가 아니라 끊임없이 새로운 세계로 인식의 지평을 넓혀가려고 노력하고 있는 인류의 소중한 공통 자산이라 아니할 수 없겠다.

2. 세계의 기원

1) 신화의 3요소

신화에는 일반적으로 3가지 요소가 있다고 한다. 그 첫째는 우주발생론宇宙發生論; cosmogony이고, 두 번째는 신통계보학神統系譜學; theogony이며, 세 번째는 인간창조론人間創造論; anthropogenesis이다. 우주발생론의 cosmogony는 'cosmos + gonia'의 형태를 취하고 있는데, 이때의 gonia는 '생기다, 태어나다, 발생하다'라는 뜻의 'gignomai'라는 동사에서 비롯된 것이다. 그래서 cosmogonia는 cosmos의 탄생 또는 발생이란 뜻이므로 코스모스의 생겨남에 관한 이야기이다. 신통계보학의 theogony는 'theos + gonia'의 형태로 theogonia는 theos, 즉 신들의 탄생, 또는 생겨남에 관한 이야기이다. 인간창조론의 anthropogenesis는 'anthropos + genesis'의 형태로 인간창조에 관한 이야기이다. 그리스 신화 역시 이 세 가지의 요소가 다 담겨있다. 그러나 특이하게도 다른 것들에 비해서 인간창조에 관한 이야기는 상대적으로 미비하고 대수롭지 않게 다루어지고 있다. 이것은 특히 인간 창조가 중요한 사건으로 다루어지고 있는 구약성서, 즉 유대인들의 창조신화와는 크게 대비되는 점이다. 이것은 그리스의 신들이 인간의 모습을 하고 있다는 점과 깊은 관련이 있어 보인다. 그리스의 신들은 겉모습만이 인간을 닮은 것이 아니라 인간과 똑같은 성격과 습성을 가지고 있다. 그래서 그리스의 신들은 인간을 모습을 그대로 투영한 것이라고 말할 수 있다.

그리스의 신들은 인간과 마찬가지로 감정을 가지고 있고, 심지어는 다치기도 한다. 다만 그들은 기본적으로 죽지 않으며 다쳐도 사람들 보다는 훨씬 빠르게 치유된다. 사람들처럼 생겼지만 사람들 보다 훨씬 거대하고 훨씬 힘이 세며 모든 일에서 뛰어난 능력을 가진 존재들, 그러면서 인간들과 짐승들 그리고 모든 자연물을 지배하고 있는 존재들, 또한 대부분 뛰어난 아름다움을 가진 존재들, 그런 존재들이 바로 신들이다. 이러한 신들의 특징은 사실 모든 인간들이 은연중에 가지고 싶어 하는 속성들이다. 아름답고 거대하고 힘이 세며, 늙지도 죽지도 않으며, 모든 일에 뛰어난 능력을 가지고 있고, 다른 인간들의 지배자이자 모든 세상 만물의 지배자, 이런 것이야말로 모든 사람들이 바라는 자기 자신의 꿈같은 모습일 것이다. 즉 가장 이상적인 인간의 모습이 투영된 것이 바로 신들의 모습이다. 그러다 보니 자연히 실제 인간들에 대해서는 이러한 이상적인 모습이 배제된 작고 초라하고 약하고 무능한, 우리가 우리에게서 발견되기를 원치 않는 우리의 부정적 모습만이 강조되어 그리 대수롭지 않게 다루어지고 있는 것 같다. 그래서 다른 것들과 비교해서 인간창조에 관한 이야기들은 그리스인들에게 크게 관심을 끌지 못한 것으로 보인다.

2) 우주의 발생

그리스인들은 '우주의 발생'을 '코스모스의 생겨남'으로 이해했다고 말할 수 있다. '코스모스'는 일반적으로 '질서', '조화', '정렬' 등의 의미로 알려져 있다. 그러나 또한 이 단어는 '우주'를 가리키는 말로도 쓰인다. 코스모스라는 단어를 우주라는 의미로 처음 사용한 사람은 퓌타고라스Pythagoras로 알려져 있다. 그는 밤하늘에 촘촘히 박힌 별들이 질서정연하고 조화롭게 움직이는 모습에서 우주를 코스모스라 칭했다. 즉 그에게 있어 우주는 조화롭게 잘 정돈된 질서 그자체이다. 따라서 '코스모고니아'는 조화와 질서, 그리고 정렬 등이 생겨남을 의미한다. 그렇다면 이런 것들은 어디에서 생겨나는가? 질서는 어디로부터 오는가? 조화와 정렬은 또한 어디로부터 와야 하는가? 이것을 이해하기 위해서는 고대 그리스인들의 대립 쌍 개념을 이해해야만 한다. 그들은 세상의 모든 성질들이 서로 대립 쌍을 이루고 있다고 생각했다. 그중에서도 가장 기본적인 대립 쌍은 '더움과 참', 그리고 '건조함과 습함'이다. 물체가 더워지려면 그 전제조건은 무엇인가? 그 물체는 먼저 차가워야만 한다. 그래야 더워질 수 있다. 그래서 더움은 참으로부터 나온다. 반대로 물체가 차가워지려면 그 물체는 먼저 더워야 한다. 그래야 차가워질 수 있기 때문이다. 그래서 차가움은 더움으로부터 나온다. 마찬가지로 건조함은 습함에서 비롯되고, 습함은 건조함으로부터 생겨난다. 이처럼 모든 성질들은 그것의 대립자로부터 나온다. 물론 이 때의 대립자들oppositions은 반대자contraries들이다. 이렇게 모든 것들이 자신의 반대자로부터 나온다는 사고에는 약간의 문제점들이 있다. 그것은 반대대립 쌍들이 모든 것을 다 포괄하지는 못한다는 것이다. 예를 들어 '더움과 참', '건조함과 습함'은 상대적인 개념이다. 그래서 어떤 더움보다도 더 더움이 있을 수 있고 어떤 건조함보다도 더 건조함이 있을 수 있다. 그래서 더운 것이 때로는 차가운 것이 될 수도 있고 또 건조한 것이 또한 습한 것이 될 수도 있다. 그뿐만 아니라 더움과 참 그리고 건조함과 습함 사이에 너무나 많은 여백이 있어 보인다. 즉 덥지도 차갑지도, 건조하지도 습하지도 않은 상태가 얼마든지 있을 수 있기 때문이다. 이 반대대립 쌍은 모순들contradictories의 개념으로 발전한 것처럼 보인다. 모순대립 쌍이 되면 이제 모든 것들은 더 이상 반대자로부터 오는 것이 아니라 자신의 모순자로부터 발생하게 된다. 즉 더움은 덥지 않음에서, 차가움은 차갑지 않음에서, 건조함은 건조하지 않음에서, 그리고 습함은 습하지 않음에서 비롯되게 된다. 이러한 모순대립 쌍 개념은 더 이상 놓치는 부분이 없게 된다. 왜냐하면 이 세상의 모든 것은 어떤 것과 그것이 아닌 것 둘 중의 하나에 반드시 속하게 되기 때문이다.

이런 관점에서 본다면 코스모스의 발생은 어디에서 비롯된 것이어야 하는가? 그것은 코스모스가 아닌 것에서 비롯되어야 한다. 코스모스가 아닌 것, 즉 무질서와 부조화, 그리고 미정렬, 즉 혼돈과 혼란에서 비롯되어야 하는데, 이런 것들을 가리키는 가장 널리 알려진 단어는 카오스khaos이다. 우주의 생성은 질서도 조화도 정렬도 없는, 그래서 형태조차 없이 미확정적이고 무한정적인 카오스로부터 마침내 질서와 조화가 잡히고 잘 정렬되고, 그래서 확정적이고 한정적인 뚜렷한 형태를 갖춘 코스모스로 나아가는 과정이다. 그래서 코스모고니아는 카오스로부터 코스모스로 가는 과정이다. 일반적으로 코스모스는 질서, 조화, 정렬의 의미를 가지고 있고, 그리고 이 우주의 출발점을 카오스로 상정한다면 앞서와 같이 이해하는 것이 정당한 것처럼 보일 수 있다. 그러나 카오스를 코스모스의 모순 개념으로 이해하는 것은 보다 사유가 진전된 이후에 나타난 것이고 원래의 카오스는 우리가 일반적으로 알고 있는 '혼돈'이나 '무질서' 등과는 전혀 다른 뜻이다. 카오스의 원래 의미는 찢어진, 갈라진, 터진 틈 또는 찢겨져서 남은 껍데기와 같은 의미이다. 이 용어에는 초기 인류가 탄생이나 생성, 창조 등과 관련하여 생각했던 가장 원초적인 사유들이 담겨있는 것처럼 보인다.

어떤 것이 우리 앞에 나타나려면 그 첫 번째 전제조건이 무엇일까? 예를 들어 강의실에 전에 없던 학생들이 나타나려면 어떤 전제조건이 필요한가? 전에 없던 학생들이 한 강의실에 나타나려면 그 학생들이 그 강의실에 나타나기 위한 어떤 틈이 있어야만 한다. 물론 강의실에는 필수적으로 출입문이 있으니 사실 강의실이란 말로 이미 조건이 갖추어졌다고 말할 수 있겠지만, 반드시 출입문을 통해서만 강의실에 나타날 수 있는 것은 아니다. 창문으로 들어올 수도 있고 또는 바닥이나 천장을 뚫고 들어올 수도 있다. 좀 더 비현실적이거나 SF적인 요소를 감안한다면 갑자기 공간이 갈라지면서 그 틈으로 나타날 수도 있다. 어쨌든 어떤 것이 어떤 공간에 나타나려면 그것이 통과해서 나와야할 어떤 벌어진 틈이 있어야 한다. 세상이 이 세상에 나타나려면 이 세상이 어딘가에서 빠져나올 구멍이나 틈이 있어야 한다. 마치 물이 가득 찬 가죽주머니가 그 수압을 이기지 못하고 어느 한쪽이 터져서 그곳으로 물이 쏟아져 나오는 모습, 그 모습이 카오스로부터 이 세상이 쏟아져 나오는 모습일 수 있다. 또 열 달 동안 어머니의 자궁 속에서 잘 자란 아이가 마침내 더 이상 좁은 어머니의 자궁 속에 머무르지 못하고 어머니의 갈라진 질을 통해서 터져 나오는 모습, 그것이 카오스로부터 이 세계가 태어나는 모습의 원형일 수 있다. 이처럼 카오스는 어떤 것이 이 공간 또는 이 세상 또는 우리 눈앞에 나타나기 위해서 필수조건인 터진, 갈라진, 열린, 찢어진, 그래서 그곳을 통해 어떤 것들이 나타나는, 그러한 틈이다.

그리스의 대표적인 우주발생론은 크게 세 가지를 들 수 있다. 그 첫 번째는 호메로스Homeros에 의해서 전해진 것으로 알려져 있고, 두 번째는 오르페우스Orpheus교의 경전을 통해 전해진 것으로 알려진 전설이고, 세 번째는 우리에게 '신통기神統記'라는 이름으로 알려진 헤시오도스Hesiodos의 『테오고니아theogonia』란 책에 담겨있는 내용이다.

3) 오케아노스(Okeanos)와 테튀스(Tethys)

이것은 호메로스가 '신들의 아버지와 어머니' 또는 '만물이 생겨나게 한 것'이라고 전한 세계의 기원과 관련된 그리스의 전설로는 아마도 가장 오래된 이야기일 것이다.[1] 이 이야기는 오케아노스와 테튀스로부터 시작된다. 태초에 오케아노스가 있었다. 오케아노스는 단적으로 말하면 인격을 가진 물의 신이라 말할 수 있을 것 같다. 그는 하나의 강이나 시내의 신이기도 하면서 또한 바다의 신이기도 하다. '대양大洋'이란 의미의 영어 'ocean'은 그의 이름에서 유래되었다. 그리스인에게 있어 물의 가치는 처음엔 가까이 접근할 수 있는 시내나 샘물에서 시작해서 곧 작은 강으로, 그리고 큰 강으로, 그리고 마침내 바다로 이어지고 그리고 세계를 감싸 안고 있는 큰 대양으로 확장되어져 갔다고 봐야할 것이다. 이것은 그리스인들의 세계관의 확장과도 깊은 관련이 있어 보인다. 물은 인간생존의 가장 기본적인 요소이고 거주 지역 결정에 또한 중요한 요소이기도 하다. 처음에는 시내나 샘을 중심으로 작은 집단을 이루고 살던 인류가 그 집단이 점점 커지면

---

1) 호메로스, 「일리아드」, 14. 201, 246.

서 작은 강이나 큰 강가로 그 주거영역을 확장했을 것이고, 그리고 바다에서 식량을 얻고 또 바다를 통해 더 넓은 세계로 나아가게 되면서 그들의 세계관도 넓어졌을 것이고 또한 물의 가치도 확장되어졌을 것이다. 그래서 오케아노스는 작은 시내와 샘, 작은 강과 큰 강, 그리고 지중해라는 인근의 바다와 그들이 세상의 끝으로 여겼던 지금의 대서양에 이르는 모든 물의 신으로 확장되어졌다.

오케아노스는 순환하는 물이다. 오늘날 우리 역시 물이 순환한다는 것을 알고 있다. 지상이나 바다에 있는 물은 태양열에 의해 증발하고, 증발된 수증기는 상승하여 높은 고도에 이르면 차가운 기온에 의해 응결하여 구름을 형성하게 되고, 그 구름을 이르는 작은 물방울들은 결국 응결되어 물방울을 이루게 되어 다시 지상이나 바다로 비나

그림 1. 기원전 5세기경의 헤카타에우스의 세계지도

눈의 형태로 떨어지게 된다. 그 뿐만 아니라 지상에 떨어진 물은 땅에 또는 나무에 스며들었다가 샘물을 통해 솟아나고 그 샘물은 작은 시내를 이루고, 또 그 시내는 큰물을 이루고, 그리고 마침내 바다로 흘러간다. 이런 식으로 물은 상하좌우로 일종의 삼차원 방식으로 순환한다고 말할 수 있다. 상대적으로 고대 그리스인들에게 있어 물은 이차원적으로 순환한다고 말할 수 있다. 고대 그리스인들은 모든 물들이 다 통해져 있다고 생각했다. 샘이나 작은 시내나 강이나 바다나 다 연결되어 있어서 그 모든 것들이 하나의 거대한 순환과정의 일부처럼 여겼다. 모든 물들은 어떤 식으로든 다 하나로 연결되어있다고 생각한 것이다. 그 전체로 연결되어 있는 그래서 전체적으로 순환하는 물, 그것이 오케아노스이다. 그러나 나중에 티탄 족들과 올륌포스 신들 사이의 전쟁에서 티탄들이 패한 후에는 오케아노스는 제우스에 의해, 이승과 저승 사이의 경계인 세계의 가장자리, 맨 바깥쪽으로 밀려나서 외곽을 순환하는 물의 역할만을 맡게 된다.

이 세상의 최초의 시작을 물로 여긴 것은 어떤 면에서 극히 당연하다고 말할 수 있다. 많은 창조신화들이 물 또는 물과 같은 것으로부터 시작한다. 물은 생명의 상징이고 또한 가장 기본적인 물질적 요소이기 때문이다. 심지어 전통적으로 서양에서 최초의 철학자로 지목되고 있는 탈레스까지도 역시 이 세계를 구성하고 있는 가장 궁극적인 원소로 물을 제시했다. 따라서 물의 신인 오케아노스가 최초의 신으로 상정된 것은 어떤 면에서 매우 합리적인 선택이라고 말할 수 있다. 이 세상을 낳고 그리고 이 세상을 양육하기 위해서는 그 대상은 생명으로 충만해야 하기 때문이다. 물인 오케아노스는 당연히 생명력의 상징이다. 그래서 고대 그리스의 소녀들은 결혼 전에 강에서 목욕을 하는 의식을 치렀다고 한다. 오케아노스는 끊임없는 생식능력을 가진 신이므로 그 능력을 받아 많은 자식을 생산하기 위한 것이다. 결혼이란 일차적으로 자녀를 생산하기 위해서 하는 것이므로 오케아노스의 생식능력의 도움을 받으려 한 것이다. 어떤 면에서 소녀들이 강물에 목욕을 함으로써 자녀들을 갖게 되는 것이므로 그로 인해 태어나는 자녀들은 모두 오케아노스의 자녀들이라고 말할 수도 있다. 그래서 강은 모든 고대 종족들의 첫 조상으로 여겨지기도 했다. 오케아노스는 모든 신들의 조상이자 또한 인간들의 조상이기도 하다.

물론 이 모든 것들이 오케아노스 혼자만으로 이루어진 것은 아니다. 거기에는 '어머니'로 불리는 위대한 여신 테튀스가 함께 있었다. 오케아노스는 테튀스와 결합해서 그 모든 것들을 생산해 냈다. 그런데 사실상 모든 것을 낳고 또한 모든 것을 양육하는 것은 아버지 신인 오케아노스의 역할이라기보다는 오히려 어머니 신인 테튀스에게 더 적합한 역할인 것처럼 보인다. 다산과 양육이라는 가장 기본적인 창조신의 역할은 분명 어머니 여신에게 적합한 것이다. 그럼에도 불구하고 이 전설에서는 오케아노스가 그 이야기의 중심에 있다. 아마도 이것은 호메로스의 성향과 깊은 관련이 있는 것으로 여겨진다. 호메로스는 일반적으로 남성우월주의자로 알려져 있다. 그는 가부장제 사회의 전형적인 남성우월주의자이며 여성혐오주의자로 알려져 있어서 어머니 여신보다는 아버지 남신을 보다 우위에 놓는 경향이 있다. 이러한 성향과 관련하여 호메로스는 흔히 헤시오도스하고도 비교되기도 하는데, 호메로스가 아버지 남신인 오케아노스를 이야기의 중심에 둔 반면에 헤시오도스는 위대한 대지의 어머니 여신인 가이아 Gaia를 이야기의 중심에 두고 있다. 또한 호메로스는 크로노스Kronos나 제우스Zeus와 같이 중요한 사건들과 관련된 신들을 맏아들로 묘사하는 반면, 헤시오도스는 그들을 막내아들로 묘사하고 있다. 이것은 맏아들이 아버지에 가까운 아들인 반면에 막내아들이 어머니에 가까운 아들이기 때문일 것이다. 가부장 사회에서 아버지들에게 있어 가장 감동적인 순간은 첫아들을 얻은 순간일 것이다. 맏아들은 곧 자신의 대를 이어 가부장의 자리를 계승하게 될 상속권을 가진 장자이기 때문이다. 그래서 가부장 사회에서 아버지들은 맏아들에게 큰 기대와 더 많은 애정을 가지게 될 가능성이 높다. 반면에 어머니의 입장에서 보면 막내아들은 마지막으로 어머니의 젖꼭지를 빨았던 아들이다. 따라서 막내아들에 대한 기억이 더욱 생생하고 더 큰 애정을 가지게 될 가능성이 높다. 그래서 아버지에게는 맏아들이 어머니에게는 막내아들이 더 가깝다고 할 수 있겠다.

분명한 것은 위대한 어머니 여신 테튀스를 결코 무시해서는 안 된다는 것이다. 호메로스가 비록 오케아노스를 모든 것의 시작점으로 간주하고 있지만, 그러나 결국 모든 것을 낳고 그것들을 먹여 살린 것은 어머니 여신이다. 이들의 아들들Potamoi이 3000이고 딸들Okeanides 또한 3000이었다고 전해진다. 이들의 아들들은 주로 강들이며, 딸들은 샘과 시내, 그리고 물이 샘솟는 수원지들이다. 나중에 이 태초의 부부는 서로 다투어 사이가 나빠졌고 그래서 그 이후로 더 이상 자녀를 생산하지 않게 되었다.

4) 뉙스(Nyx)와 에로스(Eros)

음유시인인 오르페우스Orpheus의 제자들과 추종자들이 보존했던 경전 속에서 전해져 내려온 전설은 밤의 여신 뉙스로부터 시작된다. 태초에 밤의 여신 뉙스가 있었다.[2] 이 뉙스는 호메로스가 제우스조차

---

2) Kern, O., *Orphicorum fragmenta*, 24.

도 그녀에 대해 신성한 경외심을 가졌다고 전할 만큼 가장 위대한 여신들 중의 한 명으로 여겼던 여신이다.[3] 오르페우스 전승에 따르면 뉙스는 검은 날개를 가진 새이다. 이 밤의 여신 뉙스는 바람의 신을 임신했고, 암흑의 신 에레보스Erebos의 거대한 무릎 안에 은빛 알을 낳았다. 그리고 그 은빛 알에서 금빛 날개가 달린 세찬 바람의 아들이 태어난다. 그는 사랑의 신 에로스이며, 그의 또 다른 이름은 프로토고노스Protogonos, 즉 '처음으로 태어난 자'였다. 이는 그가 모든 신들 가운데서 가장 먼저 태어났기 때문이다. 이 전설은 밤의 여신 뉙스와 그의 남편인 암흑의 신 에레보스가 먼저 있었고, 그리고 그들 사이에서 처음으로 금빛 날개를 가진 사랑의 신 에로스가 태어난 것으로 시작한다.

이 이야기는 앞서 호메로스의 이야기 보다는 좀 더 진보되었다고 말할 수 있을 것이다. 호메로스의 이야기에서는 처음에 물의 신 오케아노스와 위대한 어머니 여신 테튀스가 있었다고 전제되어 있다. 어떤 면에서 이것은 이 세계의 시작으로 보기에는 충분하지 못한 것 같다. 물론 처음에 뉙스와 에레보스의 존재를 전제하고 시작하는 것 역시 세계의 시작이란 측면에서 보면 역시 충분치 못한 것으로 여길 수 있지만, 그러나 상대적으로 밤의 여신이나 어둠의 신은 물의 신이나 어머니 여신보다는 좀 더 추상적인 것에 가깝고 좀 더 진보된 사유로, 그래서 최소한 한 걸음 더 나아간 사유로 볼 수 있을 것이다. 많은 창조 신화나 이 세상의 시작에 대한 이야기들이 빛과 함께 시작된다. 마치 어두운 밤 동쪽 하늘에 희미한 빛이 나타나고 그리고 곧 밝은 태양이 솟아오르는 순간 그것이 새로운 하루의 시작을 의미하듯이

3) 호메로스, 「일리아드」, 14. 261.

세계의 창조나 기원 역시 이와 유사하게 빛의 나타남을 그 시작점으로 묘사하기 일쑤이다. 그러므로 이 세계의 창조나 시작의 조건으로 밤의 여신이나 어둠의 신이 상정되었다는 것은 상당히 합리적인 사유의 결과라고 말할 수 있을 것이다.

더욱이 최초로 태어난 신은 에로스이다. 에로스는 또한 파네스Phanes이기도 한데, 이는 세계를 드러내어 밝힌다는 의미를 가지고 있다. 그래서 에로스는 빛의 신이기도 하다. 밤의 여신과 어둠의 신 사이에서 태어난 은빛 알 속에서 그 알이 깨지면서 태어난 빛의 신 에로스가 세상을 밝힘으로써 이 세계가 시작되는 것이다. 즉 어두운 밤이 빛으로 밝혀짐, 그래서 마침내 세상의 모든 것들이 빛 속에서 드러남, 그것이 이 세계의 시작이다. 이렇게 최초로 태어나 세상을 밝힌 신이 또한 사랑의 신임에 주목할 필요가 있다. 왜 사랑의 신이 최초로 태어난 신이어야 하는가? 그것은 "사랑이 무엇인가?"라는 물음과 관련이 있다. 사랑은 기본적으로 자식을 가지게 하는 힘이다. 오늘날엔 사랑이란 매우 숭고하기도 하고 복잡하기도 하며 어떤 경우에는 극도로 추상적인 개념이기도 하지만, 고대 사회에서 사랑은 일차적으로 남자로 하여금 여자에게 성욕을 느끼게 하는 힘이고, 그것은 여자에게 그 남자의 성욕을 받아들이게 하는 힘이다. 그래서 다음 세대의 탄생과 그로인한 지속적인 종족 번식을 위해서 필수적인 요소이다. 이런 이유로 사랑의 신 에로스가 최초로 태어날 수밖에 없다. 따라서 에로스의 탄생은 이 세상을 밝혀 열리게 하고 그리고 다음 세대들이 이어질 수 있게 하는 원동력이다.

이 에로스가 태어난 은빛 알, 그 알의 깨어진 부분 또는 깨어져 남겨진 빈 껍질, 그것이 카오스이다. 이 카오스로부터 에로스가 나오고 그리고 그 껍질의 윗부분인 하늘, 즉 우라노스Ouranos와 아래 부분인 땅, 즉 가이아Gaia가 에로스의 힘에 의해 빛 속에서 결합하여 오케아노스와 테튀스를 낳았다. 그 이후는 호메로스의 이야기와 유사하여 어떤 면에서 이 전설은 호메로스 이야기에 앞부분을 조금 더 첨가한 것처럼 보이기도 한다. 그러나 단순한 첨가라기보다는 좀 더 사유가 진전된 것으로 볼 수 있을 것이다.

5) 카오스(Khaos)와 가이아(Gaia) 그리고 에로스(Eros)

이 이야기는 신들의 산으로 불리는 헬리콘Helikon 산의 농부이자 시인이었던 헤시오도스Hesiodos로부터 유래된 것이다. 흔히 '신통기神統記'로 불리는 헤시오도스의 대표작인 『테오고니아Theogonia』는 오늘날까지 거의 원래 모습에 가깝게 전해지고 있어서 가장 완전한 형태로 널리 알려진 이야기이기도 하다. 이 이야기에서는 땅의 여신 가이아의 우월성이 보다 강조되고 있는 것처럼 보인다. 사람들은 이러한 특징을 헤시오도스가 농부였다는 사실과 관련하여 설명하곤 한다. 농부인 그에게 있어서 다른 그 어떤 사람들보다도 대지의 여신이 중요하게 여겨졌을 것이라는 추측이다.

이 이야기는 "태초에 카오스가 있었다"는 말로 시작한다.[4)] 물론 헤시오도스에게 있어서도 카오스Khaos는 단지 '갈라진' 틈이나 빈 공간, 빈 껍질 등의 의미만을 가진다. 그래서 카오스는 어떤 인격적인 신은 아니다. 만약 카오스가 인격적인 신이라면 그가 최초의 신이 될 것이고, 그리고 다른 모든 신들과 자연물들은 그로부터 출생한 것이 될 것이다. 그러나 헤시오도스에게 있어서도 카오스는 여전히 이 세상이 태어나기 위한 전제조건과 같은 것으로 이해해야 할 것이다.

---

4) Hesiodos, *Theogonia*, 116.

헤시오도스는 이 카오스와 함께 가이아와 그것의 더 깊은 심층深層인 타르타로스Tartaros, 그리고 에로스가 생겨났다고 말한다. 카오스는 일종의 깊고 어두운 갈라진 틈, 즉 공간의 열림으로 해석할 수 있다. 그래서 그 공간이 열리는 순간 그것의 아래쪽에 모든 신들의 변함없는 안식처이자 넓은 가슴을 가진[5] 대지의 여신 가이아가, 그리고 그 대지를 지탱해주는 타르타로스가, 그리고 또한 역시 최초로 태어난 자이며 다음 세대의 탄생을 가능케 해주는 자인 에로스가 함께 생겨난다. 그리고 카오스로부터 어둠인 에레보스가 그리고 밤의 여신인 뉙스가 태어난다. 카오스는 갈라진 틈이니 그것의 속성과도 같은 어둠이 그리고 그것의 보다 구체적인 모습인 밤이 거기서 태어났다고 말해질 수 있을 것이다. 또한 이 어둠인 에레보스는 대지의 여신 가이아의 깊은 심층인 타르타로스의 속성이기도 하다. 그리고 이 어둠인 에레보스와 밤인 뉙스로부터 빛나는 공기인 천체의 빛 아이테르Aither와 낮인 헤메라Hemera가 생겨났다.

여기까지가 헤시오도스의 '테오고니아'에서 우주발생의 첫 페이지라고 할 수 있다. 먼저 틈이 생기고 그 아래에 앞으로 모든 올림포스 신들이 태어나고 거하게 될 토대인, 많은 것들을 낳고 먹여 살릴 대지의 어머니 여신 가이아가 그녀를 아래로부터 지탱해주는 타르타로스의 지지를 받아 자리를 잡고 그리고 불멸하는 신들 중에 가장 사랑스러우며, 욕망을 불러일으킨다는 의미에서 모든 신들과 인간들의 정신을 지배하는 에로스가 나타난다. 그리고 카오스로부터 어둠과 밤이 태어나고 그리고 그 어둠과 밤으로부터 천체의 빛과 낮이 태어난다. 이로써 세계가 열리게 될 필수조건들이 갖추어졌다. 모든 것의 토대

5) '넓은 가슴을 가졌다'거나 '큰 가슴(유방) 또는 많은 유방을 가졌다'는 것은 많은 것을 먹여 살릴 수 있는 어머니 여신의 양육 능력을 상징하는 말이다.

가 마련되었을 뿐만 아니라 다음 세대의 탄생을 위한 조건도 갖추어졌고 더욱이 빛과 낮이 생겨남으로써 마침내 세계가 시작된 것이라고 볼 수 있을 것이다. 아마도 이런 이유 때문에 헤시오도스는 카오스로부터 천체의 빛 아이테르와 낮 헤메라의 탄생까지를 한 번에 기록하고 있는 것으로 보인다.

가이아는 가장 먼저 자신을 완전히 덮을 수 있을 만큼 자신과 동등한, 성스러운 신들을 위한 변함없고 영원한 안식처인, 별이 빛나는 하늘인 우라노스Ouranos를 낳는다. 이것은 어떤 의미에서 자기 증식이나 자기 복제 같은 말로 표현될 수 있을 것이다. 왜냐하면 가이아는 어떤 남신의 도움 없이 혼자서 우라노스를 낳았기 때문에 자신과 동등한 크기의 우라노스를 자기 증식과 같은 방식으로 낳았다고 말할 수 있을 것이다. 다음으로 거대한 산들을 낳았다고, 이 산들의 계곡들이 여신들, 또는 님프들이 좋아하는 거처라고 전하는데, 이것은 대지의 여신인 가이아가 처음에 평평했던 자신의 몸에 일종의 주름을 생기게 해서 대지의 표면을 울퉁불퉁하게 만들어서 표면적을 넓힌 것으로 이해할 수 있을 것 같다. 다음으로 적막하고 거품이 이는 바다의 신 폰토스Pontos를 낳았다고 한다. 이 폰토스는 바닷물을 상징하는 것으로 가이아가 자신의 몸으로부터 바닷물을 뿜어내어 그 바닷물이 자신의 낮은 부분에 고이게 되고, 이 고인물이 바다를 이루게 된 것이다. 그래서 처음에 하늘과 땅이 동등한 크기라고 말해진 것은 아직 바닷물이 분출되지 않아 메마른 가이아 전체와 하늘의 크기를 비유한 것으로 볼 수 있다. 바다가 없다는 전제 하에 우리가 대지를 둘러본다면 땅의 끝인 지평선이 곧 하늘의 끝이기도 함으로 하늘과 땅의 크기는 같다고 말할 수 있다. 여기까지 가이아는 에로스 없이, 즉 어떠한 남신과도 결합하지 않고 혼자서 모든 신들을 낳았다.

3. 가이아의 자녀들

처음에 갈라진 틈 또는 빈 공간인 카오스가 생기고 그 다음으로 모든 것의 기본이 될 대지의 어머니 가이아가, 그리고 그 가이아를 받쳐주는 깊은 심층인 타르타로스가, 그리고 다음 세대를 탄생시키기 위한 필수조건인 사랑의 신 에로스가 생겼다. 그리고 카오스로부터 카오스의 속성이자 대지의 여신을 받치고 있는 타르타로스의 속성이기도 한, 그리고 이 우주의 최초의 상태이기도 한 밤의 여신 뉙스와 암흑의 신 에레보스가 태어나고, 그리고 이 밤의 여신과 암흑의 신으로부터 마침내 세상을 밝혀줄 천체의 빛 아이테르와 낮의 신 헤메라가 탄생한다. 이로써 이 세상이 열릴 기본적 요건들이 갖추어졌다고 할 수 있다.

1) 가이아의 출산

가이아의 출산은 크게 두 종류로 나뉠 수 있다. 하나는 에로스의 개입 없는 출산이고 또 하나는 에로스가 개입한 출산이다. 에로스의 개입이 없는 출산이란 가이아가 어떤 남신과도 결합하지 않고 혼자서 자식을 낳은 것을 말한다. 에로스가 개입한 출산은 가이아가 남신과 결합하여 자식들을 낳은 것을 말한다. 앞서도 말했지만 에로스, 즉 사랑이란 일차적으로 남녀를 결합해주는 힘이다. 남성이 여성에게 성욕을 느끼게 해주는 힘, 그리고 여성이 그 남성의 성욕을 받아들이게 하는 힘, 그것이 사랑이다. 그리고 이로 인한 결합의 결과가 임신과 출산을 통한 다음 세대들의 생산이다. 그래서 어떤 면에서 에로스의 개입 없는 출산이란 사실상 비정상적인 출산이라고 말할 수 있다. 당연히 정상적인 경우라면 남성과 여성의 결합에 의한 임신과 출산이 이루어져야할 것이다. 그러나 가이아는 처음에, 비정상적이라고 말할 수 있는, 어떤 남성과도 결합하지 않은 채 혼자서 3명의 신들을 낳는다.

에로스 없이, 어떤 남성과의 결합 없이 최초의 어머니 가이아는 하늘인 우라노스와 거대한 산들인 우레아 마크라Ourea makra, 그리고 바다인 폰토스를 낳는다. 이것은 분명 비정상적인 출산이다. 여성이 혼자서 아이를 낳는다는 것이 결코 정상적이라고 할 수는 없을 것이기 때문이다. 그러나 어떤 의미에서 이것은 또한 극히 당연하고 정상적이라고 말할 수 있다. 왜냐하면 최초의 어머니인 가이아의 최초의 출산은 혼자서 행할 수밖에 없기 때문이다. 최초의 어머니에겐 그가 자신의 남성으로 취할 대상이 없었다. 그래서 그는 자신과 동등한 크기의 하늘인 우라노스를 마치 자기 증식과 같은 방식으로 낳고, 자신에게 주름을 주어 거대한 산들을 낳았으며, 자신에게서 바닷물을 뿜어내어 바다인 폰토스를 낳을 수밖에 없었을 것이다. 아마도 실제로 이 지구상에 태어난 최초의 생명체인 단세포들은 이성교합이 아닌 자기 증식과 같은 형태로 번식했었을 것이다. 그런 상황과 유사하게 우리는 가이아의 단독출산을 이해할 수도 있다. 최초의 어머니인 가이아는 홀로 남신들을 낳고 그리고 그 남신들을 자신의 남편들로 삼아 그 다음 세대들을 낳은 것이다.

에로스의 개입을 통해, 즉 정상적으로 다른 남성들과 결합하여 가이아는 다음 세대들을 낳게 된다. 가이아는 자신이 낳은 아들들인 하늘의 신 우라노스와 바다의 신 폰토스와, 그리고 자신의 아래 깊숙한 곳 심층에 있는 타르타로스와 결합하여 자식들을 낳는다. 결국 가이아는 자신의 아들들을 남편으로 삼아 다음 세대들을 출산한 것이다. 이것은 오늘날의 우리 관점에서 본다면 일종의 근친상간近親相姦이다. 우리의 도덕적 기준이나 윤리적 잣대에 비추어 본다면 최초의 어머니인 가이아의 최초의 정상적이라고 말할 수 있는 출산들 역시 정상적이라고 말하기에는 문제가 있는 것처럼 보일 수도 있다. 가끔 이 문제가 진지하게 지적되기도 한다. 그러나 최초의 어머니가 처음에 홀로 출산할 수밖에 없었던 것처럼 또한 처음 취한 남성들은 자신들의 아들일 수밖에 없다. 이것은 최초의 존재자들에게 충분히 일어남직한 일들이다. 도덕적 기준이니 윤리적 잣대니 하는 것들도 일단 세상이 열리고 그리고 문화니 문명이니 하는 것들이 발생하고 자리 잡혀야 비로소 생겨나게 되는 것들이지, 이제 세상이 막 열리기 시작하는 시점의 존재자들에게 어떤 특정한 문화적 또는 문명적 기준이나 잣대를 들이대는 것은 그 자체로 정당치 못한 일일 것이다.

2) 우라노스(하늘)와 함께

우라노스와 결합하여 가이아가 낳은 자식들은 크게 세 부류로 나누어서 언급되고 있다. 첫째는 거대한 태고의 신들인 티탄Titan, 복수형은 Titanes들이고, 두 번째는 둥근 눈을 가진 외눈박이 거인들인 퀴클롭스Kyklops, 복수형은 Kyklopes들이고, 세 번째는 50개의 머리와 백개의 팔을 가진 백수거인Hekatonkheir, 복수형은 Hekatonkheires들이다. 티탄들은 주로 하늘에 속한, 하늘을 장식하는 대상들이고, 퀴클롭스들은 화산을 인격화한 것이고, 헤카톤케이르들은 대자연의 거대하고 무서운 힘을 상징하는 것으로 알려져 있다.

가이아는 우라노스와 결합하여 6명의 여자 티탄들과 6명의 남자 티탄들을 낳았다. 먼저 가이아는 위대한 어머니 여신인 테튀스Tethys와 물의 신이자 대양의 신인 오케아노스Okeanos를 낳았다. 또 가이아는 고대 달의 여신으로 보이는, 빛을 뜻하는 포이베Phoibe와 하늘의 축이자 하늘의 예언의 신인 코이오스Koios를 낳았다. 포이베는 레토Leto

와 아스테리아Asteria라는 두 딸을 낳았는데, 아스테리아는 위대한 달의 여신 헤카테Hekate의 어머니이고 레토는 그리스의 신들 중 세 번째로 위대한 신인 아폴론과 그의 누이 처녀 여신 아르테미스의 어머니이다. 가이아는 또한 별자리의 신인 크레이오스Kreios를 낳았고, 아이테르Aither의 빛이자 하늘의 빛인 테이아Theia와 고대 태양의 신인, 높은 곳을 달리는 자인 휘페리온Hyperion을 낳았다. 휘페리온은 새벽빛인 에오스Eos와 태양의 신인 헬리오스Helios, 그리고 달의 여신 셀레네Selene의 아버지이다. 가이아는 사멸성死滅性의 신인 이아페토스Iapetos도 낳았는데 그는 아틀라스Atlas와 프로메테우스Prometheus, 그리고 에피메테우스Epimetheus의 아버지이다. 아틀라스는 티탄족이 올림포스 신들과의 전쟁에서 패한 후 서쪽 세상 끝에서 하늘을 받치고 있는 형벌을 받고 있는 것으로 주로 묘사되곤 한다. '배우기 전에 미리 아는 자'란 이름을 가진 프로메테우스는 그 이름답게 올림포스 신들과의 전쟁에서 티탄 족이 패할 것을 미리 알고 자신의 동생인 '배워서 나중에 아는 자'란 이름의 에피메테우스를 설득하여 올림포스 편에 가담했다. 그러나 프로메테우스는 올림포스 최고의 신인 제우스와 지속적으로 반목하는 모습으로 묘사되곤 한다. 특히 진흙을 빚어 뜨거운 입김을 불어넣어 인간을 창조한 것으로 묘사되기도 하고, 올림포스 신전으로부터 불을 훔쳐 인간에게 전한 것으로 묘사되기도 한다.

그래서 프로메테우스는 한편으로 인간과 인류 문명의 보호자로 알려져 있기도 하고, 올림포스 신들에게 대항하도록 인간을 부추긴 것으로 묘사되기도 한다. 이런 이유 때문에 올림포스 신들은 인간들에게 큰 타격을 주기 위해 '모든 신들이 주는 선물'이라는 뜻의 판도라Pandora라는 여자를 만들어 인간 세상으로 내려 보낸다. 프로메테우스는 이것이 신들의 계략인 것을 눈치 채고 동생인 에피메테우스에게 신들로부터 어떠한 선물도 받아들이지 말라고 충고했으나, 에피메테우스는 그 경고를 잊고 이 판도라를 아내로 맞이했다. 판도라는 결코 열어 보지 말라고 경고 받았던 상자 하나를 신들로부터 받아서 왔었는데, 그 경고를 무시하고 열어보는 바람에 그 안에 들어있던 각종 질병들과 재앙들이 세상 밖으로 퍼져 나와 인류의 삶을 어렵게 만드는 계기가 된다. 물론 그 상자 속에는 미처 나오지 못한 '희망'이 남아 있기는 했지만 그러나 이 희망이야 말로 어떤 면에서 신들이 인간에게 준 가장 사악한 악령일 수 있다. 인간은 '희망' 때문에 현실 속의 고난과 고통을 마치 당연한 듯 받아들이기도 하기 때문에 이것은 신들이 인간을 자기들 뜻대로 지배하기 위해 사용할 수 있는 가장 사악한 무기일 수도 있다.

또한 가이아는 우라노스와 결합하여 신성한 법리 또는 관습법을 상징하는, 일종의 자연의 순리인 테미스Themis를, 그리고 9명의 무사Mousa; 복수형은 Mousai[6])들의 어머니인 기억의 여신이자 단어들과 언어의 창시자인 므네모쉬네Mnemosyne를 낳았다. 그리고 가이아는 동물들의 여주인이자 다산과 번식의 상징이고, 올륌포스 신들의 어머니[7])이자 크로노스의 아내인 레아Rea와 시간과 농업의 신이자 음모를 꾸미는 자라는 별명을 가진 크로노스Kronos를 낳았다. 레아는 대지의 어머니 여신의 계보인 가이아-레아-데메테르-페르세포네 중의 하나이다. 모든 대지의 어머니 여신은 당연히 다산과 번식, 양육과 깊은 관련이 있다. 그래서 대부분의 대지의 어머니 여신은 모든 땅에서 나는 산물

6) 일반적으로 로마식 이름인 뮤즈(Muse)로 알려져 있다.
7) 가이아는 헤스티아(Hestia), 데메테르(Demeter), 헤라(Hera), 하데스(Hades), 포세이돈(Poseidon), 제우스(Zeus)의 어머니이다. 이들 중 하데스는 지하 세계의 죽은 자들의 신이고 나머지 5명은 올륌포스 12신들 중에 속한다. 다만 헤스티아만이 나중에 올륌포스 신의 자리를 젊은 신인 디오뉘소스(Dionysos)에게 넘긴다.

들과 그것을 먹이로 땅위에 사는 것들의 주인이기도 하다. 그러나 레아에 대해서는 유독 동물의 여주인임을 강조하고 있는 것은 레아의 형제이자 레아의 남편이기도 한 크로노스와의 관계 때문이 아닌가 싶다. 크로노스가 농업의 신이므로 레아를 동물들의 여주인으로 부른 것일 수 있다. 크로노스는 시간의 신이기도 하다. 그런데 이 점에 대해 약간의 반론이 있는 것 같다. 왜냐하면 원래 시간의 신은 크로노스Khronos이다. 고대어에서 Kronos와 Khronos는 발음상으로 차이가 없다고 한다. 그래서 가이아의 자식인 크로노스Kronos를 시간의 신으로 여기는 것은 시간의 신인 크로노스Khronos와 발음상의 유사성 때문에 생겨난 혼동에서 비롯된 것이라는 주장도 있다. 그러나 만약 가이아의 아들 크로노스가 농업의 신이라면, 그렇다면 그가 시간의 신인 것 역시 크게 어색해 보이지는 않는다. 농업에 있어서 가장 중요한 요소가 무엇인가? 농사를 짓는데 있어 가장 유념해야할 것이 무엇인가? 그것은 절기節氣이다. 우리식으로 표현하면 씨 뿌릴 때 씨 뿌리고, 김맬 때 김매고, 추수할 때 추수하는 것, 그것이 농사에 있어 가장 중요한 요소일 것이다. 이처럼 농업에 있어 가장 중요한 것이 절기라면, 농업의 신이 또한 시간의 신인 것 역시 당연한 것처럼 보일 수 있다. 더욱이 크로노스는 나중에 자신의 아버지 우라노스 대신에 하늘의 주인이 되므로 그가 시간을 지배한다는 것은 또한 극히 당연한 것으로 여길 수 있다. 하늘을 지배한 자가 곧 시간을 지배한다. 왜냐하면 시간이란 결국 하늘의 움직임을 수치화한 것이기 때문이다. 한 시간은 하루를 24등분한 것이고, 하루는 하늘이 한 바퀴 돈 것이기 때문이다. 한 달, 일 년도 모두 하늘의 움직임과 관련하여 규정될 수 있다. 그러므로 농업의 신이고 나중에 하늘을 지배하게 되는 크로노스를 시간의 신으로 여기는 것은 크게 무리가 있어 보이지는 않는다.

가이아와 우라노스 사이에서 태어난 6명의 여자 티탄과 6명의 남자 티탄들 중 4명의 여자 티탄이 자신들의 형제인 4명의 남자 티탄들을 자신들의 남편으로 맞이한다. 위대한 어머니 여신인 테튀스는 대양의 신인 오케아노스를, 밝은 빛의 신인 포이베는 하늘 축의 신인 코이오스를, 하늘 빛의 신인 테이아는 고대 태양의 신인 휘페리온을, 그리고 대지의 어머니 여신 중 하나이자 올림포스 신들의 어머니인 레아는 음모를 꾸미는 자인 크로노스를 자신의 남편으로 맞이했다. 물론 이것은 헤시오도스의 표현이다. 헤시오도스는 티탄들을 언급할 때도 여자 티탄들을 먼저 언급하고 여자 티탄들이 남자 티탄들을 남편으로 받아들였다고 말한다. 그러나 호메로스는 남자 티탄들을 먼저 언급하고, 남자 티탄들이 여자 티탄들을 아내로 맞이했다는 식으로 전하고 있다.

가이아와 우라노스 사이에서는 티탄들만 태어난 것은 아니다. 그들 이외에 둥근 눈이란 뜻의 외눈박이 거인인 퀴클롭스들과 백개의 팔을 가졌다는 뜻의 헤카톤케이르들이 있다. 퀴클롭스들은 '천둥'을 상징하는 브론테스Brontes와 '번개'를 상징하는 스테로페스Steropes, 그리고 '벼락'을 상징하는 아르게스Arges 등이 있다. 헤카톤케이르들은 '돌진하는 자'란 뜻의 코토스Kottos와 '강한 자'라는 뜻의 브리아레오스Briareos, 그리고 '수족이 있는 자'란 뜻의 귀에스Gyes 등이 있다. 이들 역시 가이아와 우라노스의 자식들이다. 그러나 흥미로운 것은 이들은 티탄들과 같이 취급되지 않는다는 점이다. 한 아버지와 어머니에게서 태어났다면 상식적으로 모두 다 같은 형제들로 취급되어져야 하는데, 가이아와 우라노스의 자식들은 티탄들과 퀴클롭스들, 그리고 헤카톤케이르들로 구분되며 그들은 마치 각기 다른 형제들인 것처럼 취급되고 있다. 이것은 그들이 각기 상징하는 자연물들이 속한 영역이 다르고, 그리고 그들이 그리스 신화에 유입된 경로가 각기 다르기 때문인 것으로 추측된다. 특히 티탄들은 나중에 그들이 세계를 지배하게 되었을 때에도 그들의 얻은 것들을 퀴클롭스들이나 헤카톤케이르들과 나누지 않았다.

3) 우라노스의 횡포

우라노스는 밤마다 대지의 여신 가이아를 찾아왔다. 최초의 아버지인 우라노스는 단순한 생식능력의 상징이다. 또한 대지의 여신 가이아는 본성상 어머니이므로 우라노스와 결합하여 자식들을 생산하는 것이 그의 본성이다. 그래서 밤마다 동쪽 하늘로부터 어둠이 드리워지면 우라노스는 가이아의 침실을 찾아왔고, 그리고 그 둘의 결합은 새로운 자식들을 생산해냈다. 그러나 우라노스는 자식들을 싫어했다. 그래서 끔찍하게도 가이아가 생산해낸 자식들을 가이아의 자궁 속으로 도로 밀어 넣어 나오지 못하게 했다. 이러한 우라노스의 파렴치한 행동은 가이아를 분노케 했을 뿐만 아니라 가이아에게는 크나큰 고통을 안겨줬다. 어머니로서 자신의 자식을 품에 안을 수 없다는 것은 크나 큰 슬픔이겠지만 또한 이미 다 성장하여 출산해야할 자식들을 출산치 못하고 자신의 배속에 강제로 담고 있다는 것 또한 크나큰 고통이었을 것이다. 더욱이 자식들은 우라노스가 찾아올 때마다 계속 생겨나지만 그러나 가이아의 자궁을 벗어나지 못하고 그 안에 가득 들어차 있는 상황이다. 이는 어머니인 가이아에게는 가장 참기 어려운 고통일 것이고 아버지인 우라노스가 자식들에게 행할 수 있는 가장 잔인한 횡포일 것이다.

마침내 가이아는 그 고통과 수치심을 참지 못하고 자기 안에 있는 자식들에게 그들의 아버지의 만행을 알리며 자식들에게 도움을 청한다. 그러나 대부분의 자식들은 아버지 우라노스에게 겁먹어서 감히 나서지 못했으나 그러나 막내아들인 크로노스는 기꺼이 어머니를 돕겠다고 나섰다. 그러자 가이아는 자신의 몸에서 아마다스amadas라는 강한 철을 뽑아 거대한 낫을 만들어서 아들인 크로노스에게 주었고, 그것을 가지고 크로노스는 어머니의 침실에 숨어서 날이 어두워지기만을 기다렸다. 마침내 어둠이 대지를 드리우고 우라노스가 가이아의 침실로 찾아 들었을 때 숨어 있던 크로노스는 그 낫을 들어 자신의 아버지인 우라노스의 성기性器를 단번에 잘라 어깨 뒤로 내어 던졌다. 생식기를 잃어버린 우라노스는 자신을 해친 자신의 자식들에게 저주를 퍼부으며 대지인 가이아로부터 떨어져 위로 올라갔다. 이로써 오로지 생식능력만을 발휘하던 아버지 우라노스는 자신의 본래 기능을 잃고 더 이상 이 세상에 어떤 영향도 미치지 못한 채 단지 하늘이라는 자리만을 간직하게 된다. 이것은 서양인들의 역사관의 한 모습이기도 한 '아버지 죽이기'의 첫 번째 사례이다.

이 사건은 또 다른 방향에서 언급해볼 수도 있을 것이다. 대지의 어머니 가이아는 처음에 자신과 동등한 우라노스를 낳았다. 이것은 일종의 자기 복제와 같은 것이다. 가이아는 자신과 모든 면에서 똑같은 우라노스를 자신으로부터 생산해냈고 이 단계에서 우라노스는 가이아에 겹쳐진 채로, 마치 동일한 크기의 샌드위치용 빵조각이 겹쳐져 있는 모양새로 그렇게 가이아 위에 우라노스가 덮여 있는 상태이다. 이 상태에선 둘 사이에 어떠한 틈도 없다. 다시 말해 아직 가이아와 하늘 사이의 이 세상이라는 공간이 열리지 않은 상태이다. 또한 우라노스의 생식기는 가이아의 질 속에 박혀서 둘 사이가 단단히 결합되어 있는 상태이다. 그래서 둘 사이가 벌어질 수도 없는 그런 상황이다. 그렇지만 가이아와 우라노스는 결합되어 있어서 가이아의 자궁 속에는 계속해서 새로운 자식들이 생겨나고 있다. 그러나 가이아와 우라노스 사이에는 이들이 거할 어떠한 공간도 아직 생기지 않았고 더욱이 우라노스의 성기가 가이아의 질을 막고 있어서 이 둘의 어떤 자식도 태어나지 못하고 있는 상황이다. 가이아의 자궁 속에는 계속 자식들이 생겨나고 그리고 계속 자라지만 그러나 가이아는 이들을 출산할 수 없는 그런 상황이다. 이런 상황에서 크로노스가 자신의 아버지 우라노스의 성기를 잘라낸 것은 새로운 세계의 탄생에 있어 반드시 필요한 상황이라고 말할 수 있다. 크로노스가 우라노스의 생식기를 제거함으로써 가이아와 우라노스 사이를 단단히 묶고 있던 결합이 마침내 끊어지게 된 것이고, 그리고 이로 인해 우라노스가 가이아로부터 멀어져서 하늘의 위치를 차지하게 됨으로 둘 사이의 신들과 님프들과 그리고 각종 동식물과, 나중에 인간들이 거할 수 있는 공간이 열리게 된 것이고, 그와 동시에 그 공간에 빛이 듦으로써 이제 마침내 시간의 흐름이 시작되게 된 것이다. 그런 의미에서 크로노스가 시간의 신이라고 말할 수도 있을 것이다. 또한 헤시오도스의 이야기처럼 그가 막내이기에 어머니의 자궁으로부터 가장 바깥쪽에 있었을 것이고, 그래서 그가 아버지 우라노스와 직면할 수 있었을 것이고, 그리고 그가 접할 수 있는 아버지의 신체는 오직 그의 생식기뿐이었을 터이니 그가 우라노스의 생식기를 자른 것 역시 일리 있는 이야기라 할 수 있을 것이다. 이렇게 하늘과 땅 사이에 세상이 열리게 된 최초의 사건은 '아버지 죽이기'라는 사건으로 시작되었다.

인류 역사의 흐름은 일종의 '아버지 죽이기parricide'의 역사라고 할 수 있다. 물론 'parricide'는 단지 '아버지 죽이기'만을 뜻하지는 않는다. 엄밀하게 말하면 '아버지 죽이기'는 'patricide'이고, 그리고 이에 대비해서 '어머니 죽이기'는 'matricide'이다. 그러나 이 두 용어는 실제로 육신의 아버지나 어머니를 죽이는 것을 단적으로 가리키는 용어이다. 그러나 'parricide'는 이보다는 좀 더 포괄적인 의미로 받아들여야 할 것이다. 사전을 찾아보면 이 말은 '어버이 살해', '존속살인' 또는 '반역'의 의미로 해석되어 있다. 그런데 이 단어를 굳이 '아버지 죽이기'로 번역하는 것은 가부장제 사회와 관련해서 주로 언급되어지기 때문으로 생각된다. 가부장제 사회에서 인류 역사의 흐름은 일종의 '아버지 죽이기'의 역사이기 때문이다.

'가부장제家父長制'가 무엇인가? 그것은 한 집안의 아버지가 그 집안의 모든 권리, 즉 모든 지배권과 소유권을 가지는 것을 말한다. 한마디로 아버지가 집안의 주인인 제도이다. 이 가부장제의 가장 큰 특징은 '장자상속제長子相續制'이다. 장자 상속제란 가장인 아버지의 모든 권리가 그 다음에 맏아들에게 우선적으로 이양되는 제도이다. 그래서 정상적인 상속의 경우 집안의 모든 권리는 아버지에게서 그의 맏아들에게로 이양된다. 그런데 이러한 권리의 이양, 즉 상속은 아버지가 죽거나, 질병이나 노환 또는 여타 다른 이유로 아버지가 더 이상 권리를 행사할 수 없는 지경에 놓였을 때 이루어진다. 일반적으로 이 권리는 전적으로 일시에 이양된다. 그래서 아버지들은 자신이 유지할 수 있는 한 최대한 모든 권리를 유지하려 하고 아들은 비록 자신이 상속권을 가지고 있을 지라도 자신이 모든 것을 상속받는 그 순간 까지는 아무런 권리도 가지지 못하는 것이 일반적이다. 그래서 가부장제 하에서는 아버지와 아들 사이에 상속과 관련된 어떤 긴장감이 상존한다. 아버지들은 최대한 자신의 권리를 유지하려하고 그래서 가능한 최대한 늦게 자신의 권리를 아들에게 상속하려한다. 반면에 아들들은 가능한 빨리 아버지로부터 모든 것을 상속받고 싶어 한다. 인류는 거의 대부분의 시간을 굶주림과 가난 속에서 살아왔다. 인류가 잉여 농산물이니 풍요로움이니 하는 용어를 사용하기 시작한 것은 백여 년도 채 되지 않았다. 인류는 대부분의 시대를 배고픔과 헐벗음 속에서 살아왔다. 특히 그리스는 매우 척박한 땅이어서 대부분의 고대 그리스인들은 작은 땅덩어리에 많은 가족이 생계를 의존하고 살았다. 이런 상황에서 아버지가 자발적으로 자신의 권리의 일부이든 전부이든 일찌감치 아들에게 물려준다는 것은 생각하기 어려운 일이다. 아무리 아버지라고 해도 가부장으로서 자신의 권리를 잃게 되면 그는 그저 뒷방 노인네에 불과하지 않기 때문이다. 반면에 대부분의 아들들은 가능한 빨리 아버지의 그늘에서 벗어나서 자신의 가정을 꾸리고 가부장의 권리를 행사하고 싶어 한다. 그러므로 당연히 아버지와 아들 사이에는 상속과 관련하여 팽팽한 긴장감이 상존할 수밖에 없다.

결국 모든 것은 아버지에게서 아들에게 넘어가게 되어있다. 그 과정이 자연스럽든 부자연스럽든, 평화적이든 폭력적이든 아들이 결국엔 아버지의 모든 것을 차지하게 된다는 것은 극히 당연한 수순이다. 비록 '아버지 죽이기'라는 조금은 극단적이고 폭력적인 어감을 가진 용어로 표현되기는 했지만 그렇다고 이러한 권력의 이양이 언제나 또는 대부분 폭력을 수반한다는 것을 의미하지는 않는다. 단지 이에 내재되어 있는 긴장감이라든지 폭력의 가능성이나 잠재성 등을 좀 더 강조하고 있다고 보아야 할 것이다. 또한 아버지 죽이기는 꼭 아버지와 아들 사이만을 한정해서 사용되어질 수 있는 말도 아니다. 인간사 전체로 확장한다면 이것은 일종의 하극상을 가리키는 말이다. 즉 인간 집단 내에서 아랫사람들이 윗사람을 몰아내고 그 자리를 차지하는 상황을 가리키는 말이기도 하다. 냉정하게 말해서 모든 인간 집단은 결국 하극상에 의해서 그 명맥이 이어진다. 기존의 기득권 계층은 언젠가는 결국 기존의 새로운 신진 세력에게 모든 지배권을 넘겨주게 되어 있다. 그래서 모든 인간 집단에는 기득권 세력과 신진 세력 사이에 표면적으로 분명하게 드러나든 드러나지 않든 어느 정도의 긴장감이 항상 내재해 있다. 기존의 기득권자들은 가능한 자신들의 현 위치를 오랫동안 유지하려고 노력하는 일종의 수구세력이 되고, 새롭게 등장하는 신진세력들은 기존의 기득권을 쟁취하기 위해 보다 진보적인 개혁 세력의 성향을 띠게 된다. 그리고 결국은 그것이 평화적이든 폭력적이든 언젠가는 세력교체라는 국면을 겪게 되어 있다. 굳이 토인비의 '도전과 응전'이라는 용어를 빌려오지 않아도 인류의 역사가 지속적인 반목과 충돌 그리고 긴장감에 의해 점철되어 있다는 사실은 누구도 부인하지 못할 것이다.

인간사만이 그런 것은 아니다. 우리를 둘러싸고 있는 이 세계의 변화, 즉 자연 현상들의 변화 역시 이 '아버지 죽이기'의 역사로 표현되어질 수 있다. 자연현상들의 변화 역시 자연 속에 내재되어 있는 힘들 또는 에너지들의 지속적인 다툼의 결과로 설명되어질 수 있기 때문이다. 비근한 예로 기후의 변화를 생각해 보자. 그것은 고기압과 저기압, 고온과 저온, 다습과 건조 등의 여러 자연적 요소들이 일종의 긴장상태로 대립하며 서로 반목하고 충돌해서 끊임없이 세력을 교체함으로써 나타나는 결과이다. 따라서 '아버지 죽이기'는 단순히 가부장사회에서 가부장인 아버지와 상속자인 아들 사이의 긴장감과 상속관계만을 의미하는 것이 아니라, 인간사회에서 끊임없이 벌어지고 있는 세력교체, 그리고 나아가서는 이 세계를 지배하고 있는 어떤 당연한 이치를 나타내는 말로 확장해서 해석할 수 있다. 이러한 '아버지 죽이기'라는 사건을 초기 그리스인들이 우주생성과 관련된 초기 사건들 속에 분명히 담고 있다는 것은 그들이 아직 제대로 이해하고 있지 못하는 자연현상들에 대해 상대적으로 잘 알고 있는 인간관계를 대입해서 가장 일차적인 설명방식인 유비적 설명을 시도했다고 말해질 수도 있지만, 다른 한편으론 그들이 이미 이 세계의 어떤 근본적인 당연한 이치를 나름대로 깨닫고 있었다고 말해질 수도 있을 것이다.

4) 그 밖의 자녀들과 존재들

크로노스는 아버지인 우라노스의 성기를 잘라서 자신의 어깨 뒤로 던졌다. 그 순간 잘린 상처로부터 피가 쏟아져 나왔고 그 피는 대지의 여신인 가이아에게로 떨어졌다. 어머니인 가이아는 본성상 무엇인가가 주어지면 아이를 잉태하기 때문에 그 흘린 피로부터 또 다른 존재들이 탄생한다. 그 첫 번째가 복수의 세 여신들인 에리뉘에스Erinyes이다. 이 복수의 세 여신들은 주로 가족 내에서 벌어진 폭력사건, 특히 아버지의 권위에 도전하는 폭력사건 등에 대해 끝까지 응징하는 복수의 여신들이다. 두 번째는 기가스Gigas; 복수형은 Gigantes들이다. 기가스는 '땅에서 태어난 자'란 뜻으로 거인을 가리키는 giant의 어원이기도 하다. 이들은 아주 거대하고 사나우며 거칠고 오로지 싸움만하는 존재들이다. 후에 이들은 올림포스 신들과 큰 전쟁을 벌이게 되는데 이를 '기간토마키아Gigantomachia; 거인들과의 전쟁'라고 부른다. 세 번째로 소위 '재나무 님프들'이 탄생하는데 이들은 인간의 기원과 관련이 있다. 우라노스의 흘린 피에서 탄생한 존재들은 어떤 면에서 불길한 존재들이라고 할 수 있는데, 이런 면에서 인간 역시 불길한 존재들과 깊은 관련이 있다 말할 수 있을 것이다.

잘려진 우라노스의 성기는 바다 위로 떨어져서 바다 위를 떠돌아

다닌다. 이 잘려진 성기는 죽지 않는 신의 신체의 일부이므로 썩지 않은 채 바다 위를 떠다니고 있다. 이 물체에 부딪히는 파도가 일으킨 거품 속에서 한 아름다운 여신이 태어나는데 그것이 바로 로마식 이름인 비너스Venus로 널리 알려진 사랑과 아름다움의 여신 아프로디테Aphrodite이다. 사랑과 아름다움의 여신인 아프로디테의 탄생이 오로지 욕망 덩어리인 우라노스의 잘려진 성기와 관련되어있다는 사실은 매우 흥미로운 일이다. 아프로디테가 상징하고 있는 '사랑'이란 일차적으로 성욕이다. 사랑이란 가장 원초적인 의미에서 본다면 남자가 여자에게 성욕을 느끼는 것이고, 남자의 성욕을 여자가 받아들이는 것이다. 아름다움이란 사랑의 대상이므로 그것은 또한 성욕을 느끼게 하는 대상이기도 하다. 이런 측면에서 본다면 아프로디테의 탄생이 우라노스의 욕망 덩어리인 잘려진 성기에서 비롯됐다는 발상은 매우 기발하다고 아니할 수 없다. 또한 아프로디테는 다산과 양육을 상징하는 전형적인 어머니 여신의 한 모습이기도 하다. 그래서 생식능력의 상징인 우라노스의 성기와 어머니 여신의 한 형태인 아프로디테를 연결 짓는 것 또한 매우 흥미로운 연결 지움이라고 할 수 있다.

가이아는 타르타로스와 함께하여 튀포이오스Typhoios라는 괴물을 낳았다. 이것은 상체는 사람이고 허리 아래는 거대한 뱀 두 마리가 감겨 있는 형상으로, 가이아의 모든 자녀들 중 가장 크고 강한 자이었다. 이 괴물은 그 크기가 얼마나 컸던지 몸을 일으키면 그 머리가 하늘에 닿고 양손을 뻗으면 양손이 세상 끝에 닿을 정도였다. 가이아는 타르타로스로부터 이 괴물을 얻어 제우스를 공격하게 했는데 제우스는 이 괴물의 공격을 받아 거의 패배 직전까지 몰렸던 것으로 전해진다.

가이아는 또한 폰토스와 함께 바다의 노인이자 풍부한 물고기의 혜택인 네레우스Nereus, 바다의 경이로움인 타우마스Thaumas, 심연의 위험들을 관장하는 포르퀴스Phorkys, 바다의 위험인 케토Keto, 그리고 바다의 폭력성인 에우리비아Eurybia를 낳았다.

5) 티타노마키아(Titanomachia; 티탄들과의 전쟁)

크로노스는 자신의 아버지 우라노스를 몰아내고 새로운 이 세상의 주인이 된다. 그리고 그는 자신의 어머니 가이아의 자궁으로부터 자신의 티탄 형제들을 해방시킨다. 그러나 어떤 면에서는 자신의 형제들이라고 말할 수 있는 외눈박이 거인 퀴클롭스들과 백수거인 헤카톤케이르들은 여전히 가이아의 자궁 속에 가두어 두었다. 우라노스에 대한 크로노스의 공격은 그 시작에 있어서 가이아의 고통과 불만을 해소시키는 데에 그 목적이 있었다. 그러나 크로노스의 이러한 조치는 가이아 입장에서 보면 여전히 자신의 고통과 불만이 해소되지 않은 것이다. 또한 크로노스는 자신의 아내 레아가 낳은 자신의 자식들을 태어나자마자 모두 삼켜버렸다. 이것은 또 다른 고통과 불행의 시작이다. 크로노스 역시 자신의 아버지인 우라노스가 그랬던 것처럼 자신도 자신의 아들에 의해 밀려나게 될 것이라는 사실을 잘 알고 있었기에 이에 대비하기 위해 자식들이 태어나자마자 그들을 모두 삼켜버린 것이다. 이러한 대처방식은 그의 아버지 우라노스와는 사뭇 다르다. 우라노스는 자식들이 아예 태어나지 못하도록 그들의 어머니 가이아의 자궁 속에 가두어 두었지만, 이로 인해서 오히려 자신의 아내와 자식들이 결탁하여 자신에게 반기를 들 계기를 마련해준 꼴이 되었다. 이를 누구보다 잘 알고 있는 크로노스는 자신의 자식들이 다른 세력과 결탁하는 것을 막기 위해 아예 자신의 뱃속에 가두어 버렸다. 어떤 면에서 크로노스의 이런 조치는 우라노스보다는 좀 더 현명한 것이라고 말해질 수도 있겠다.

크로노스의 자식들에 대한 이러한 만행은 또 다른 비극을 야기한다. 자식을 낳고도 품안에 안고 젖 한 번 제대로 물려보지 못한 채 아이들을 빼앗겨버린 어머니 레아는 크나큰 고통의 나날을 보내게 된다. 마침내 레아는 그 고통을 참지 못하고 자신의 남편 크로노스에 대한 불만을 자신의 어머니인 가이아에게 털어놓게 된다. 가이아는 누구보다도 레아의 고통을 잘 알고 있었다. 더욱이 가이아의 자궁 속에는 아직도 해방되지 못한 자식들이 있었다. 결국 크로노스의 어머니인 가이아와 그의 아내인 레아가 결탁하게 된다. 레아는 새로 태어난 아들인 제우스를 가이아에게 빼돌리고 큰 돌을 포대기에 싸서 크로노스에게 주었다. 크로노스는 그것을 받자마자 날름 삼켜버렸다. 반면에 가이아는 갓 태어난 제우스를 받아 자신의 자궁 속에 넣어 강건하게 키웠다. 대지의 동굴 속에서 강하게 성장한 제우스는 레아가 마시게 한 꿀에 취해 잠들어 있는 아버지 크로노스에게 고대 지혜의 여신인 메티스Metis가 만들어 준 구토제를 먹여 자신의 동기들을 모두 토해내게 했다. 그리고 자신의 동기들과 함께 힘을 모아 크로노스를 먼 섬으로 쫓아냈다. 이렇게 해서 그리스의 진정한 신들인 올림포스 신들과 그들의 최고신인 제우스의 시대가 열리기 시작했다.

물론 크로노스를 퇴출시킨 것만으로 제우스와 올림포스 신들이 완전히 권력을 장악한 것은 아니다. 크로노스의 형제들인 티탄들은 이 방자한 올림포스 신들에게 철저한 응징을 가하려고 했다. 그리하여 마침내 젊은 올림포스 신들과 티탄들과의 전쟁이 시작되었다. 그러나 이 전쟁은 단지 제우스와 그의 동기들과 티탄들만의 전쟁은 아니었다. 제우스는 모든 신들에게 자신들을 도와줄 것을 요구했고 그가 동원할 수 있는 모든 힘들을 동원하려고 했다. 그의 요청에 제일 먼저 응답한 것이 바로 스틱스Styx였다. 그녀는 자신의 자식들, 크라토스Kratos; 지배력와 비아Bia; 무력, 젤로스Zelos; 열정와 니케Nike; 승리를 대동하고 제우스에게로 왔고 그 이후로 그녀의 자녀들은 제우스의 옥좌를 지키는 파수꾼들이 되었다. 또한 가이아의 충고를 받아들여 크로노스가 무시했던 가이아의 자녀들인 퀴클롭스들과 헤카톤케이르들을 지하 동굴로부터 (또는 가이아의 자궁으로부터) 해방시켜 신들의 음식인 넥타르Nektar와 암브로시아Ambrosia로 그들을 강화시켜 자신들을 돕게 했다. 퀴클롭스들은 고마움의 표시로 번개를 제우스에게 주었고 그때부터 번개는 제우스의 무기가 되었다고 전해진다. 제우스가 번개를 던지고 세 명의 헤카톤케이르들이 각기 백 개의 팔로 단번에 삼백 개의 산을 들어 던져서 초반에 궁지에 몰렸던 이 젊은 올륌포스의 신들은 마침내 티탄들을 물리치게 된다. 올륌포스 신들은 티탄들을 모루[8])를 떨어뜨린다면 9일 낮 9일 밤을 떨어질 깊이에 있는 타르타로스의 깊은 암흑 속에 가두었다. 포세이돈이 두터운 철벽과 강철 문으로 이들을 가둘 곳을 만들었고 헤카톤케이르들이 기꺼이 이들을 감시하는 역할을 떠맡았다. 이로써 티탄들의 시대는 끝을 맺는다.

6) 기간토마키아(Gigantomachia; 기가스들과의 전쟁)

티탄과의 전쟁에서의 승리로 제우스와 그의 동기들이 권력을 장악하기 위한 모든 전쟁이 끝난 것은 아니었다. 이제 올륌포스 신들이 권력을 장악하기 위한 마지막 전쟁이 시작되는데 그것은 기가스Gigas; 복수형 Gigantes들과의 전쟁이다. 크로노스에 의해서 잘려진 우라노스의 성기에서 흘린 피들이 가이아에 떨어져 생겨나게 된 기가스들은 거

8) 대장간에서 쇠를 담금질하기 위해 망치로 두들길 때 받침대로 사용하는 무거운 무쇠덩어리.

그림 2. 기가스들과의 전쟁(포세이돈과 폴리보테스)

칠고 힘센 싸움만을 즐기는 존재들이다. 가이아는 이들을 부추겨서 올륌포스 신들에 대항하게 했다. 더욱이 이 기간토마키아에서는 헤카톤케이르들도 기가스들의 편을 들어 올륌포스 신들과 싸웠다. 그래서 이 전쟁은 기가스들과 가이아의 자식들인 헤카톤케이르들이 한패가 되어 올륌포스 신들과 그들의 추종자들에 맞선 전쟁이 됐다. 특히 이 전쟁에서는 올륌포스 신들 중에서 어린 신들인 아테나Athena나 아폴론Apollon, 그리고 아르테미스Artemis와 헤르메스Hermes, 아레스Ares와 같은 제우스의 자녀들이 큰 역할을 하는데, 더욱이 제우스와 인간 여자 사이에서 태어난 디오뉘소스Dionysos와 헤라클레스Herakles가 큰 공을 세웠다. 즉 인간들의 자식들이 큰 역할을 한 전쟁이다. 이 전쟁에 승리함으로써 마침내 제우스가 완벽하게 권력을 장악하게 되고 진정한 그리스의 신들이라 할 수 있는 올림포스 신들의 시대가 열리게 된다.

이 기간토마키아는 서양 사상사에서 하나의 중요한 사상적 양상을 비유하는 용어로 사용되기도 했다. '플라톤Platon'은 그의 대화편 중의 하나인 『소피스트들Sophistes』에서 그는 '존재에 얽힌 기간토마키아'라는 표현을 사용한다.9) 흔히 이 표현은 '존재에 얽힌 거인들의 전쟁'으로 번역되기도 하는데, 이 기간토마키아에는 이 세계에 대한 어떤 구조적인 사유가 바탕에 깔려있다. 전통적으로 티탄들은 우라노스의 자식들, 즉 하늘의 자식들로 불리고 기가스들은 가이아의 자식들, 즉 땅의 자식들로 불린다. 기가스들의 탄생은 사실 정상적이지 않으므로, 즉 잘린 우라노스의 성기에서 흘러내린 피 때문에 가이아가 잉태한 존재들이므로 그 기원을 전적으로 가이아에게 두는 것은 어느 정도 이해할 수 있다고 해도 티탄들은 하늘인 우라노스와 땅인 가이아 사이에서 태어난 자식들이므로 그들의 기원을 전적으로 우라노스에게 두는 것은 조금은 이해하기 어려운 일이기도 하다. 그러나 이것은 가부장적인 전통에서 정상적으로 태어난 자식들을 전적으로 아버지의 혈통만을 가지고 언급하는 것에 비추어 본다면 결코 이해하기 어려운 상황은 아닐 것이다. 그런데 이런 관점에서 본다면 올림포스 신들 역시 우라노스와 가이아의 정상적인 혈통을 가진 티탄들의 자녀들임으로 이들도 우라노스의 자녀들, 즉 하늘의 자녀들로 불릴 수 있다. 그래서 기간토마키아는 하늘의 자녀들인 올림포스 신들과 땅의 자식들인 기가스들 사이의 전쟁이다. 이는 하늘 족과 땅 족 사이의 전쟁으로 표현될 수도 있을 것이다.

이 세계의 구조적 특성에 대한 가장 일반적이고 상식적인 사유는

---

9) 플라톤, 『소피스트』, 246a4-5.

소위 '형이상학적 이원주의'라고 불리는 것이다. 이것은 이 세계가 단순히 물질적인 측면만으로 이루어진 것이 아니라 비물질적인 측면도 있다는 생각이다. 그래서 이 세계 전체와 그것을 구성하고 있는 각 구성물들은 정신과 물질, 영혼과 육체, 형상과 질료 등의 두 측면으로 이루어져 있다는 사유이다. 이 형이상학적 이원주의는 서양 사상사에서 근본적인 물음을 야기하는데, 그것은 이 세계의 두 측면이 상호 어떤 관계를 맺고 있는가 하는 것이다. 비록 이 세계에는 물질적인 측면과 비물질적인 측면 이렇게 두 측면이 있기는 하지만, 두 측면이 각기 독립적으로 존재하는 것인지, 아니면 어느 한 쪽이 다른 쪽에 의존적인 것인지, 즉 어느 것이 더 근본적인 것인가 하는 논쟁이다. 대체로 어느 한 쪽이 더 근본적이고 어느 쪽에 의존하고 있는가 하는 논쟁이 주를 이루는데, 고대에는 형상과 질료로, 근세에는 관념과 물질로, 그리고 현대에는 정신적인 것과 물리신체적인 것으로 대립 쌍을 이루고 있다. 플라톤은 당시의 소위 질료주의자들과 형상주의자들 사이의 이러한 사상적 대립상황을 하늘 족인 올륌포스 신들과 땅 족인 기가스들과의 전쟁에 빗대어 존재에 얽힌 기간토마키아라는 표현을 사용한 것이다.

일반적으로 그리고 습관적으로 우리는 영혼과 육체, 형상과 질료, 또는 물질적인 것과 정신적인 것을 도식화할 때 영혼이나 형상, 정신적인 것을 위에 놓고 육체나 질료, 물질적인 것을 아래에 놓는다. 아마도 그 누구도 어떤 도식들 중에서 정신이나 영혼, 형상을 아래쪽에 그려 넣은 것을 본 적은 거의 없을 것이다. 일반적으로 이 세계를 도식화할 경우 물질적인 측면을 아래에 그리고 비물질적인 측면을 위에 그려 넣는다. 플라톤은 이러한 세계관을 하늘과 땅에 대비해서 비교하고 있다. 하늘은 당연히 위에 있고 땅은 당연히 아래에 있다. 그래서 하늘의 신들과 땅의 존재들 간의 전쟁은 위와 아래의 전쟁이다. 물론 이 전쟁, 즉 기간토마키아에서 하늘의 신들인 올림포스 신들이 승리했다. 어쩌면 그것은 당연한 것이다. 하늘과 땅이 싸운다면 당연히 하늘이 이길 것이기 때문이다. 위와 아래라는 구조적 관계 자체가 이미 둘 사이의 주종관계라든가 승패의 관계를 함축하고 있다고 말할 수 있기 때문이다. 하늘과 땅의 싸움은 당연히 하늘의 승리일 수밖에 없다. 이처럼 서양 사상사에서 줄기차게 반복되고 있는 물질적인 것과 비물질적인 것의 논쟁 역시 결국 비물질적인 것을 주장하는 자들의 승리로 끝날 수밖에 없다. 만약 둘 사이의 구조적 관계가 하늘과 땅과 같은 그러한 관계라면 그것은 이미 예견된 결과이다. 플라톤은 당시의 질료주의자들과 형상주의자들의 논쟁을 이렇게 기간토마키아에 비유함으로써 자신이 속해있는 형상주의자들, 달리 말하면 비물질적인 측면을 주장하는 자들이 승리할 수밖에 없음을 넌지시 주장하고 있다.

7) 가이아의 저항과 제우스의 집권방식

어떤 면에서 그리스 신화 초기의 국면은 한마디로 가이아의 저항의 역사라고 말할 수 있다. 처음에 가이아는 혼자서 우라노스를 낳았다. 그리고는 우라노스를 자신의 남편으로 삼아 그 다음 세대인 티탄들과 퀴클롭스들, 그리고 헤카톤케이르들을 낳는다. 대지의 어머니 가이아는 티탄들 중 하나인 자신의 아들 크로노스를 부추겨 자신의 지배자이자 남편인 우라노스를 몰아냈다. 그 후 대지의 어머니 가이아는 자신의 아들 크로노스의 아내이자 자신의 딸인 레아와 손잡고 그녀의 아들이자 자신의 손자인 제우스를 지원하여 자신의 새로운 지배자이자 아들인 크로노스를 몰아냈다. 그 이후로도 대지의 어머니 가이아는 자신의 또 다른 지배자이자 손자인 제우스를 몰아내기 위해 타르타로스와의 사이에서 얻은 자식인 튀포이오스를 이용했고 마지막으로 우라노스의 잘린 성기에서 흘린 피로부터 얻은 자식들인 기가스들과 헤카톤케이르들을 이용해서 기간토마키아거인들과의 전쟁를 벌였다. 그래서 처음에 카오스로부터 시작해서 제우스가 권력을 장악하고 올림포스 신들이 이 세계의 지배자들이 되기까지의 과정은 다른 측면에서 보면 대지의 어머니 가이아의 하늘에 대한 저항의 역사로 볼 수도 있다.

남녀관계에 대한 묘사들 중 어릴 적부터 자주 들었던 가장 가부장적인 표현은 '남자는 하늘, 여자는 땅'이란 표현이다. 일차적으로 이 표현은 생식적인 측면에서의 남녀관계를 역시 생산이란 측면에서 하늘과 땅의 관계에 비유한 것으로 보인다. 땅은 언제나 모든 생명을 산출하는 가장 큰 생산자이다. 그러나 우리의 단순한 관찰자적 경험에 의하면 땅이 전적으로 홀로 모든 것을 생산하는 것처럼 보이지는 않는다. 비나 바람, 온도와 태양과 같은 하늘에서 비롯된 기후변화가 대지의 생산력에 절대적인 영향력을 미치고 있는 것이 사실이다. 결과적으로 생산을 하는 것은 어머니이지만 그러나 어머니인 대지도 아버지인 하늘 없이는 결코 홀로 아무것도 생산할 수 없는 것처럼 보인다. 이것은 '아버지 날 나으시고, 어머니 날 기르시고'란 표현에서 정점에 달하는데, 이런 단계가 되면 생산의 궁극적 원인은 아버지가 되고 어머니는 단지 아버지로부터 아기씨를 받아 키우는 양육자에 불과하지 않게 된다. 따라서 생식의 측면에서 하늘과 땅에 비유된 부부관계는 남자를 생산의 능동적 원인으로, 여자를 단지 수동적인 생산자로 묘사하고 있을 뿐이다.

두 번째로 하늘과 땅에 비유된 남녀관계는 상하, 의존 또는 지배관계를 나타내고 있다. 하늘은 언제나 위에 있고, 그리고 땅은 언제나 아래에 있다. 이것은 결코 변할 수 없는 절대적인 위상이다. 그래서 하늘은 항상 땅을 내려다보고, 땅은 항상 하늘을 올려다본다. 이 세상의 모든 것은 위에서 아래로 내려오기 때문에, 하늘은 수여자授與者이고 땅은 수혜자受惠者일 수밖에 없다. 따라서 하늘은 지배자이며 땅은 지배당하는 자이다. 이것은 하늘과 땅이 가진 절대적인 상황이고 관계이다. 이처럼 남녀관계를 하늘과 땅에 비유한다면, 남자와 여자의 관계는 상하관계이고, 여자가 남자에게 의존할 수밖에 없는 관계이며, 그래서 절대적으로 남자가 여자를 지배하고 여자가 남자에게 지배당하는 관계이다. 세 번째로 이 관계는 또한 승자와 패자의 관계이기도 하다. 이미 기간토마키아를 언급할 때 이야기한 것처럼, 하늘과 땅의 싸움은 이미 승패가 결정되어 있다고 말해도 과언이 아니다. 이것은 결국 하늘이 승리할 수밖에 없는 싸움이다. 그래서 하늘은 언제나 승자이고 땅은 언제나 패자이다. 이것을 남녀관계에 그대로 대입한다면 남자는 여자에 대해 언제나 승자이고 여자는 남자에 대해 언제나 패자이다. 가부장 사회에서의 이러한 여성의 상황은 특히 그 집안의 실질적 중심점이라 할 수 있는 어머니에게 억압된 상황에서 비롯된 일종의 한恨 맺힌 지속적 저항의식을 자신을 둘러싼 남자들에 대해 불러일으키게 하는 것처럼 보인다.

대지의 어머니 가이아는 처음에 자신의 남편이자 하늘인 우라노스가 자신에게 행한 부당한 압력과 압제에 항거하기 위해 자신의 아들을 내세워서 우라노스를 제거했다. 이것은 자신의 상전이자 지배자이며, 자신에 대해 언제나 승자인 하늘인 남편에 대한 언제나 하인이고 피지배자이며, 또한 언제나 패자인 땅인 아내의 저항이다. 그러나 땅인 어머니의 가장 큰 비극은 이러한 항거를 통해서도 자신의 위상이 나 상황이 크게 달라지지 않는다는 것이다. 땅이 하늘을 몰아냈다고 해서 땅이 상전이 될 수는 없다. 땅은 언제나 아래에 있을 수밖에 없기 때문이다. 마찬가지로 가부장 사회에서 아내가 남편을 몰아냈다고 해서 아내가 가부장이 될 수는 없다. 가부장 사회에서 한 가정이든 한 사회이든 한 국가이든 여자가 주인이 되는 경우는 극히 드물다. 여자가 권력에 가까이 갈 수 있는 가장 가능성 있는 길은 아버지를 상전의 자리에 올리거나, 남편을 상전의 자리에 올리거나, 아들을 상전에 올리거나, 또는 손자를 상전의 자리에 올리는 것뿐이다. 그러나 그 어느 경우든 자신이 직접 주인의 자리에 오를 수는 없다. 가이아는 자신의 아들을 내세워 자신의 남편이자 하늘인 우라노스를 제거했다. 그렇지만 그로 인해 달라진 것은 자신의 상전이 남편인 우라노스에서 아들인 크로노스로 바뀌었다는 것뿐이다. 결국 가이아는 그 위상이나 상황에 있어서 큰 변화가 없다. 그래서 그녀는 여전히 저항의식을 품고 있었던 것 같다. 가이아는 이번에는 손자인 제우스를 도와 자신이 세운 새로운 하늘인 자신의 아들 크로노스를 몰아낸다. 그러나 이것은 그녀 입장에서 보면 크로노스를 제우스로 단순히 교체한 것에 불과하지 않는다. 여전히 그녀는 하늘의 지배를 받는 아랫것에 불과하지 않는다. 그래서인지 가이아는 이번에는 자신의 또 다른 아들인 튀포이오스를 동원해 제우스를 궁지에 몰아넣었고, 마지막으로 기가스들을 동원해 제우스를 비롯한 올륌포스 신들과 최후의 결전을 벌였다. 이 기간토마키아에서 패배한 후에야 비로소 가이아는 더 이상의 저항을 하지 않게 된다. 따라서 카오스로부터 제우스의 집권까지의 과정은 어떤 의미에서 가부장 사회에서 그 집안의 실질적 중심이면서도 소외되고 억압되어 있는 여성인 어머니가 자신을 둘러싸고 있는 남성위주의 사회를 향해 드러낸 잠재적인 저항의식의 지속적인 표출이라 말해질 수 있을 것이다.

제우스를 비롯한 올림포스 신들이야말로 진정한 의미에서 그리스의 신들이다. 그래서 이제까지의 이야기들은 비로소 그리스의 신들이 나타나서 이 세상을 지배하게 되는 과정을 묘사한 것이기도 하다. 제우스는 많은 면에서 그 이전 이 세계의 주인들과는 다르다. 가장 큰 특징은 그는 머리를 사용할 줄 알았다는 것이다. 그는 지략과 계략을 통한 전술 전략을 사용할 줄 알았다. 또한 오로지 자신의 힘만으로 문제를 해결하려하지 않고 협동이나 동맹을 통해 자신이 동원할 수 있는 모든 힘들을 동원했다는 것이다. 올림포스 신들 이전의 고대 신들은 훨씬 더 거대하고 강력하고 거칠며 사나운 존재들이었다. 제우스가 자신의 혼자 힘만으로 상대할 수 있는 존재들이 아니다. 그래서 그는 자신의 아버지 크로노스를 상대할 때도 크로노스가 우라노스를 상대할 때처럼 자신의 완력과 무력으로만 상대한 것이 아니라 먼저 고대 지혜의 여신이자 지략의 여신인 메티스와의 동맹을 통해 크로노스의 뱃속에 있던 자신들의 동기들을 토해내게 했고, 그리고 그들과 협력하여 크로노스를 몰아냈다. 또한 티탄들과의 전쟁이나 기가스들과의 전쟁에서도 동맹과 협력관계들을 통해 자신이 동원할 수 있는 모든 힘들을 동원해 맞서 싸워 승리했고 그리고 최고의 신의 자리에 올랐다. 주신의 자리에 오른 후에도 모든 것을 혼자서 독차지한 것이 아니라 이전의 모든 신들의 자리를 가능한 보존해 주고 그리고 자신의 동기들과 자녀들인 올림포스 신들과도 각자의 영역을 할당하여 함께 지배하는 형태를 취했다. 물론 최고의 신은 제우스이고 그가 모든 신들 중의 주신主神이지만, 일종의 관료주의와 같은 체계를 갖추고 자신은 최고경영자와 같은 역할을 담당하고 있다. 이것은 지배체

제의 발전을 반영하고 있는 것으로 해석할 수도 있겠다.

4. 올림포스 신들 이전의 신들

올림포스 신들에 대한 얘기를 시작하기 전에 그들 이전에 있었던 신들에 대한 이야기를 먼저 해보자. 물론 모든 신들에 대해 이야기하려는 것은 아니다. 그들 중 상대적으로 중요하다고 여겨지거나 또는 특별히 언급될 만한 가치가 있다고 생각되는 신들에 대해 이야기해 보고자 한다. 재미있는 것은 많은 신들이 '3'이라는 숫자와 관련되어 있는 것처럼 보인다는 것이다. 마치 셋씩 묶어서 언급되거나 또는 3자매나 3형제로 언급되어지는 경우가 많다. 물론 이것은 절대적인 규칙도 아니고 대부분의 경우도 아니다. 그러나 '3'이라는 숫자는 그냥 무시하기 어려울 만큼은 언급되고 있다.

이 세계의 시작과 관련하여 먼저 위대한 세 명의 어머니 여신 테튀스와 뉙스, 그리고 가이아를 언급하지 않을 수 없다. 그리고 제우스조차도 거역할 수 없었던 운명의 세 자매 여신이나, 트로이 전쟁의 원인 중 하나이기도 했던 파리스의 심판에 나섰던 아프로디테, 아테나, 헤라 세 명의 여신들, 페르세우스에 의해 목이 잘린 괴물 메두사가 포함되어 있던 고르곤 세 자매, 가이아 여신을 중심으로 하늘과 바다와 지하 세계를 관장했던 제우스, 포세이돈, 하데스 삼형제. 이런 식으로 그리스 신화의 많은 이야기들 속에 신들은 세 명씩 묶어서 언급되는 경우가 종종 있다. 기독교 이전에 이미 일종의 삼위일체와 같은 사유 습관이 있었던 것으로 추정된다. 케르니Karl Kerényi는 이러한 특징을 달의 세 양상과 깊은 관련이 있을 것이라고 설명하고 있다.[10] 고대인들에게 가장 신성한 존재들 중의 하나였던 '달'은 시각적으로 우리에게 세 가지 모습을 보여준다. 달의 탄생과 달의 충만함, 그리고 달의 소멸. 이러한 달의 세 양상은 또한 음력의 한 달을 주기로 반복해서 일어난다. 이러한 현상은 좀 더 확장해서 생각해보면 이 세상의 가장 일반적인 현상으로 확장될 수도 있다. 아마도 이러한 특징을 가장 잘 나타내주고 있는 것은 운명의 세 여신일 것이다.

1) 밤의 여신 뉙스의 자녀들

뉙스의 자녀들은 어떤 구체적인 자연적 대상들을 지칭하기 보다는 자연적이거나 심리적인 현상들이나 조금은 비구체적인 것들을 상징하는 것이 대부분이다. 또한 밤의 여신의 자녀들답게 불길한 혈통들이고 모두다 신이라고 하기에는 적합하지 않고 일부만 신이라고 불릴 만하다. 뉙스의 자녀들 중 가장 유명하고 또한 가장 중요한 신들은 아마도 운명의 세 여신인 모이라Moira; 운명, 복수형은 Moirai들 일 것이다.

신들의 왕인 제우스조차도 이 운명의 여신들에게 신성한 두려움을 가졌던 것으로 전해질만큼 이 여신들은 강력한 여신들이다. 또한 이 세계가 가지고 있는 가장 기본적인 특징들 중의 하나를 상징하는 여신들이기도 하다. 헤시오도스에 의해서 제우스와 테미스의 딸로 언급되었지만, 일반적으로 밤의 여신 뉙스의 딸로 알려져 있는 이 세 자매 여신들은 크로토Klotho; 실을 잣는 자, 라케시스Lakhesis; 분배하는 자 또는 실의 길이를 정하는 자 그리고 아트로포스Atropos; 피할 수 없는 자 또는 실을 자르는 자란 이름을 가지고 있다. 이들은 인간의 탄생과 그 수명 그리고 죽는 날을 결정하는 여신들이다. 이들의 결정은 거의 절대적이어서 심지어 제우

10) 카를 케레니, 『그리스 신화』, 장영란·장훈 옮김, 궁리, 2002, p. 63~64.

스조차도 이들의 결정을 어길 수 없고 단지 황금저울을 이용해서 그들의 결정을 측량할 수 있을 뿐이다. 이들은 인간의 수명을, 그래서 운명을 결정하는 자들이다. 이 세상의 모든 인간들은 그가 인간인 한은 반드시 태어난 때가 있다. 또한 태어난 모든 이들은 또한 반드시 언제가 죽는다. 이것이 이 세상 인간들에게 주어진 피할 수 없는 운명이다. 각 사람들은 그들에게 주어진 태어난 때와 죽는 때 사이의 시간의 길이, 즉 수명의 길고 짧음의 차이만 있을 뿐 태어나서 살다 죽는다는 사실만은 결코 피할 수 없다. 그래서 그 각각을 정하는 이 세자매 여신들이 운명의 여신인 것이다. 그러나 이 사실은 꼭 인간에게만 적용되는 것은 아닐 것이다. 모든 생명이 있는 것들은 분명 언젠가 태어나고 그리고 태어난 모든 생명들은 또한 언젠가 반드시 죽는다. 그 모든 것들에게 주어진 수명의 차이는 각기 다르겠지만, 태어나서 살다 죽는다는 이 사실들만은 모든 생명체에게 주어진 절대적인 공통사항들이고 그래서 모든 생명체들이 벗어날 수 없는 운명이다. 그러나 좀 더 일반화시키면 이 운명은 인간이나 생명체들에만 적용될 수 있는 것은 아니다. 이것은 이 세계에 존재하는 모든 것들이 가지는 가장 일반적이고 기본적인 특징이기도 하다. 이 세계에 존재하는 모든 것들은 그것이 생명체이든 무생물이든, 어떤 사물이든지 간에 반드시 그것이 이 세상에 나타난 순간이 있다. 그리고 이 세상에 나타난 것은 그것이 무엇이든지 간에 또한 언젠가 반드시 사라진다. 이것은 절대적 진리인 것처럼 보인다. 각 존재자들마다 그것이 이 세상에 존재했던 시간의 길이들의 차이만이 다양할 뿐, 생성되고 존속되고 그리고 소멸한다는 점에서는 이 세계의 그 어떤 것들도 예외일 수 없다. 바로 이것이 이 세계의, 그리고 이 세계의 구성원들의 운명이다. 그래서 만약 그 어떤 것이 이것으로부터 벗어나 있다면 그것은 이 세계의 것이 아니고 그래서 자연적인 것이 아니어서 초세계적인, 초자연적인, 그래서 초월적인, 바로 신적인 존재이다.

고대 그리스인들은 특히 인간에 있어서 이 운명의 중요성을 매우 강하게 부각시키고 있다. 그들은 많은 이야기들에서 한 인간에게 주어진 운명이 결코 피할 수 없는 것이라는 점을 강조하고 있다. 운명과 관련하여 가장 유명한 인물들 중의 하나인 오이디푸스Oidipous는 아버지를 죽이고 어머니를 범할 것이라는 운명을 타고 난다. 그는 자신에게 주어진 그 운명을 알게 된 후 그 운명으로부터 벗어나기 위해 부모로부터 도망치지만, 그러나 그가 자신의 부모라고 생각했던 이들은 사실은 그의 양부모들이었고 결국 길에서 우연히 만난 자신의 친아버지를 시비 끝에 죽이게 되고 또한 우연한 사건들로 인해 자신의 친어머니를 아내로 맞이하게 된다. 오이디푸스는 자신의 운명으로부터 벗어나기 위해 노력했지만 자신의 의사와는 상관없이 결과적으로 자신의 운명을 따르게 된다.

트로이 전쟁의 중요한 원인들 중 하나인 트로이Troy의 왕자 파리스Paris는 나라를 망하게 만들 것이라는 운명을 타고났다. 그리고 그 운명을 피하려고 노력했던 주변 사람들의 노력에도 불구하고 그는 결국 트로이 멸망의 중요한 원인제공자가 된다. 자신의 할아버지를 죽일 것이라는 운명을 타고났던 페르세우스Perseus 역시 우연히 참가한 원반던지기 경기에서 실수로 관중석으로 던진 원반 때문에 결국 자신의 할아버지를 살해하게 된다.

이처럼 고대 그리스인들은 한 인간에게 주어진 운명은 결코 벗어날 수 없다고 생각했던 것처럼 보인다. 그렇다면 그들은 인간의 삶의 모든 사건 하나하나가 이미 다 짜여 있는 시나리오처럼 결정되어있고, 그래서 인간은 결코 자신에게 주어진 삶의 여정을 벗어날 수 없다고 생각했을까? 그렇지는 않다. 이러한 이야기들을 통해 그들이 전하고자 했던 바는 태어나고 살고 그리고 반드시 죽는 존재인 유한한 인간이 결코 거역하거나 벗어날 수 없는 운명이 있다는 사실이다. 이러한 인간의 유한함을 자각하고 그것을 깨닫는 것, 그것이 인간의 도리이고 또한 지혜이다. 그래서 그리스 신화 속에는 휘브리스hybris에 대한 경고들이 담겨있다. '휘브리스'의 사전상 의미는 '오만'이나 '자만'인데, 그러나 이것은 인간이 신과 같아질 수 있거나 또는 신보다 더 우월해질 수 있다고 생각하는 것을 가리키는 말이다. 즉 유한한 존재인 인간이, 그래서 운명의 여신들인 모이라들에 의해 구속되어져 있는 인간이 모이라들의 제약에서 벗어나 있는, 그래서 무한한 존재인 신들을 탐하거나 또는 신들을 능멸하려고 하는 것, 그것이 휘브리스이다. 그리스 신화의 많은 에피소드들은 이러한 휘브리스를 부리던 인간들이 결국 신들에 의해 가혹한 형벌을 받게 된다는 경고를 담고 있다.

다음으로 죽음과 관련된 모로스Moros와 케르Ker, 그리고 타나토스Thanatos, 이렇게 세 남매 신들이 있다. 모로스는 운명의 여신인 모이라의 남성형으로 죽음의 운명을 뜻하는 신이다. 케르는 싸움터에서 부상자와 전사자들을 끌고 가는 죽음의 여신이다. 그리고 타나토스는 죽음 자체를 가리키는 남신이다. 흥미로운 것은 '죽음의 운명'과 '죽음 자체'는 남신인 반면에 '죽음으로 끌고 가는 자'는 여신이라는 점이다. 고대 그리스어에서 작용적인 것보다는 결과적인 것이, 추상적인 것보다는 보다 구체적인 것이 여성형으로 표현되어지는 특징이 있기도 하지만, 대체로 보다 암울하고, 보다 끔찍하고, 보다 불길한 것들이 여신들로 묘사되어지는 경향이 있는 것 같다. 전쟁터에서 부상자나 전사자들을 끌고 가는 죽음의 여신의 모습을 한번 상상해보

라. 죽음 그 자체나 죽을 운명이란 표현을 통해 우리가 상상할 수 있는 것에 비교한다면 케르 여신을 통해 묘사될 수 있는 상황은 매우 부정적인 모습일 것이다. 대부분 신들이나 또는 그와 유사한 존재들이 세 자매나 삼형제 등으로 표현되어지는 것에 비해 죽음의 세 신들은 남매로 묘사되고 있고 그리고 그들 중 가장 부정적인 이미지를 가지고 있는 케르가 여신이라는 점은 이것이 가부장 사회에서 여성성이 가지고 있는 부정적 이미지를 반영하고 있다고 말해질 수 있다.

잠의 신 휘프노스Hypnos에게는 꿈의 신들Oneiroi인 모르페우스Morpheus와 이케로스Ikelos 그리고 판타소스Phantasos의 세 아들이 있다. 모르페우스는 꿈속에 나타나는 사람들의 모습을 의미한다. 우리는 꿈속에서 가끔 어떤 이들을 만날 때가 있다. 그런 경우 그것이 어떤 의미가 있지 않을까 의심을 하기도 한다. 특히 꿈속에서 나타난 사람이 나에게 어떤 이야기를 전할 경우 그것이 미래에 대한 어떤 암시로 이해되기도 있다. 모르페우스는 특히 왕들의 꿈속에 인간의 모습으로 나타나서 신들의 뜻을 전하는 메신저를 의미한다. 오랫동안 인간들은 꿈속에서 어떤 메시지를 찾을 수 있을 것이라 기대해 왔는데, 이렇게 꿈을 통해 메시지를 전하는 자가 바로 모르페우스이다. 이케로스는 유사한 모습을 의미한다. 우리는 가끔 꿈속에서 딱 부러지게 말할 수는 없지만 어디서 한번 본 듯한 모습이나 광경들을 접할 때가 있다. 언제 어디에서 그러한 모습이나 광경을 접했는지 분명하게 말할 수는 없지만, 또는 정말 그런 것들을 접한 적이 있었는지 의심스럽기도 하지만, 그렇지만 왠지 어디선가 한번쯤 접해본 것도 같은 그러한 꿈속의 모습이나 광경, 그것이 이케로스이다. 그러나 또한 우리는 꿈속에서만 볼 수 있는, 결코 이 세상에서는 경험할 수 없는, 정말 꿈같은 그러한 광경을 접하기도 한다. 말 그대로 꿈같은 일들, 그것이 판타소스이다. 이 꿈의 삼형제 신들은 우리가 가장 흔하게 접할 수 있는 꿈의 종류를 상징하고 있는 것으로 보인다.

2) 트로이 전쟁과 관련된 신들

기원전 13세기에서 12세기 사이에 헬레스폰트Hellespont해협11) 남쪽 어귀, 그리고 아나톨리아 북서부에 있던 도시 트로이를 둘러싸고 벌어졌던 서구역사상 가장 유명한 고대전쟁과 얽혀있는 신들에 대해 언급해보자. 흔히 트로이전쟁으로 불리는 이 전쟁은 청동기시대 마지막 전쟁으로, 그리스 전체가 하나로 똘똘 뭉쳐 오랜 앙숙이었던 트로이를 멸망시킨 위대한 전쟁으로 기록되어있다. 호메로스는 이 전쟁과 관련하여 위대한 역사서사시 『일리아드』를 후세에 남겼다. 오랫동안 단순한 전설처럼 여겨졌던 이 이야기는 오늘날 근세 이후에 많은 학자들의 노력으로 실제 전쟁을 토대로 한 것이고 그 시기와 위치, 그리고 전쟁의 동기 등도 거의 모두 밝혀져 있다. 오랫동안 서구인들은 이 전쟁의 진위와 이 전쟁에 얽힌 전설과 신화들에 큰 관심을 가졌지만, 고대 그리스인들도 이 전쟁에 대해 깊은 관심을 가졌었던 것 같다. 이것은 한때 그리스 전체가 하나로 뭉쳐 이룩한 위대한 업적에 대한 자부심과 향수를 불러일으키기에 충분하다. 그래서 호메로스의 『일리아드』를 비롯해 이 전쟁에 관한 많은 전승들이 있다. 고대 그리스인들은 이 전쟁의 동기나 전개, 그리고 승리의 원동력 등 많은 요인들에 대해 궁금해 했을 것이고 나름대로 자신들의 상상력을 발휘해 이 위대한 전쟁에 대한 이야기들을 구성해 냈다. 그래서 이 트로이 전쟁과 관련된 이야기들을 특히 신들과의 관계를 중심으로 이야기

11) 지금은 터키해협으로 불리기도 하는 다르다넬레스Dardanelles 해협

한다면 다음과 같이 정리해 볼 수 있을 것이다.

우리는 위대한 대지의 어머니 가이아로부터 이 이야기를 시작해보자. 인간들의 수가 점점 늘어나고 또한 인류의 문명이 점점 발달하면서 가이아는 인간들로 인해 큰 고통을 겪게 된다. 점점 사람들의 수가 늘어나고 그리고 그들이 많은 마을들을 형성하고 마침내 돌로 성곽을 쌓고 많은 수의 도시국가를 형성하면서 가이아는 인간들과 그들의 건축물들에 의한 무게로 인해 온 대지에 막중한 짐을 지게 된다. 또한 인구의 증가는 더욱더 많은 식량을 필요 하게 되고 그래서 인간들은 전처럼 대지의 어머니 가이아가 주는 대로 채집과 사냥을 통해 받아먹기만 하는 것이 아니라 더 많은 수확을 위해 대지를 일구고 씨를 뿌리는 등 농사를 짓기 시작했다. 농사란 근본적으로 대지가 우리에게 주는 자연적인 산물 이상의 것들을 얻어내기 위해 인간이 대지에 행하는 일종의 강압수단이다. 이제 인간들은 그 수에 있어 더 이상 가이아가 감당하기에는 어려울 정도로 늘어나 있었다. 또한 인간이 대지에 대해 가하는 상처와 고통 역시 가이아가 감당하기에는 너무 큰 것이 되어버렸다. 이에 마침내 가이아는 이 세상의 최고신인 제우스에게 구원을 요청하게 되고, 그래서 제우스는 문제를 해결하기 위해 인간의 숫자를 줄이기로 결심한다. 그러나 만약 제우스가 불의 심판이나 물의 심판과 같은 직접적인 방법으로 인간들을 제거한다면, 인간들의 모든 원망이 제우스에게 쏠릴 것이다. 신들의 삶은 어떤 면에서 인간들의 존경과 제물에 의존하고 있어서 인간에 대한 직접적인 심판은 신들에게 결코 좋은 결과를 가져오지는 않을 것이다. 제우스는 그래서 비난의 신 모모스Momos의 제안을 받아들여 전쟁을 일으킬 것을 계획한다. 인간과 인간 사이에 거대한 전쟁을 일으키도록 유도한다면 신들이 비난받을 필요 없이 인간들의 손으로 인간들의 숫자를 줄이는 결과가 나올 것이기 때문이다. 따라서 제우스는 아주 주도면밀하게 역사에 길이 남을 만한 이 거대한 전쟁을 기획하게 된다.

제우스에게는 또 다른 고민거리가 있었다. 그것은 바다의 신 네레우스의 오십 명의 딸들 중의 하나인 여신 테티스Thetis와 관련된 일이었다. 제우스와 그의 형제 중 하나인 포세이돈은 이 테티스 여신을 두고 서로 차지하기 위해 경쟁을 벌이고 있었다. 그런데 신성한 법리의 여신인 테미스Themis가 테티스가 낳은 아들이 아버지보다 더 강한 존재가 될 것이라고 예언하자 제우스는 고민에 빠지게 된다. 아들에 대한 아버지의 원초적인 두려움, 이 문제를 해결하기 위해 제우스의 할아버지 우라노스는 자식들을 아예 세상 밖으로 나오지 못하게 하였고, 제우스의 아버지 크로노스는 자신의 자식들을 모두 삼켰었다. 그러나 제우스는 지략과 계책을 부릴 줄 아는 신이었기에 유사한 예언이 있었던 고대 지혜의 여신 메티스를 삼켰었고, 테티스의 경우에는 인간 남자인 펠레우스Peleus와 억지로 결혼을 시킨다. 이제 테티스가 낳은 아들은 자신의 아버지인 인간보다는 훨씬 강한 존재가 되겠지만, 그러나 제우스가 걱정할 만큼 강한 존재는 되지 못한다. 이렇게 해서 테티스로부터 태어난 아들이 트로이 전쟁에서 가장 뛰어나고 가장 많은 사람을 죽인 장수들 중의 하나인 트로이 전쟁의 영웅으로 오랫동안 기억되고 있는 아킬레우스Akhilleus이다.

여러 우여곡절 끝에 여신 테티스는 인간 펠레우스와 결혼식을 치르게 된다. 결혼식 당일 거의 모든 신들이 그 결혼식에 초대되어 둘의 앞날을 축복해주었다. 그러나 모든 신들 중에 오직 하나 불화의 여신 에리스Eris만은 초대받지 못했다. 어쩌면 이것은 극히 당연한 일이다. 그 무엇보다도 화목과 행복을 기원해야 할 결혼식에 불화의 여신이 참석한다는 것은 적절치 못해 보이기 때문이다. 그러나 초대받지 못한 불화의 여신 에리스의 입장에선 이것은 매우 불쾌한 일일 것이다. 그래서 에리스는 자신이 초대받지 못한 것에 대해 복수하기 위해 흉계를 꾸미게 된다. 에리스는 아름다운 황금사과에 '가장 아름다운 여신을 위하여'라는 문구를 새긴 후 그것을 식장 안에 던져놓고 사라졌다. 그 바람에 식장 안에서는 이 아름다운 황금사과의 소유권을 놓고 분쟁이 벌어지게 된다. 올륌포스 여신들 중 사랑과 미의 여신인 아프로디테Aphrodite, 정당한 방어전쟁의 여신이자 지혜의 여신인 아테나Athena, 그리고 제우스의 정실부인이며 올륌포스의 안주인인 헤라Hera가 각자 자신이 이 사과의 정당한 주인이라고 주장하고 나선 것이다. 이들의 주장은 서로 한 치의 양보도 없이 첨예하게 대립하여 마침내 최고의 심판관인 제우스에게 판결을 요구하는 상황에까지 이르게 된다. 제우스 입장에서 보면 이 판결은 자신에게 결코 이로울 것이 없는 일이었다. 그가 누구의 손을 들든 제우스 자신은 얻는 것보다는 잃는 것이 더 많게 될 것이기 때문이다. 그래서 제우스는 나름 머리를 쓰게 되는데 재판의 공정성을 위해 이 재판과는 전혀 이해관계가 없는 촌구석의 한 무지렁이 목동에게 이 판결을 맡긴다. 이렇게 해서 이 황금사과의 소유권에 얽힌 판결을 맡게 된 그 무지렁이 목동이 트로이 전쟁의 한 원인인 파리스Paris이다.

파리스는 원래 트로이의 프리아모스Priamos왕과 그의 아내 헤카베Hekabe 사이에서 태어난 트로이의 왕자였다. 그는 태어날 때부터 트로이를 망하게 할 것이라는 운명을 타고 났고 그래서 태어나자마자 부모로부터 버림을 받았다. 그래서 그는 자신의 신분을 전혀 모른 채 산골에서 가난한 목동으로 자라고 있었다. 그런 그에게 제우스는 이 위험한 판결을 맡긴 것이다. 파리스는 처음엔 이 황당한 상황을 감당치 못해 어쩔 줄 몰라 했을 것이다. 그러나 사람이란 주어진 상황에

금방 적응하고 자신의 입지를 잘 활용하는 존재라서 처음에는 여신들을 똑바로 쳐다보지도 못하던 파리스는 여신들이 자신에게 잘 보이려고 애쓰는 것을 알고 나서는 그 상황을 즐기기 시작했다. 심지어 그는 심사를 위해 여신들에게 옷을 벗을 것을 요구하기에 이른다. 어찌됐든 파리스는 세 여신들 중에서 가장 아름다운 여신을 선별해야만 한다. 그러나 이 임무는 결코 쉬운 일이 아니다. 아프로디테와 아테나 그리고 헤라, 이렇게 가장 위대한 여신들에 속하는 그들에게서 하나를 선택한다는 것은 사실 불가능한 일이라고 해도 과언은 아닐 것이다. 결국 판결은 공정성과는 거리가 먼 뇌물과 거래로 얼룩지게 된다. 올림포스의 여주인이자 제우스의 정실부인인 헤라는 파리스에게 강력한 힘을, 즉 권력과 부와 명예를 주겠다고 약속한다. 반면에 정당한 방어전쟁의 여신이자 지혜의 여신인 아테나는 파리스에게 그 누구에게도 지지 않을 지혜를 주겠다고 약속한다. 그러나 사랑과 미의 여신인 아프로디테는 파리스에게 이 세상에서 가장 아름다운 여인을 아내로 주겠다고 약속했다. 파리스는 결국 그 황금사과를 아프로디테에게 주어 아프로디테를 가장 아름다운 여신으로 판결을 내린다. 이 일로 인해 아프로디테는 약속대로 당시에 세상에서 가장 아름다운 여인이었던 스파르타의 공주 헬레네Helene가 파리스의 여자가 되도록 돕는다. 그런데 헬레네는 이미 결혼한 유부녀였다. 그녀는 당시 그리스 최고의 왕인 뮈케네Mykenai의 아가멤논Agamemnon왕의 동생이자 나중에 그녀와 결혼하여 스파르타Sparta의 왕이 된 메넬라오스Menelaos의 아내였다. 나중에 트로이 왕자의 직위를 되찾은 파리스는 아프로디테의 도움을 받아 스파르타의 왕비인 헬레네를 납치하여 트로이로 데려간다. 이에 격분한 아가멤논은 모든 그리스의 왕들과 영웅들을 소집하여 2000척의 함선과 10만 대군으로 트로이 원정에 나선다.

트로이 전쟁 발단의 한 원인인 헬레네는 스파르타의 왕 틴다레우스Tyndareus와 그의 아내 레다Leda의 딸이다. 그러나 그녀의 진짜 아버지는 제우스로 알려져 있다. 즉 헬레네는 제우스와 레다 사이에서 태어난 딸이다. 그렇지만 또 헬레네는 제우스의 뜻을 거역하거나 신성한 법리의 여신인 테미스Themis를 어기는 자에게 처절하게 응징하는 분노와 복수의 여신인 네메시스Nemesis와 제우스 사이에서 태어난 딸로 묘사되기도 한다. 네메시스는 자신을 쫓아오는 제우스로부터 달아나기 위해 거위로 변신을 했다. 그러나 제우스는 백조로 변신하여 네메시스를 취했고 그로 인해 네메시스는 알을 낳게 되는데 그 알이 레다에게 전해지고 그리고 그 알에서 헬레네가 태어난다. 그래서 헬레네는 분노와 비난과 복수의 여신인 네메시스의 딸이다. 네메시스는 신의 섭리를 어기는 불경스러운 행위나 인간의 도리를 다하지 못한 불손한 행위에 대해 신의 의지를 보이는 아주 냉혹하고도 잔인한 응징의 여신이다. 제우스가 트로이 전쟁 발발의 중요한 한 요소인 헬레네를 이러한 네메시스 여신을 통해 탄생시켰다는 것은 매우 극적인 요소라 아니할 수 없다. 헬레네는 어떤 면에서 자신의 조국과 자신의 지아비를 버린 매우 파렴치한 여인이라고 할 수 있다. 트로이 왕자 파리스와 스파르타의 공주이자 왕비인 헬레네의 이 사랑의 도피행각은 인간 사회에서 비난 받아 마땅한 반인륜적 행위이고 신의 분노를 불러일으키기에 충분한 불경스러운 행위이다. 따라서 당연히 복수의 여신의 냉혹한 응징을 받아 마땅한 행위이기도 하다.

헬레네와 메넬라오스의 결혼에는 신성한 서약이 있었다. 헬레네는 당시에 세상에서 가장 아름다운 여인이었을 뿐만 아니라, 그녀의 누이또는 쌍둥이 누이였던 클뤼타임네스트라Klytaimnestra는 뮈케네의 왕이자 메넬라오스의 형인 아가멤논의 아내였고 그녀의 쌍둥이 오빠들인 디오스쿠로이Dioskouroi[12])는 이미 죽었기 때문에 그녀와 결혼하는 자는 스파르타의 왕이 될 수 있었다. 그래서 그녀에게는 수많은 구혼자가 몰려있었다. 헬레네의 아버지인 스파르타의 왕 튄다레우스는 자칫 폭력적인 상황이 벌어질까봐 주저하고 있었는데 구혼자들 중의 하나인 오뒷세우스Odysseus의 제안에 따라 누가 이 헬레네의 남편으로 선택되든지 간에 모든 구혼자들이 두 사람의 결혼을 목숨을 걸고 지킬 것을 맹세하게 한다. 이 신성한 맹세가 뮈케네의 아가멤논 왕이 모든 그리스의 왕들과 영웅들을 전쟁에 끌어들이게 되는 계기가 된다. 원래는 그 신성한 맹세에 관련된 구혼자들만이 이 전쟁에 참여할 의무가 있었지만 아가멤논은 분위기를 몰아 결국 모든 그리스인들을 이 전쟁에 끌어들였다. 이처럼 그리스 신화에 있어서 이 트로이 전쟁은 제우스에 의해 매우 주도면밀하게 기획되고 모든 필수적인 요소들이 마련되어진 사건이다.

3) 그 외의 신들

스튁스Styx 여신은 지하세계를 아홉 겹 둘러싸고 지하세계의 경계를 짓고 있는 강이다. 이 여신은 오케아노스와 테튀스의 나이 많은 딸들 중 가장 강한 여신이다. 스튁스는 같은 티탄과 결혼하지 않은 두 명의 남자 티탄들 중 하나인 크레이오스Kreios의 아들들 중 하나인 팔라스Pallas를 남편으로 맞이하여 젤로스Zelos; 열정, 경쟁심, 니케Nike; 승리, 크라토스Kratos; 힘, 세력, 비아Bia; 폭력, 지배력를 낳았다. 앞서도 얘기했지만 스튁스는 티탄의 후예임에도 불구하고 제우스를 비롯한 올륌포

12) '제우스의 쌍둥이 아들들'이란 뜻으로 카스토르Kastor와 폴뤼데우케스Polydeukes를 뜻한다. 이 둘 중 폴뤼데우케스만이 제우스의 아들로 언급되기도 한다.

스 신들과 티탄들 사이의 전쟁이 발발했을 때 자식들을 데리고 제일 먼저 제우스의 편에 섰던 제우스의 지지자이다. 이 대가로 스튁스는 신들의 맹세의 증인이 되는데 올림포스 신들이 스튁스 강에 대고 한 맹세는 어길 경우 아주 치명적인 대가를 치러야 하므로 신들은 이 맹세를 결코 어길 수 없었다. 스튁스의 두 아들 크라토스와 비아는 이후 제우스의 올림포스 옥좌 양편에서 그를 보좌하는 역할을 맡게 되고 승리의 여신 니케는 제우스 또는 아테나와 항상 동행하게 된다.

'멀리 있는 자'라는 뜻의 '헤카테Hekate' 여신은 올림포스 신들 이외의 신들 중에 꽤 주목받을만한 가치가 있는 여신이다. 헤카테는 위대한 달의 여신의 계보를 잇는 여신이다. 밤하늘에 멀리서 은은하게 이 지상을 비춰주는 달은 고대인들에게는 매우 고마운 존재였을 것이다. 밝기에 있어서 그리고 유용성에 있어서 본다면 달보다는 태양이 훨씬 우리에게 고마운 존재이고 또한 중요한 존재이다. 사실 이 세상의 모든 생명들이 존재할 수 있는 기본 조건들 중에 하나가 태양의 존재이고 심지어 달빛조차도 태양의 반사광에 불과하지 않으므로 달보다는 태양이 훨씬 중요하다고 말할 수 있다. 그러나 이것은 현대인들의 좀 더 진보된 인류의 지식에 근거한 것이고 초기 고대인들에게는 태양보다 달이 훨씬 더 고마운 존재였을 것이다. 태양은 밝은 대낮에 하늘에 뜬다. 물론 우리는 이 대낮의 밝음이 태양 때문이라는 것을 잘 알지만, 아직 사유가 거기에 이르지 못한 고대인들에게 태양은 밝은 대낮에 쓸데없이 눈이나 부시게 하고 때로는 강한 빛과 열로 생명체를 갈증과 죽음으로 몰아가는 위험한 존재이기도 하다. 그러나 은은한 달빛은 오히려 차갑게 느껴지며, 달은 어두운 밤에 우리에게 소중한 빛을 내주어 희미하게나마 길을 밝혀주는 정말로 고마운 존재이다. 한치 앞도 내다볼 수 없는 어두운 밤에 우리의 앞길을 밝혀주는 그래서 우리의 길을 인도하는 고마운 존재, 그것이 달이다. 멀리 있으며, 멀리서 우리를 내려다보고, 우리 역시 멀리서 바라다봐야하는 존재, 그래서 달은 인간에게 있어 길 안내자이자 그 차가운 빛처럼 냉철한 지혜 또는 이성의 상징이며 마술과 주문의 여신이기도 하다. 더욱이 달의 주기는 여성의 생리주기와도 일치해서 위대한 어머니 여신의 한 모습이기도 하다.

헤카테는 티탄족인 고대 달의 여신 포이베와 하늘의 축의 신 코이오스 사이에서 태어난 두 딸 레토와 아스테리아 중 아스테리아와 페르세스[13] 사이에서 태어난 '유일한 자식monogenes'[14]이다. 헤카테는 레토와 제우스 사이에서 태어난, 우라노스의 자손들 중 가장 사랑스런 자식으로 불린 아폴론과 아르테미스의 사촌누이이기도 하다. 헤카테는 아폴론과 아르테미스의 속성들과도 연관이 있는데 아폴론은 헤카테의 남성형인 '헤카톤Hekaton'으로, 아르테미스는 헤카테로 불리기도 했다. 헤카테는 전능한 삼중하늘, 땅, 바다의 여신으로 불리기도 하는데 이 세상 모든 곳이 그녀의 관할구역일 만큼 매우 영향력 있고 강력한 여신이다. 헤카테는 횃불을 들고 길을 안내하는 인도자의 모습으로 묘사되기도 하는데, 데메테르의 딸 페르세포네Persephone의 납치 현장을 목격했고 횃불을 들고서 데메테르의 딸을 찾는 일을 돕는다. 헤카테는 세 갈래 길 교차로의 삼중조각상으로 묘사되기도 한다. 헤카테는 또한 개 짖는 소리로 유령들을 인도한 것으로 묘사되기도 했는데, 아무도 없는 한밤중에 개들이 짖는 것과 죽은 자들이 저 세상으로 가는 모습을 연관 지은 것에서 유래된 것으로 생각된다. 개들은

13) Perses, 에우뤼비아와 같은 티탄과 결혼하지 않은 두명의 남자 티탄들 중 하나인 크레이오스 사이의 자식들 중 하나.

14) 자매인 레토가 자녀를 둘 낳은 것에 비해 아스테리아는 딸 하나만을 낳았기 때문에 그에 빗대어 이런 별명을 가지게 되었다.

죽은 자들을 알아본다. 그래서 죽은 자들의 세계인 하데스의 입구를 지키는 자는 머리가 세 개인 개 케르베로스Kerberos이다. 헤카테는 한 밤중에 달빛이 사람들의 길을 인도하듯이 횃불을 들고 개 짖는 소리로 죽은 자들을 하데스로 인도하는 인도자이기도 하다.

테튀스와 오케아노스의 딸들 중 페이토Peitho와 튀케Tykhe는 매우 독특한 고대 그리스인들의 사유와 세계관을 보여주는 여신들이다. 페이토는 설득의 여신이다. 이 여신은 매력적인 말과 목소리로 설득력 있게 상대를 유혹하는 여신이다. 그런데 이 여신은 사랑과 미의 여신인 아프로디테의 가까운 동료이기도 하다. 설득의 여신이 사랑과 미의 여신의 동료라는 점, 그리고 그 둘이 함께 다닌다는 점은 매우 흥미롭다. 사랑과 아름다움에 있어서 가장 중요한 요소들은 결국 상대의 관심을 자신에게 집중시키는 매력과 그 상대를 자신에게 빠지게 하는 유혹인데 고대 그리스인들은 이 매력과 유혹을 불러일으키는 가장 실질적인 요소로 언어를 통한 설득력을 들고 있다. 즉 사랑의 기술에 있어서 가장 중요하고 강력한 요소는 자신의 매력에 빠지도록 여성을 유혹하는 달콤한 말솜씨이다. 이처럼 고대인들이 설득력을 사랑에 있어 매우 중요한 요소로 생각했다는 점은 오늘날 우리도 충분히 공감할 수 있는 부분이다.

튀케는 소위 요행수의 여신이다. 즉 '후로꾸fluke'[15]의 여신이다. 튀케는 정상적인 상황에서는 전혀 기대할 수 없는 일들이 벌어지게 하는 여신이다. 이 세계는 신성한 법리와 순리에 의해서 움직인다. 그래서 이 세상에서 일어나는 모든 자연적인 현상들은 자연의 법칙에 따

---

15) '후로꾸'는 영어 fluke의 일본식 발음이다. 표준어는 아니지만 예전에 당구경기 중 요행수로 득점할 경우 많이 사용하던 용어이고, 그리고 튀케를 설명하기에 좋은 용어인거 같아서 그대로 표기했다.

라 발생하는 누구나 충분히 기대할 수 있는 일들이다. 우리는 모두 다 이 세계 속에서 정상적이고 충분히 기대할 수 있는 일들만을 기대하면서 살아야 한다. 그것이 순리에 맞는 것이고 우리가 당연히 행해야만 하는 것들이다. 그러나 이 세상은 꼭 우리가 정상적이라고 생각한 대로, 그래서 꼭 항상 순리에 맞게만 움직이는 것 같지는 않다. 때로는 이 세계의 어떤 현상들은 전혀 기대할 수 없는 방향으로 나타나기도 한다. 예를 들어 우리는 뜬 구름 잡기 식의 일확천금을 노리면서 이 세상을 살아서는 안 된다. 열심히 근면하게 일하고 그리고 우리의 노동에 대한 정당한 대가를 바래야하고, 열심히 벌어들인 만큼 또한 꾸준히 한 푼이라도 저축해서 훗날에 지금보다 좀 더 풍요로운 미래를 기대하면서 착실하게 살아야 한다. 이런 삶이 정상적이고 또한 순리에 맞는 삶이다. 따라서 벼락에 맞을 확률보다도 더 적다는 로또복권 같은 것에 기대어 일확천금을 노리는 것은 정말로 어리석은 일이고 그런 것은 기대할만한 가치도 없는 하찮은 것이다. 그리고 순리에 어긋나는 비정상적인 일이다. 그럼에도 불구하고 벼락에 맞는 것보다 더 적은 확률이라는 그래서 기대할만한 가치도 없다는 일이 사실 매주 벌어지고 있는 것 역시 사실이다. 물론 그래도 여전히 이런 일은 기대할 만한 가치가 있는 일은 아니지만 또한 그래도 여전히 벌어지고 있는 일이기도 하다. 이처럼 이 세상에는 전혀 예기치 못한 또는 기대하기 어려운 일들이 실제로 벌어지고 있다. 그래서 이 세계의 일들은 순리대로 행해지고 있지만, 그러나 극히 드물게 예외 또한 있다. 그것이 바로 튀케이다.

그런데 이 튀케 여신은 대표적인 복수의 여신 네메시스와 함께 다닌다. 네메시스는 제우스의 뜻을 어기고 테미스가 무시되는 곳에 나타나 철저하게 응징하는 매우 엄한 복수의 여신이다. 다시 말해 이 세상의 법도와 자연의 순리를 어기는 자에게 신들의 엄한 응징을 전하는 엄격한 복수의 여신이다. 그런 네메시스 여신의 곁에 튀케가 함께 있다는 것 역시 매우 흥미롭다. 이 세상의 모든 일들이 한 치의 오차도 없이 엄격하게 행해지기만 한다면, 세상은 얼마나 각박할까? 고대 그리스인들은 네메시스의 엄한 응징이 이 세계의 질서와 순리를 바로 잡는데 꼭 필요하긴 하지만 그로인해 이 세상이 너무 각박해지는 것을 막기 위해 그 여신의 곁에 그러한 각박함을 조금이라도 누그러뜨릴 수 있는 튀케 여신을 두었다고 볼 수 있다.

마지막으로 또 다른 복수의 여신들인 에리뉘에스Erinyes가 있다. 이 여신들은 이미 언급했던 것처럼 크로노스에 의해 잘린 우라노스의 성기로부터 대지가이아에 떨어진 피로부터 탄생한 존재들이다. 이 여신들의 출생이 암울한 것처럼 매우 불길하고 어두운 여신들이다. 그러나 한편으로 이 여신들은 에우메니데스Eumenides; 자비로운 자라고 불리기도 했다. 이 '자비로운 자'라는 호칭은 이들이 정말로 자비롭기 때문은 아니고 이들의 복수가 너무 잔혹하지 않기를 바라는 당시 그리스인들의 바램이 담겨있는 별칭이라고 한다. 에리뉘에스는 알렉토Allekto; 결코 끝나지 않는 자, 티시포네Tisiphone; 보복, 메가이라Megaira; 질투로 인한 분노의 세 자매 여신들이다. 이들은 모두 처녀이지만 그러나 호통치는 어머니의 모습으로 나타나기도 한다. 이 여신들의 출생이 아들인 크로노스가 아버지 우라노스에게 입힌 상처에서 유래되었기 때문인지 이 여신들은 가부장 사회에서 아버지의 권리와 장자의 권리를 옹호하고 그것을 해쳤을 경우 끝까지 쫓아다니며 보복하는 모습으로 흔히 나타난다. 그러나 드물게 어머니의 주장을 지지하는 모습으로 나타나기도 하는데 그 이야기는 트로이 전쟁과도 깊은 관련이 있다.

뮈케네의 왕 아가멤논은 그리스의 왕들과 장수들을 모두 소집하여 자신의 동생이자 스파르타의 왕인 메넬라오스의 아내 헬레네를 구출하기 위해 트로이로 출정했다. 그러나 1차 출정에서 그리스 군은 트로이를 찾지 못하고 다시 전열을 재정비한 후 2차 출정에 나선다. 이 2차 출정을 위해 그리스 함대는 보이오티아Boiotia 지방의 아울리스Aulis 항구에 집결하는데 갑자기 바람 한 점 없고 바닷물도 흐르지 않아 함대가 항구에 꼼짝없이 갇히게 된다. 이 일은 아르테미스 여신의 진노에서 비롯된 것인데 이 전에 아가멤논이 아르테미스의 사냥터에서 자기가 마치 아르테미스인 것처럼 행세하면서 사냥하다 여신에게 발각된 적이 있었다. 그 일을 무마하기 위해 아가멤논은 아르테미스에게 첫 번째 태어나는 산물을 제물로 바치기로 약속했었다. 그런데 그해 첫 번째로 태어난 것이 자신의 딸 이피게네이아Iphigeneia였다. 아가멤논은 아르테미스와의 약속을 저버린 채 이피게네이아를 제물로 바치지 않았고 그 일로 인해 아르테미스 여신이 진노하여 그리스 군의 출정을 막은 것이다. 결국 아가멤논은 아르테미스의 진노를 풀기 위해 자신의 딸 이피게네이아를 제물로 바쳤고 그렇게 해서 트로이 원정을 감행할 수 있게 되었다. 그런데 아가멤논은 자신의 아내인 클뤼타임네스트라에게 자신의 딸을 그리스의 영웅인 아킬레우스와 결혼시키겠다고 거짓말을 해서 딸을 보내게 했다. 나중에 자신의 딸이 제물로 바쳐진 것을 알게 된 클뤼타임네스트라는 자신의 정부인 아이기스토스Aigisthos와 결탁하여 트로이 원정에서 승리하고 돌아온 아가멤논을 살해한다. 그런데 이 사실을 알게 된 아가멤논의 아들 오레스테스Orestes가 자신의 어머니 클뤼타임네스트라를 살해하게 된다. 이 살인이 과연 에리뉘에스의 복수의 대상이 되는가 하는 문제가 고대 그리스 작가들 사이에 약간의 논쟁거리였던 것 같다. 자신의 아버지를 죽인 자를 자식이 죽인 것은 어떤 면에서 정당해 보일 수도 있다. 그러나 문제는 그것이 또한 자신의 어머니였다는 점이다. 그래서 오레스테스는 결국 에리뉘에스의 끈질긴 추적을 당하게 된다. 이것이 에리뉘에스가 어머니의 주장을 옹호한 대표적인 사례이다.

5. 아프로디테(Aphrodite)

1) 위대한 사랑과 아름다움의 여신

그리스 신들 중에서 대중적으로 가장 널리 알려져 있는 신은 로마식 이름인 비너스Venus로 더 잘 알려져 있는 아프로디테 여신일 것이다. 이 여신은 '사랑'과 '아름다움'이라는 두 대표적인 속성을 가지고 있다. 모든 그리스의 신들이 자신만의 속성들을 가지고 있고 그리고 그들 대부분은 여러 가지 속성으로 언급된다. 그래서 아프로디테가 두 대표적인 속성을 가졌다는 것이 특이하게 보이지 않을 수도 있지만 그러나 '사랑'과 '아름다움'은 신들이 가질 수 있는 속성들 중에서 매우 중요하고 비중 있는 속성들이다. 그런 주요한 속성을 한 여신이 두 가지나 가지고 있다는 것은 어떤 면에서 분명 특이한 경우로 여길 수 있다. 사랑과 아름다움은 각각 충분한 가치가 있는 만큼 사랑의 신과 아름다움의 신을 각기 별개의 신으로 나눌 만도 한데 왜 굳이 이 두 속성을 한 여신에게 부과하였을까? 그것은 아마도 이 '사랑'과 '아름다움'이라는 두 속성이 마치 동전의 양면처럼 항상 함께 붙어 다니는 속성들이기 때문이라 생각된다. 우리는 어떤 대상을 사랑하는가? 우리는 아름다운 대상을 사랑한다. 그렇다면 어떤 것이 아름다운 것인가? 우리가 사랑하는 것이 아름다운 것이다. 이처럼 사랑은 아름다움을 대상으로 삼고 아름다움은 사랑을 야기한다. 이런 이유로 고대 그리스인들은 '사랑'과 '아름다움', 이 두 속성을 한 여신에게 부여한 것 같다. 아프로디테는 사랑의 여신이므로 어떤 존재든, 신이든 인간이든 짐승이든, 이 여신을 보면 사랑하지 않을 수 없다. 그러므로 이 여신은 모든 존재들에게 아름다운 대상일 수밖에 없다. 또한 아프로디테는 아름다움의 여신이므로 그 어떤 존재든 이 여신을 보면 사랑하지 않을 수 없다. 그러므로 이 여신은 모든 존재들에게 사랑의 여신일 수밖에 없다. 따라서 한 여신에게 '사랑'과 '아름다움' 이 두 주요한 속성이 주어진 것은 극히 당연하다고 말할 수 있겠다.

아프로디테에 대해 언급할 때마다 항상 같이 언급되는 것은 그리스 주변 지역에 아프로디테에 해당하는 여러 여신들이 있었다는 점이다. 메소포타미아 지방의 이슈타르Ishtar 여신이나, 서 셈족의 아스타르테Astarte 여신, 또는 수메르 족의 이난나Inanna 여신 등이 대표적인 여신들이다. 이처럼 여러 지역에 그리스의 아프로디테에 해당하는 많은 여신들이 있었다는 사실이 항상 강조되곤 한다. 이와 같은 여신들이 여러 지역에 많이 있었다는 것은 극히 당연한 일이다. 왜냐하면 '사랑'이란 여신들이 가질 수 있는 가장 기본적인 속성이기 때문이다. '사랑'이 무엇인가? 사랑이란 가장 원초적으로 설명하면 남성이 여성

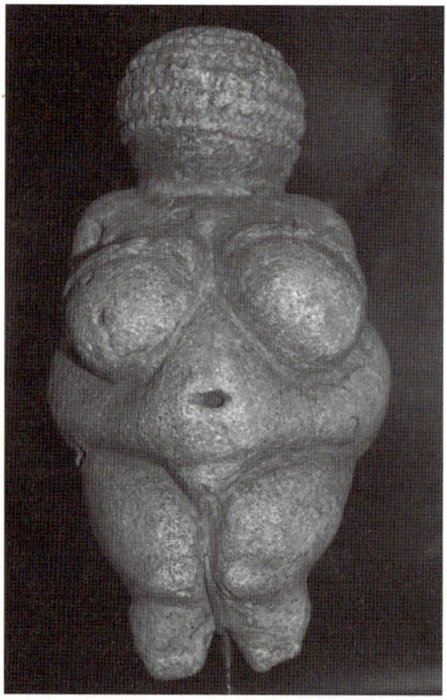

그림 3. 돈 히치코크의 빌렌도르프의 비너스

에게 성욕을 느끼는 힘이고 그리고 여성이 그 남성의 성욕을 받아들이는 힘이다. 이 사랑의 결과로 생명체들은 다음 세대를 얻고 그렇게 각 종種의 생존을 유지해 나간다. 한마디로 사랑이란 '다산'과 '양육'이라는 어머니 여신이 갖춰야할 가장 기본적인 능력의 원천이다. 따라서 어머니 여신은 기본적으로 사랑의 여신이어야 한다. 1908년 오스트리아의 빌렌도르프Willendorf 지방에서 고고학자들에 의해 11센치 정도의 작은 여자 조각상이 발견되었다. 학자들은 그동안의 연구를 통해 이 석상이 약 22,000년에서 24,000년 전에 만들어진 것으로 추정하고 있다. 그리고 이 여자 조각상에 비너스라는 이름을 붙였다. 그래서 이 조각상은 흔히 '빌렌도르프의 비너스'라는 별명으로 불리고 있다. 이 조각상이 비너스라는, 즉 그리스 식으로 하면 아프로디테라는 별명을 가지게 된 것은 이 여인상이 전형적인 어머니 여신상의 모습을 하고 있기 때문이다. 이 조각상은 크게 부풀어 오른 배와 커다란 엉덩이, 그리고 풍만한 유방을 가지고 있다. 이것이 의미하는 바는 바로 다산과 양육이고, 따라서 이 여인의 모습은 다산과 양육으로 대변되는 전형적인 어머니 여신의 모습을 하고 있다는 것이다. 여기서 고고학자들이 사랑과 미의 여신인 비너스의 이름을 이 조각상에 붙인 것은 아프로디테가 바로 이러한 전형적인 어머니 여신의 전통을 계승한 여신이기 때문일 것이다.

위대한 신의 모습은 크게 두 가지의 모습으로 나타난다. 그 하나는 어머니 여신의 모습이고 다른 하나는 아버지 남신의 모습이다. 사람들은 자신들의 소망에 따라 최고신의 모습을 위대한 어머니 여신으로 묘사하거나 또는 위대한 아버지 남신으로 묘사했던 것 같다. 석기시대의 최고신은 어머니 여신인 반면에 아마도 청동기 시대 이후에 최고신은 아버지 남신의 모습을 가지게 된다. 어머니 여신의 특징은 다산과 양육이다. 석기 시대 대지에 전적으로 의존해서 살던 인류는 많은 것을 낳고 많은 것을 먹여 살릴 능력이 있는 풍요와 다산의 상징인 어머니 여신을 숭배했다. 그리스 신화에서 이 세계의 기원을 카오스로부터 유래된 것으로 이해하는 것 역시 이러한 사유의 영향으로 볼 수 있다. 그러나 청동기를 가진 새로운 침입자들이 기존의 원주민들을 약탈하고 지배하면서 지배계층이 생기고, 가부장제가 확립되면서 최고의 신은 이 세계를 지배하고 관리하는 아버지 남신으로 대체되었다. 이제 신은 이 세계의 지배자이고 관리자로써 지배계층의 권력의 근거이다. 그리스의 왕들이란 이 세계의 지배자인 신을 대신해서 특정 지역을 관리하는 신의 대리자이기 때문이다. 더욱이 아버지 남신은 어머니 여신처럼 이 세상을 낳고 기를 수 없으므로 이제 최고의 신은 아버지의 한 형태인 제작자로서 세상을 창조하는 창조주의 모습으로 나타난다. 결국 다산과 양육의 상징인 어머니 여신이 창조제작와 지배의 아버지 남신으로 진화한 것이다. 어쨌든 가장 원초적인 신의 모습은 어머니 여신의 모습이고 그리고 그 어머니 여신은 근본적으로 사랑의 여신일 수밖에 없으므로 거의 모든 지역에서 사랑의 여신으로 불릴 수 있는 여신들이 있었다는 것은 극히 당연한 일일 것이다. 이외에도 아프로디테는 헤카테와 비교되기도 하고 가장 나이 많은 모이라운명의 여신로 불리기도 한다. 또한 에리뉘에스처럼 우라노스의 잘린 성기에서 태어났다하여 우라노스의 딸로 언급되기도 한다. 또한 아프로디테의 이름은 파도거품이라는 뜻의 '아프로스Aphros'에서 유래되었다고 하기도 하고 바다에서 올라왔다는 기원으로부터 '바다의 여인'으로 불리기도 했다.

2) 아프로디테 판데모스와 아프로디테 우라니아

플라톤의 대화편 중 하나인 『향연』에서 파우사니아스Pausanias는 사랑에 대한 논의를 하면서 두 종류의 아프로디테에 대해서 언급한다. 그 하나는 아프로디테 우라니아Aphrodite Ourania이고 다른 하나는 아프로디테 판데모스Aphrodite Pandemos이다. 이 구분의 일차적 기준은 아프로디테의 출생에 관한 이야기와 관련되어 있다. 이미 앞서 언급한 탄생비화에 의하면 아프로디테는 크로노스에 의해서 잘려져서 바다에 던져진 우라노스의 성기에 부딪치는 파도 거품에서 탄생했다. 이 이야기에 의하면 아프로디테는 우라노스로부터 탄생했다고 말해져야 할 것이다. 이 아프로디테의 탄생은 전적으로 우라노스에 그 기원이 있으며 또한 남녀남신과 여신의 결합에 의한, 즉 에로스의 개입에 의한 것이 아니라 전적으로 최초의 아버지 우라노스에게만 기인한 것이다. 이 아프로디테가 아프로디테 우라니아이다. 호메로스에 의해서 전해진 아프로디테의 탄생 이야기는 이 여신이 제우스Zeus와 디오네Dione 사이에서 태어난 딸이라고 전한다. 이 경우의 아프로디테의 탄생은 에로스의 개입에 의한 남녀남신과 여신의 결합에 기인한다. 이 아프로디테가 아프로디테 판데모스이다.

아프로디테 우라니아는 천상의 아프로디테, 그래서 고귀한 아프로디테로 불릴 수 있고, 아프로디테 판데모스는 대중적 아프로디테, 그래서 세속적 아프로디테로 불릴 수 있다. 이러한 구분은 우리가 일반적으로 가지고 있는 사랑의 종류에 대한 생각과도 일치한다. 즉 사랑에는 고귀한 사랑과 세속적인 사랑이 있다는 극히 일반적인 생각과 일치한다. 단적으로 본다면 이러한 구분의 기준은 에로스가 개입 했는가 아닌가에 있다고 볼 수 있고, 그래서 남녀의 결합, 일차적으로 육체적 결합의 여부에 따라 사랑은 고귀한 것과 세속적인 것으로 나뉜다고 말할 수 있을 것이다. 대체로 사람들은 육체적이거나 물질적인 사랑을 세속적이거나 상대적으로 덜 고귀한 것으로 여기는 반면에 정신적이거나 물질적이지 않은 사랑을 좀 더 고귀하고 상대적으로 덜 세속적인 것으로 여기는 경향이 있다. 그러나 또한 사랑은 사랑하는 당사자들 사이의 관계나 사랑의 대상에 따라 고귀한 사랑과 세속적 사랑으로 나뉠 수도 있다. 특히 파우사니아스는 『향연』에서 사랑하는 사람과 사랑받는 사람의 관계에 특별히 주목해서 이러한 구분을 시도하고 있다. 이 부분에서 우리는 그 당시 사람들의 사랑에 대한 특히 남녀 관계에 대한 생각의 단편들을 읽을 수 있다. 그 당시의 사랑이란 두 사람이 서로 사랑하는 평등한 관계의 사랑이 아니다. 사랑에는 사랑하는 사람과 사랑받는 사람이 있다. 일반적으로 남자가 여자를 사랑하고 여자는 남자의 사랑을 받는다. 그리고 그 사랑의 결과물이 새로운 생명의 잉태이다. 물론 사랑은 남녀 간의 사랑만 있는 것은 아니다. 나이 많고 지혜로운 사람과 어리고 아직 미숙한 사람 사이에도 사랑은 성립된다. 이 경우 나이 많고 지혜로운 사람이 사랑하고 아직 어리고 미숙한 사람이 사랑을 받는 것이 정상적인 것이고 그래야 좀 더 고귀한 사랑이라 할 수 있다. 이 사랑의 결과물이 어리고 미숙한 사람의 영혼 속에 잉태되는 지혜이다. 만약 어리고 미숙한 이가 사랑하고 나이 많고 지혜로운 자가 사랑을 받는다면 이것은 비정상적인 것이고 그래서 좀 더 세속적인 사랑이 될 것이다. 신분이 높은 사람과 신분이 낮은 사람들 사이에서도 신분이 높고 좀 더 고결한 사람이 사랑하는 자여야 하고 신분이 낮고 더 천박한 사람이 사랑받는 사람이어야 한다. 그래야 그 결과로 신분이 낮고 천박한 사람 안에 좀 더 고결함이 나타나게 된다. 만약 신분이 낮고 그래서 더 천박한 사람이 사랑을 하고 신분이 높고 좀 더 고결한 사람이 사랑받는다면 그것은 더 세속적인 사랑이 될 것이다.

일반적으로 고귀한 사랑과 세속적 사랑은 또한 그 사랑의 대상으로 구분할 수도 있을 것이다. 즉 그 사랑의 대상이 고귀하면 그 사랑은 고귀한 사랑일 것이고 그 대상이 세속적이라면 그 사랑은 세속적인 사랑이라 할 수 있다. 그렇게 보면 신에 대한 사랑이나 명예, 조국, 지혜, 덕, 동료시민들에 대한 사랑은 고귀한 사랑이고, 여성, 특히 여인의 육체나 재물과 같은 물질적인 대상들에 대한 사랑은 세속적이고 덜 고귀한 사랑이다. 오늘날에도 일반적으로 보다 정신적인 대상들에 대한 사랑을 좀 더 고귀한 것으로 여기는 반면에 물질적이거나 육체적인 것들에 대한 사랑은 좀 더 천하거나 세속적인 것으로 여기는 경향이 있다. 그런데 고대 그리스인들의 사랑에 대해 이야기할 때 빼놓을 수 없는 부분이 하나 있는데, 그것은 동성애에 관한 부분이다. 과연 동성애는 어디에 속하는 사랑일까? 고귀한 사랑일까? 아니면 세속적인 사랑일까? 물론 파우사니아스가 말한 조건들을 다 따져봐야 하겠지만, 고대 그리스인들에게 있어 동성애는 이성애에 비해서 더 고귀한 사랑이라 말해야 할 것이다. 흔히 남성 간의 동성애를 호모섹스homosex라고 한다. 이 말의 어원은 고대 그리스의 위대한 서사시인인 호메로스에서 비롯되었다고 한다. 그가 동성애자였기 때문에 이러한 표현이 생겨났다는 것이다. 그러나 호메로스만이 당시 그리스 사회에서 특이하게 동성애자였던 것은 아니다. 당시 그리스의 남성들은 대부분 동성애자였다고 말해도 과언은 아닐 것이다. 또한 당시의 그리스인들을 여성에 대한 사랑보다는 오히려 같은 동성인 남성에 대한 사랑을 보다 더 고귀한 그래서 천상의 사랑으로 여겼다고 말할 수 있다.

남성 동성애는 크게 두 가지 경우로 나눌 수 있을 것이다. 그 하나는 우리가 흔히 성정체성의 혼란이라고 표현하기도 하는 것으로 비록 남자로 태어났지만 자신의 성정체성을 여성이라고 생각하는 경우이다. 즉 육체는 남성의 것을 가졌지만 자신의 정신이나 또는 영혼은 여성이라고 믿는 경우이다. 그래서 이런 경우의 사람들은 그들이 여성이기 때문에 남성을 사랑하는 것을 당연한 것이라고 주장할 수 있다. 비록 다른 사람들이 보기에는 남성이 남성을 사랑하는 동성애처럼 보일지라도 본인들 입장에서는 자신들의 성정체성이 여성이기 때문에 여성으로서 남성을 사랑하는 것이므로 그래서 자신들의 사랑이 극히 자연스럽고 정상적인 관계로 여겨질 수 있다. 또 하나는 남성으로서 남성을 사랑하는 경우이다. 즉 자신이 남성이라는 것을 분명히 인지하고 있으면서 다른 남성을 사랑하는 동성애이다. 이 경우는 대체로 극단적인 남성우월주의자나 여성폄하주의자들일 가능성이 높은데, 남성적인 아름다움이나 남성적인 미덕들을 최고의 미덕으로 여기고 여성적인 아름다움이나 그 외의 모든 여성적인 미덕들을 열등한 것으로 여겨서 여성 자체를 사랑할만한 가치가 없는 존재로 여긴다. 그래서 남성이야말로 사랑할 만한 가치가 있는 대상이므로 남성을 사랑하는 것을 당연한 것으로 여긴다. 아마도 이 두 번째 경우의 동성애가 고대 그리스인들의 경우라고 말해야 할 것이다. 호메로스는 극단적인 남성우월주의자이며 여성을 심하게 폄하했던 것으로 알려져 있다. 그래서 그는 여성을 사랑할만한 가치가 있는 대상으로 여기지 않았고 남성이야말로 사랑할만한 가치가 있는 아름답고 우월한 존재로 여겼었다. 호메로스의 입장에선 여성을 사랑하는 것은 한낱 욕정에 사로잡힌 저속한 사랑에 불과하지 않고 진정하고 고귀한 사랑은 합리적이고 이성적인 사랑인 고귀한 존재로서의 아름답고 용감한 남성에 대한 사랑이었을 것이다. 물론 이러한 경향은 호메로스에게서만 나타나는 독특한 것은 아니다. 당시 고대 그리스의 남성들이 통상적으로 가지고 있던 그들의 일반적인 사고하고도 밀접한 관련이 있다. 당시 그리스인들은 대체로 여성을 남성보다 열등하고 천박한 존재로 여겼으므로 여성을 사랑하는 것을 저속한 일인 것처럼 치부하곤 했다. 반면에 용감하고 그리고 멋진, 그래서 진정으로 아름다운 남성이야말로 참된 사랑의 대상이라고 여겼던 것 같다. 이러한 경향은 어떤 면에서 나름대로 합리적인 사고의 결과라고 할 수 있다.

고대 그리스 세계는 전쟁이 끊임없던 사회이다. 도시국가들 상호간에도 전쟁이 많았지만 특히 외부로부터 침략이 끊이지 않았다. 그래서 고대 그리스인들은 전쟁에 대한 두려움과 혐오가 컸던 것으로 알려져 있다. 호메로스를 비롯한 고대 그리스인들은 전쟁의 신인 아레스를 별로 좋아하지 않았던 것으로 알려져 있다. 실제로 전쟁의 신 아레스Ares는 전쟁과 불화와 소동, 다툼을 일으키는 신이지만 그렇다고 해서 전투를 잘하거나 싸움에서 승리하는 신으로 묘사되지는 않는다. 오히려 그는 전쟁이나 다툼을 일으키고서 정작 자신은 패배하기 일쑤인 그리 존경할만하거나 위엄 있는 신의 모습으로 나타나지는 못한다. 이것이 그리스의 전쟁의 신 아레스와 그에 해당하는 로마의 군신軍神 마르스Mars의 차이점이다. 마르스는 위엄 있고 당당한, 로마인들로부터 상당히 존경을 받았던 전쟁의 신이다. 로마 최고의 신인 주피터 다음으로 로마인의 사랑을 받던 매우 중요한 신이다. 이는 로마가 바로 전쟁을 통해서 세워진 제국이기 때문이다. 로마인들은 정복전쟁을 통해 이미 세워져 있던 나라들과 부족들을 정벌하여 대제국을 이루었다. 그러므로 그들에게 전쟁의 신 마르스는 당연히 중요한 신이며 존경을 받아 마땅한 신이었을 것이다. 그러나 그리스 사회는 다르다. 그리스인들은 척박한 자연환경 속에서 자신들의 도시국가를 유지하고 외세의 침략으로부터 살아남는 것이 그들의 가장 중요한 지상과제였다. 그래서 당연하게도 전쟁을 일으키는 신인 아레스는 그들에게 그리 사랑받지 못하는 신이었다. 반면에 같은 전쟁의 신이지만 정당한 방어전쟁의 여신이자 도시국가의 수호신인 아테나Athena는 그리스 최고의 신인 제우스 다음으로 그리스인들에게 가장 사랑받는 신이었다. 전쟁을 일으키는 신인 아레스는 그리 사랑받지 못했지만 방어전쟁의 여신인 아테나가 고대 그리스인들에게 제우스 다음으로 가장 사랑받았다는 사실만으로도 당시 그리스인들이 전쟁을 얼마나 싫어했고 자신들의 도시국가의 안위를 얼마나 중요시했었는지를 단적으로 짐작할 수 있을 것이다.

적의 침략으로부터 도시를 수호하는 데에 여성은 거의 도움이 되지 못한다. 물론 이것은 남성우월주의자들의 편협한 생각에서 비롯된 것이라고 말할 수도 있겠지만, 단적으로 고대사회에서 외적이 쳐들어오면 여성과 아이들은 오히려 방해물에 불과하다. 그때에는 오로지 도시국가를 수호할 의무와 책임, 그리고 권리가 있는 자유 시민들로 구성된 시민군의 단단한 결속력만이 강력히 요구된다. 즉 시민권을 가진 성인남성들의 단단한 결속력만이 도시국가를 수호하고 시민들이 생존해 나가는 데에 가장 긴요한 요소이다. 당시의 아테네 시민군은 기본적으로 중무장한 보병이 그 주축을 이루고 있었다. '호플론hoplon'이라는 이름의 크고 무거운 방패에서 유래된 '호플리테스hoplites'라는 이름의 중무장 보병들은 투구와 갑옷, 큰 방패와 긴 창으로 무장하고 소위 '밀집방진密集方陣; phalanx'으로 전열을 형성하여 강력한 적의 기병이나 궁수에 대해서도 효과적으로 대응할 수 있었다. 이는 전방을 향해 방패를 향하고 병사들이 빈틈없이 조밀하게 서로 어깨를 맞대고 함께 적의 공격을 버티면서 긴 창으로 공격하는 적을 되받아치는 전술이다. 이 방어진은 그 구성원들의 상호 신뢰와 강력한 결속력이 있어야 큰 힘을 발휘할 수 있다. 나는 왼팔에 장착한 내 방패로 나를 보호하는 것이 아니라 단지 내 왼쪽 어깨만을 보호할 뿐이다. 그리고 내 방패의 나머지 부분은 나의 왼쪽에 있는 동료 시민의 오른쪽 어깨를 보호한다. 마찬가지로 나의 오른쪽 어깨는 나의 오른쪽에 있는 동료 시민의 방패가 보호해준다. 그래서 내가 만약 쓰러지거나 뒤로 물러서면 나로 인해 나의 동료 시민들이 다칠 수 있을 뿐만 아니라 내가 비운 그 자리를 대기하고 있던 다른 동료 시민이 채우게 되므로 결국 나로 인해 다른 동료시민이 내 짐을 지게 된다. 이 밀집방진은 구성원 중 한 사람이라도 겁에 질려 물러서거나 그 자리를 회피하게 되면 아주 허무하게 무너질 수 있다. 그러나 그 구성원들이 서로를 위해 목숨을 걸고 강력한 결속력으로 뭉치면 그 어떤 적에게도 물러서지 않을 만큼 매우 강력한 힘을 발휘할 수 있다. 그리스인들은 이러한 결속력을 바탕으로 특히 수적으로 압도적인 우위에 있었던 페르시아와의 여러 차례에 걸친 전쟁 속에서도 굳건히 자신들의 도시국가와 문화를 지켜나갈 수 있었다.

고대 그리스의 사회는 동료 시민들의 뜨거운 사랑과 신뢰, 그리고 결속력에 전적으로 의존하고 있었다고 해도 과언이 아니다. 그리스인들은 동료 시민들을 '필로스philos'라고 불렀다. 이것은 '사랑하다'라는 의미의 '필레인philein'이란 동사에서 유래된 말인데 한마디로 '사랑하는 사람'이라는 뜻이다. 즉 동료 시민 사회는 남자들만의 끈끈한 애정으로 뭉쳐진 사회이다. 이것은 오늘날 우리가 말하는 우정이니 동료애니 하는 말보다 훨씬 강력한 보다 원초적인 의미에서의 사랑이다. 그러므로 또한 보다 강력한 남성우월주의 사회에 살았던 그들에게 있어서 여성에 대한 사랑은 훨씬 천박하고 보잘 것 없고 쓸모없는 것으로 여겨졌을 수 있고 여성과의 사랑은 단지 후손을 얻기 위해 필요할 뿐이었다. 사랑의 대상인 아름다움에 대해서도 고대 그리스인들은 여성적 아름다움 보다는 남성적 아름다움을 훨씬 고귀한 것으로 여겼다. 그 한 예로 그리스 신화에 있어서 제우스 다음으로 그리스인들에게 가장 사랑받았던 신은 여신인 아테나인데, 정당한 방어전쟁의 여신이자 지혜의 여신인 아테나는 어떤 면에서 남성적 아름다움을 가진 여신이라고 말할 수 있다. 이 여신은 팔라스 아테나pallas athena라고 불리기도 하는데 팔라스는 '강인한'이란 뜻으로 아테나 여신이 강력한 힘을 가진 여신임을 나타내고 있다. 실제로 희랍어의 '아름답다'는 뜻의 '칼로스kallos'는 '용감하다' 또는 '남성답다'는 뜻의 '안드레이아andreia'로 해석되기도 한다. 겨우 수천 명의 그리스 군대를 이끌고, 페르시아 군대처럼 수십만 명의 엄청난 수의 적 앞에서도 결코 두려워하지 않으며, 사랑하는 동료 시민군들을 다독이고 용기를 북돋으며 앞장서서 당당하게 적과 맞서는 전사에 빛나는 전쟁영웅들의 모습은, 함께 목숨을 걸고 적에게 맞서는 동료 시민들에게 아마도 세상에서 가장 아름다운 모습으로 비쳐졌을 것이다. 그런 아름다운 사람이야말로 진정한 사랑의 대상이라고 여기는 것은 당시로선 당연한 일이었을 것이다.

동성애의 한 형태로서 소년애도 있다. 이것은 나이가 지긋하고 인생의 경험도 많고, 그리고 상대적으로 지혜로우며 덕망 있는 사람과 이제 어린애 티를 막 벗어난 소년기의 어린 남자 사이의 사랑이다. 물론 이 역시 오늘날의 사랑처럼 서로가 서로를 사랑하는 평등한 관계의 사랑은 아니며, 나이 많은 사람이 사랑하는 사람이고 어린 남자가 사랑받는 사람인 그러한 관계의 사랑이다. 이 소년애는 일종의 교육법과 관련이 있다. 나이 많고 지혜로운 남자의 영혼이 어린 남자의 영혼을 사랑하고, 무지하고 어린 남자의 영혼이 그 사랑을 받아 들여서, 마치 남자의 육체가 여자의 육체를 사랑하고 여자가 남자의 그 사랑을 받아들여서 그 결과물로 아기가 잉태되듯이, 그 결과로 어린 남자의 영혼에 지혜가 잉태되는 것, 이것이 소년애의 교육적 한 형태이다. 이것은 나중에 서구 중세 사회의 도제제도와도 깊은 관련이 있어 보인다. 고대 그리스 사회의 자유 시민들은 그 사회에서 자신의 의무와 권리를 다하고, 제대로 대접 받기 위해서는 전문기술을 포함하여 전반적인 지식을 습득하는 것이 매우 중요한 일이었다. 그래서 자유 시민들은 앞으로 자유 시민으로 그 사회를 이끌어갈 자신들의 아들들의 교육에 신경을 많이 썼던 것처럼 보인다. 그래서 경제적 여유가 있던 사람들은 당시에 유명한 선생즉, 소피스테스들에게 많은 비용을 지불하면서 아들들의 교육에 큰 관심을 가졌었다. 이처럼 당시의 유명한 선생들을 초청하여 큰 비용을 들여 자신의 아들을 맡기거나 또는 자신이 신뢰할만한 사람에게 자신의 아들을 맡겨서 함께 생활하며 체득을 통해 지식을 쌓아가는 것은 당시의 교육법 중 한 방식이었다.

이처럼 고대 그리스를 비롯한 일부 고대사회가 남성들 간의 동성애를 지지하거나 적극 권장한 것은 당시 가부장제 사회에서의 그들의 이상과 그리고 그 당시 그들이 처해있던 외부상황들을 고려해볼 때 나름대로 합리적인 선택이었다고 말할 수 있다. 그리고 이것은 성정체성과 깊은 관련이 있는, 보다 육체적 관계에 집중되어 있는 동성애와는 많은 부분에 있어서 큰 차이가 있다는 것을 우리는 쉽게 알 수 있다. 그렇다고 해서 고대사회의 동성애가 육체적 관계와 무관한 것이었다고 주장하는 것은 아니다. 함께 살을 맞대고 지내다 보면 육체적 관계에 대한 욕망이 일어날 가능성은 상당히 높았을 것이고 실제로 육체적 관계도 흔했던 것으로 보인다.

코린토스Korinthos에서는 아프로디테 숭배자들이 어떤 성지를 순례할 때 사원의 시녀들로부터 우호적인 환대를 받았다고 한다. 물론 이때의 환대는 성적 환대이다. 순례자들은 아프로디테의 성지 순례 때 사원의 시녀들, 또는 여사제들과 성적인 육체관계를 맺었다. 이것은 아프로디테가 고대 위대한 어머니 여신의 모습을 가지고 있음을 뜻한다. 고대의 위대한 어머니 여신들은 다산과 양육의 상징이다. 그래서 고대인들이 그 여신들로부터 기대하는 것은 그 많은 생산력과 양육력을 이용해 자신의 가정과 사업을 풍요롭고 번창 하게 하는 것이다. 고대의 어머니 여신들을 숭배하던 사람들은 그 여신들에게 제물을 바치고 그 여신으로부터 큰 생산력과 양육력을 전해받기를 바란다. 그러나 인간이 여신을 직접 만나거나 여신으로부터 뭔가를 직접 전해 받을 수는 없다. 그래서 숭배자들은 여신들을 대신해서 여사제나 사원의 시녀들과의 육체적 관계를 통해 생산력과 양육력을 전수받고, 그것을 통해 자신의 가정과 사업, 즉 농사나 목축 등이 다산과 양육으로 번창하기를 기원했었다. 이처럼 어떤 재물을 제물로 바치고 여사제나 사원의 시녀들과 성관계를 가지는 형식은 재물을 지불하고 여자와 성관계를 가지는 매춘업과 매우 유사하다. 그래서 어떤 이들은 매춘행위의 기원을 사원에서 여사제들이 여신들을 대신했던 종교적 의식에서 찾으려고 하기도 한다.[16)]

아프로디테는 디오네Dione라는 이름으로 불리기도 하는데, 그 이유

16) 매춘을 가리키는 말인 영어의 'prostitution'은 '앞pro에 서있다statuere'에서 비롯된 것이다. 일반적인 해석은 아니지만 이것을 일종의 대변자, 즉 '여신을 대신해서 앞에 나서있음'으로 해석하는 경우도 있다.

는 앞서 언급했듯이 호메로스는 아프로디테를 제우스와 디오네의 딸로 소개하고 있기 때문이다. 그리스 신화에서 어머니와 딸은 동일 인물처럼 묘사된다. 딸은 어머니의 젊었을 적 모습, 즉 처녀성을 상징하기 때문이다. 어떤 의미에서 호메로스는 아프로디테를 제우스의 딸로 묘사함으로써 이 여신을 완벽하게 올림포스 신들 속에 포함시키고, 전적으로 제우스의 영향권 내에 두고자 했던 것 같다. 일반적으로 올림포스 신들은 제우스와 제우스의 형제와 누이들, 그리고 제우스의 자녀들로 이루어져 있다. 헤시오도스가 전하듯이, 그리고 우리가 일반적으로 알고 있듯이 아프로디테가 바다를 떠다니던 우라노스의 잘린 성기에 부딪힌 파도 속에서 태어났다면 아프로디테만이 유일하게 올림포스 신들 중 제우스의 직접적인 혈육이 아니게 된다. 더욱이 디오네Dione는 제우스의 여성형이다. 디오가 제우스를 의미하기 때문이다. 따라서 어떤 의미에서 디오네는 여자 제우스인 셈이고, 결국 아프로디테는 전적으로 제우스의 자식인 셈이 돼서, 제우스에게 종속되어진 것처럼 보이게 된다. 한편 오르페우스는 아프로디테를 오케아노스의 딸들 중의 하나로 묘사했다.

3) 아프로디테의 탄생

아들 크로노스에 의해 잘린 우라노스의 성기는 바다에 떨어져 오랫동안 떠다녔다. 우라노스는 신이기에 죽지 않을 뿐만 아니라 그의 잘린 몸의 일부 역시 썩지 않고 오랫동안 지중해를 떠다녔다. 자연히 그 주변에는 파도에 의해 생겨난 거품aphros들이 일어 그 주변에 모이게 되고, 그리고 그 거품 속에서 한 처녀가 생겨나서 자라게 된다. 그녀가 곧 여신 아프로디테이다. 이 여신은 처음엔 퀴테라Kythera로, 나

그림 4. 보티첼리의 비너스의 탄생

중엔 자신의 가장 오래되고 강력한 신전들의 발상지인 퀴프로스 Kypros로 떠내려 갔다. 그래서 신들과 사람들은 이 여신을 아프로디테, 또는 퀴테레이아Kythereia라 불렀다.

아프로디테는 태어남과 동시에 에로스Eros와 히메로스Himeros; 욕망가 따라다니기 시작했다. 이때의 에로스는 소위 두 번째 에로스이다. 그리스 신화에서 에로스는 크게 세 번 등장한다. 에로스는 처음에 이 세계가 시작되던 순간에 프로토고노스Protogonos; 최초로 태어난 자로 태어나고, 두 번째가 바로 아프로디테가 바다에서 올라올 때 대동했던 에로스이며, 세 번째는 나중에 아프로디테와 전쟁의 신 아레스Ares 사이에서 이 둘의 자녀로 태어난 에로스이다. 에로스는 사랑의 신으로 언제나 아프로디테와 함께 다니는 것으로 묘사된다.

호메로스의 찬가에 의하면 아프로디테는 벌거벗은 채로 바다에서 올라왔다. 그리고 이 벌거벗은 여신을 호라이Horai; Hora의 복수 여신들이 옷을 입히고 화관을 씌우고 치장을 한 후에야 올림포스 신전으로 인도되어 다른 신들에게 소개되었다. 이 이야기는 매우 상징적인 요소들이 많은 것처럼 보인다. 호라이 여신들은 제우스와 신성한 법리, 또는 자연의 순리를 상징하는 테미스 사이에서 태어난 세 딸이다. 이 호라이 여신들은 헤라가 드나드는 천상의 문과 올림포스 신전의 출입문을 지키는 수문장들이기도 하다. 수문장이란 누구인가? 그 시설물에 드나들 수 있는 자격이 있는지를 검토하는 직책을 가진 자들이다. 즉 호라이 여신들은 올림포스 신전을 드나들 수 있는 자격여부를 가리는 자들이다. 그런 여신들이 아프로디테를 치장했다는 것은 그 여신이 올림포스 신들의 반열에 들 수 있는 자격여건을 갖춰준 것이라고 이해할 수 있다. 앞서도 언급했지만 아프로디테는 고대의 가장 오래된 여신의 모습을 여전히 담고 있는 신이다. 그러한 여신, 즉 발가벗은 여신이 이제 호라이 여신들을 통해 진정한 그리스의 신들인 올림포스 신들이 갖춰야할 자격을 갖추고 마침내 올림포스 신의 반열에 오르게 된 것이다. 이것은 고대의 여신이 그리스의 신으로 편입되는 과정을 상징적으로 묘사한 것이라 말할 수 있다. 옷은 문화를 상징한다. 그래서 옷을 입히고 화관을 씌우고, 그리고 치장을 한다는 것은 하나의 문화에 적응시켜가는 과정을 상징한 것이라 볼 수 있다. 따라서 이 전 과정은 전형적인 고대 여신의 특징을 그대로 가진 한 신이 진정한 그리스의 신들이라고 할 수 있는 올림포스 신들에 편입되어가는 과정을 상징적으로 묘사한 것이다.

아프로디테를 상징하는 생명체 중에는 조개가 있다. 아프로디테의 탄생에 대한 많은 묘사들은 이 여신이 바다에서 발가벗은 모습으로 올라와 키프로스 섬에 상륙할 때 조개를 타고 있는 모습으로 그리고 있다. 물론 이 때의 조개는 여성의 성기를 묘사한다. 오늘날 우리나라의 많은 사람들도 종종 여성의 성기를 조개에 비교하곤 한다. 서양에서도 마찬가지로 조개는 여성의 성기를 의미하기도 한다. 이렇게 여성의 성기를 조개에 비유하는 것은 외형적인 유사성 때문이기도 하지만 가부장사회에서 남성들이 여성에게 바라는 이중적이고 동시에 모순된 덕목들을 반영하고 있기 때문인 것처럼 보이기도 한다. 매우 독선적이고 여성비하적인 표현이긴 하지만 가끔 가장 좋은 여성을 묘사할 때 "낮에는 정숙한 숙녀, 밤에는 뜨거운 요부妖婦"라는 표현을 사용하기도 한다. 이 말 속에는 가부장사회에서 남성들이 여성들에게 바라는 이율배반적인 덕목들이 담겨있다. 그런데 조개가 가부장사회에서 남성들이 바라는 이러한 이율배반적인 여성의 덕목들을 상징적으로 드러내 보이는 것처럼 보인다. 살아있는 조개는 그것을 물 밖으로 꺼냈을 경우 아주 단단하게 닫혀져 있다. 살아있는 조개의 닫힌 입은 절대로 열 수가 없다. 만일 강제로 열려고 하면 중요한 근육들과 기관들이 파괴되어 그 조개는 결국 죽게 된다. 바로 이러한 조개의 모습이 가부장사회에서 남성들이 여성들에게 바라는 가장 중요한 덕목 중에 하나인, 자신의 목숨보다도 더 소중하게 지켜주기를 기대하는 절개節槪, 정절貞節, 정조貞操 순결純潔 등을 상징한다. 반면에 깨끗한 물속에 편안하게 놓여 있는 조개들의 그 입을 쩍 벌리고 있는 모습은 매우 육감적이어서 요부妖婦와 같은 모습을 충분히 연상할 수 있다. 이런 조개의 이중적이고 모순된 모습 때문에 가부장사회에서 남성들이 여성의 성기를 상징하는 상징체로 조개를 사용한 것으로 보인다.

4) 아프로디테(Aphrodite), 아레스(Ares), 헤파이스토스(Hephaistos)

아프로디테에게는 남편이 둘이 있다. 정확히는 한명의 남편과 한명의 정부情夫가 있는 것이지만, 사실상 아프로디테의 정부情夫는 남편이나 다름없다. 고쳐 말하면 아프로디테에게는 두 명의 남자남신; 男神가 있다. 아프로디테의 두 남자는 아레스와 헤파이스토스이다. 일반적으로 헤파이스토스가 아프로디테의 남편으로 그리고 아레스가 아프로디테의 정부情夫로 알려져 있다. 그런데 왜 아프로디테에게는 두 명의 남자가 있는가? 이것은 결코 그리스적이지 않다. 남성우월주의 사회이고 가부장제의 사회인 그리스에서 한 여신이 사실상 두 명의 남편을 거느리고 있다니... 더욱이 이 여신은 정식 남편인 헤파이스토스 보다 정부인 아레스와 더 가깝게 지내고 자녀들도 아레스와의 사이에서 낳았다. 아프로디테는 아레스의 자녀로 두 번째 아프로디테이자 결합시키는 자라는 뜻의 하르모니아Harmonia, 두려움과 공포라는 뜻의 포보스Phobos와 데이모스Deimos, 그리고 사랑의 신인 에로스Eros와 그 사랑에 응답하는 신인 안테로스Anteros를 얻었다. 이들 중 포보스와 데이모스는 아레스가 항상 거느리고 다니는 자식들이다. 가부장 사회에 어울리지 않게 아프로디테 여신이 부정不貞과 불륜不倫의 당사자로 여겨지는 것은 어쩌면 당연한 것일 수도 있다. 아프로디테가 누구인가? 사랑과 아름다움의 여신이다. 사랑이란 일차적으로 남자로 하여금 여자에게 성욕을 느끼게 하는 것이고, 그리고 여자로 하여금 그 성욕에 화답하게 하는 것이다. 아름다움이란 그 사랑을 느끼게 하는 것이다. 그래서 누구든 아프로디테를 본다면 사랑에 빠지지 않을 수 없을 것이다. 어떤 면에서 아프로디테는 모든 신들과 인간들과 짐승들의 부정不貞과 불륜不倫의 원인이자 상징이다. 그러므로 이 여신 자신이 부정과 불륜의 당사자라는 것 역시 극히 당연한 것일 수 있다.

왜 아프로디테의 두 남자가 아레스와 헤파이스토스인가? 이것은 이 여신의 본성과도 관련이 있어 보인다. 고대 그리스인들은 이 세상의 근본적인 성질을 일종의 대립 쌍의 구조로 파악하고 있었다. 가장 기본적인 성질들은 '더움과 참', 그리고 '습함과 건조함'이다. 이것은 이 세상의 가장 일차적이고 기본적인 특성인 '끊임없는 변화와 생성'의 원리와 밀접한 관련이 있다. 어떤 물체가 더워지려면 그 전제 조건이 무엇인가? 그것은 그 물체가 차가워야 한다는 것이다. 더운 물체가 더워질 수는 없다. 차가운 물체가 더워지고 더운 물체가 차가워진다. 그래서 차가움은 더움에서 더움은 차가움에서 나온다. 마찬가지로 습함은 건조함에서 건조함은 습함에서 나온다. 이처럼 이세상은 여러 가지 대립 쌍들을 가지고 있는데, 이와 같은 대립 쌍 개념이 아프로디테와 그의 두 남자에게도 적용된 것처럼 보인다. 아프로디테는 사랑과 미美의 여신이다. 사랑의 대립 쌍은 무엇인가? 사랑과 같은 편에 결합, 화해, 평화 등이 있고, 사랑의 대립 쌍에는 미움, 해체, 다툼, 전쟁 등이 있다. 그래서 사랑의 여신인 아프로디테의 짝은 미움과 다툼의 신이기도 한 전쟁의 신 아레스인 것이다. 사랑과 전쟁, 이것은 가장 기본적인 대립 쌍 중의 하나이기 때문이다. 그러나 아프로디테 여신은 사랑의 여신이면서 또한 아름다움의 여신이다. 앞서도 얘기했지만 아프로디테는 사랑과 아름다움이라는 두 중요한 속성을 가지고 있는 여신이다. 그래서 이 여신의 중요 상대 역시 둘일 수밖에 없다. 그렇다면 사랑의 여신의 상대가 전쟁의 신이라면, 아름다움의 여신의 상대는 누구이겠는가? 아름다움의 쌍은 추함이다. 그러면 추함의 신은 누구인가? 헤파이스토스는 유능한 장인의 신이다. 그러나 그리스인들이 전하는 바에 의하면 헤파이스토스는 다른 신들과는 다르게 아주 보기 흉한 몰골을 가진 불구의 신이다. 일반적으로 신들이, 특히 올림포스 신들이, 아름답고 건강한 육체를 가진 것으로 묘사되는 것과는 달리 꼽추나 절름발이 등으로 묘사되는 추한 모습의 신이다. 고대 사회에서 대장장이와 같은 장인들은 그 사회에서 중요한 역할을 했을 뿐만 아니라 또한 많은 이들로부터 존경을 받던 계층이다. 그래서 고대 그리스인들은 그들의 존경심을 담아 이 장인들을 대변할 수 있는 신으로 헤파이스토스를 내세웠다. 그럼에도 불구하고 특이하게도 이 신은 결코 아름다운 모습으로 묘사되지는 않는다. 일반적으로 신들은 가장 이상적인 몸매와 얼굴을 가진 아름다움 모습으로 묘사되고 온몸에서 금빛 광채가 나는 찬란한 모습으로 묘사되곤 한다. 그러나 헤파이스토스만큼은 그렇게 묘사되고 있지 않다. 이 신은 오히려 추함과 못생김의 대명사처럼 묘사되고 있다. 여기에 바로 그리스인들의 현실감각이 담겨있다고 말할 수 있을 것이다. 장인들, 뜨거운 용광로 앞에서 무거운 쇠를 다루는 대장장이들, 거친 가죽을 다듬고 길들이는 무두장이들, 그리고 역시 뜨거운 가마터에서 흙으로 그릇을 빚어 구어 내는 도기장이들, 이 장인들은 오늘날에도 마찬가지지만 항상 거친 모습으로 힘든 일을 하는 사람들이고 그래서 그 누구보다도 항상 더럽혀진 모습으로 일을 할 뿐만 아니라 큰 부상의 위험을 안고 일하는 사람들이다. 그러므로 실제로 많은 신체적 장애들을 안고 살았을 가능성이 높다. 이러한 현실감을 그대로 살려서 고대 그리스인들은 헤파이스토스라는 자신들의 신에게 자신들의 존경심과 함께 현실적인 모습을 투영한 것으로 보인다. 그래서 헤파이스토스는 그리스 신들 중 그 어떤 신보다도 추한 신이다. 이런 추한 신이 아름다움의 신 아프로디테의 남자라는 것은 또한 당연한 것이라 하겠다. 이처럼 아프로디테는 자신의 주요 속성 때문에 아레스와 헤파이스토스라는 두 신들을 자신의 남자로 삼았다. 대부분의 고대의 이야기 속에서 헤파이스토스는 정식 남편으로 묘사되며 아레스는 아프로디테의 정부情夫로 묘사되고 있다.

아프로디테와 아레스, 그리고 헤파이스토스에 얽힌 가장 유명한 에피소드로는 이 둘의 불륜과 고발장면을 들 수 있다. 아프로디테는 남편이 집을 비우면 아레스를 남편의 궁전으로 불러들여 사랑을 나누었다. 이것은 어떤 의미에서 가장 최악의 배덕背德행위라고 할 수 있다. 모든 불륜이 다 나쁜 행위이긴 하지만, 배우자와 둘만의 공간이라고 할 수 있는 자신들의 침상에 정부情夫를 불러들여 불륜을 저지르는 것은 소위 '침상을 더럽혔다'는 표현을 쓸 수 있을 만큼 가장 심각한 배신행위이다. 그런데 아프로디테가 바로 이와 같은 행위를 저지른 것이다. 아프로디테는 그녀의 남편인 헤파이스토스가 집을 나서면 자신의 정부인 아레스를 불러들여 남편과 함께 하던 그 침상에서 은밀한 사랑을 나누었다. 그러나 낮에 벌어지는 모든 일들은 결코 피할 수 없는 눈이 있었으니 그것은 태양의 신 헬리오스의 눈이다. 헬리오스는 이 두 신들의 불경스러운 짓거리들을 모두 알고 있었을 뿐만 아니라 아프로디테의 남편인 헤파이스토스에게 모든 사실을 일렀다. 아내의 배신으로 큰 슬픔에 빠져있던 헤파이스토스는 마침내 두 배신자들에게 복수하기 위한 계략을 짠다. 장인들 중의 최고 장인인 그는 자신의 모든 기술을 동원해 이 두 신들의 불륜현장을 만천하에 고발하기로 한다. 헤파이스토스는 눈에 보이지 않는 거미줄처럼 가늘고 섬세한 그물망을 짜서는 자신과 아내 아프로디테를 위한 침상 위에 설치했다. 그리고는 한 때 테티스와 에우뤼노메 여신과 함께 살았던 렘노스 섬으로 떠나는 척하면서 궁전을 나섰다. 헤파이스토스가 집을 나선 후 아프로디테는 아레스를 불러들였다. 그리고 헤파이스토스와 함께 했던 침상에서 사랑을 나누었다. 그러나 그 순간 이 유능한 대장장이 신이 만들어 놓은 그물에 묶여 이들 사랑의 여신과 전쟁의 신은 둘 다 옴짝달싹 못하는 신세가 되었다. 이에 분노한 헤파이스토스는 모든 올림포스의 신들을 자신의 궁전으로 불러들여 이 두 부정한 신들의 모습을 다른 신들에게 보이며 단단히 망신을 주었다. 결국 포세이돈의 제안으로 둘 다 풀려나기는 했지만, 아레스는 트라케 지방으로 도망쳤고, 아프로디테 여신은 퀴프로스 지방의 파포스에 있는 자신의 신전으로 가서 카리스들의 환대를 받으며 목욕하고, 그리고 불사의 기름으로 다시 단장했다.17)

5) 아프로디테와 관련된 몇 가지 이야기들

이른바 '퓌그말리온 효과'라는 것이 있다. 이는 '간절히 바라는 것은 이루어진다'는 의미로 알려져 있다. 퓌그말리온Pygmalion은 퀴프로스의 왕으로 상아로 만든 아프로디테 조각상과 사랑에 빠졌다. 그래서 그는 매일 밤 이 여신의 상아 조각상을 끌어안고 잠자리에 들었다. 아프로디테 여신은 이런 그의 모습을 보고 연민에 빠져서 그 조각상을 살아 움직이게 하였고, 결국 그 조각상은 키뉘라스Kinyras라는 아들을 낳았으며, 그가 파포스Paphos라는 도시를 세우고 거기에 아프로디테의 신전을 세웠다. 그러나 또 다른 이야기에 의하면 아프로디테가 그 상아 조각상을 살아 움직이게 한 것이 아니라 자신이 그 조각상 대신에 퓌그말리온의 잠자리에 들었던 것으로 알려져 있다. 그래서 퓌그말리온 왕은 아프로디테의 남편이자 애인으로 전해지기도 하고,

---

17) 고대인들에게 목욕은 신성한 것이기도 했다. 여신들은 목욕을 하면 새롭게 태어나곤 한다. 헤라는 매년 제우스와 잠자리를 하기 전에 카나토스Kanathos의 샘에서 목욕을 하는데, 그때마다 자신의 처녀성을 회복하여 처녀의 몸으로 제우스를 맞이한다. 데메테르도 자신의 딸인 페르세포네를 잃고 방랑할 때 포세이돈의 구애를 피해 암말로 변신했다가 또한 종마로 변신한 포세이돈과 관계를 맺은 후 '분노의 데메테르Demeter Erinyes'가 되었으나 라돈강에 분노를 씻어내고서 다시 데메테르로 돌아온다. 기독교의 세례의식을 통한 '거듭남' 역시 비슷한 맥락에서 이해되어질 수 있을 것이다.

이 여신의 신전을 세운 키뉘라스는 이 여신의 아들로 전해지기도 한다.

아도니스Adonis라는 아름다운 소년에 얽힌 이야기도 있는데, 레바논의 왕인 테이아스Theias의 뮈라Myrrha 또는 스뮈르나Smyrna라는 이름의 딸은 불행하게도 자신의 아버지에게 연정을 품었다. 그녀는 자신의 아버지를 속여서 동침하게 됐고, 이 금지된 사랑으로 인해 아이를 임신하게 된다. 수치심에 쌓인 뮈라는 여신에게 아무도 알지 못하는 곳에 있게 해달라고 간청했고 이에 아프로디테 여신은 그녀를 뮈라 나무로 변화시켰다. 이 나무에서 흘러나온 향긋한 진액이 바로 아도니스이다. 뮈라의 아들인 아도니스는 너무 아름다워서 아프로디테는 그를 안전하게 지키려고 상자에 숨겨서는 지하세계의 여주인인 페르세포네Persephone에게 맡겼다. 아프로디테는 이 상자를 맡기면서 페르세포네에게 결코 열어보지 말라고 했지만, 페르세포네는 궁금증에 그 상자를 훔쳐보았고 아도니스의 아름다움에 반해 그를 아프로디테에게 돌려보내려 하지 않았다. 결국 아도니스로 인한 두 여신의 반목은 제우스의 판결로 이어졌다. 제우스는 아도니스에게 일 년의 1/3은 페르세포네를 위해, 1/3은 아프로디테를 위해, 그리고 나머지 1/3은 자기 자신을 위해 지내도록 판결을 내렸다. 그러나 아도니스는 아프로디테와 함께 있던 중에 아프로디테가 잠시 자리를 비운 사이 멧돼지에게 받혀서 죽고 말았다. 그리고 그때 그가 흘린 피에서 빨간 아네모네 꽃이 피어났는데, 이것이 바람의 꽃 아네모네의 기원이다. 아도니스를 죽인 멧돼지는 여신들과 소년 사이의 사랑 놀음을 경멸했던 아르테미스Artemis 여신이 보낸 것이라고도 하고, 또는 아프로디테의 정부인 아레스Ares가 질투심에서 보낸 것이라고도 한다.

앙키세스Anchises는 이다 산의 목동이었다. 목동이란 매우 천한 직업이다. 대부분의 목동들은 자신의 양떼를 돌보는 것이 아니라 다른 사람의 양떼를 돌봐주고 대가를 받는 직종이다. 이들은 양떼를 데리고 좋은 목초지를 찾아 떠돌아다니며 주로 야외에서 노숙을 하는 어린 나이의 소년이거나 또는 가족이 없는 독신 남성들이 대부분이다. 그런 천한 목동인 앙키세스와 사랑과 미의 여신 아프로디테가 사랑에 빠지게 된다. 이것은 제우스의 농간에서 비롯된 것이다. 처녀 여신들인 아테나와 아르테미스 그리고 헤스티아를 제외한[18] 다른 모든 신들과 여신들은 아프로디테의 지배를 받을 수밖에 없다. 사랑이라는 사건이 벌어지는 곳에는 항상 사랑의 여신의 간섭이 있는 것이고 그래서 모든 사랑이라는 사건은 아프로디테의 책임이라고 할 수 있다. 제우스는 많은 인간 여인들과 사랑에 빠졌었고 많은 연애 사건에 얽혔었다. 그리고 그로 인해 또한 그의 정실부인인 헤라의 시기와 강샘을 겪어야만 했다. 제우스는 이 모든 것이 자신을 사랑에 빠트린 아프로디테의 책임이라 생각해서 이 여신에게 대가를 치르게 할 요량으로 가장 천한 자들 중의 하나인 이다 산의 목동 앙키세스와 사랑에 빠지도록 만들었다. 앙키세스에게 첫 눈에 반한 아프로디테 여신은 파포스에 있는 자신의 신전에서 카리스들의 도움으로 목욕하고 치장한 후에 마치 동네 처녀인 척하면서 앙키세스를 유혹한다. 앙키세스와 사랑을 나눈 아프로디테는 나중에 아들인 아이네이아스Aineias를 낳았다. 이 아이네이아스는 트로이의 왕 프리아모스Priamos의 사위이고 트로이의 왕자 헥토르Hector의 사촌으로 트로이 전쟁에서 영웅적인 활약을 했다. 나중에 트로이가 멸망했을 때 아이네이아스는 여신과 사랑을 나눈 대가로 불구가 된 아버지 앙키세스를 업고, 그리고

18) 처녀라고 해서 성욕이나 정욕을 전혀 느끼지 않는다고 말할 수 없을 것인데, 처녀 여신들은 아프로디테의 지배를 받지 않는다는 생각은 순진한 발상이라 아니할 수 없다.

패망한 트로이의 유민들을 데리고 탈출해서 먼 서쪽으로 이동하여 로마 건국의 시조가 된다.

6. 제우스의 아내들

그리스 신화는 제우스가 권력을 계승하고 그를 중심으로 한 가부장제적 모습이 자리 잡음으로써 비로소 이루어졌다. 물론 여전히 위대한 여신들의 영향력은 결코 무시할 수 없는 것이지만 올림포스 신들이야말로 진정한 그리스의 신들이라 말할 수 있다. 그러나 제우스는 단지 그의 아버지 크로노스를 몰아내고 티탄들을 이긴 것만으로 권력을 얻게 된 것은 아니다. 그의 권력 기반은 가이아와 그녀의 딸들과 손녀들과의 결혼을 통한 동맹에 더욱 큰 기반을 두고 있다. 제우스는 이전의 지배자들과는 다르게 단순히 전임자를 힘으로 몰아낸 것만으로 자신이 이 세계의 지배자가 된 것은 아니다. 그는 전술과 전략을 사용할 줄 알았고, 그리고 자신이 규합할 수 있는 모든 힘들을 동원하여 동맹관계를 통해 이 세계에 대한 지배권을 쟁취하였다. 특히나 결혼동맹은 그의 권력기반의 가장 핵심적인 부분이다. 그래서 제우스의 아내들은 그의 권력과 지배의 기반이라는 측면에서 매우 중요한 의미를 갖는다.

헤시오도스는 그의 『신통기』 886행부터 923행에서 제우스의 아내들에 대해 언급하고 있다. 그는 첫 번째 아내로 '가장 아는 것이 많은' 메티스Metis 여신과, 그 여신과의 딸로 '빛나는 눈의 여신' 아테나Athena를 들고 있다. 두 번째 아내로 '윤이 나는' 테미스Themis와, 그 여신과의 딸들로 세 명의 호라이Horai 여신들이 있다. 세 번째로 '외모가 사랑스러운' 에우뤼노메Eurynome와, 그 여신과의 딸로 세 명의 카리스Charis 여신들이 있다. 네 번째로 '많은 것을 양육하는' 데메테르Demeter와, 그 여신과의 딸로 '흰 팔'의 페르세포네Persephone 여신이 있고, 다섯 번째로 '머릿결이 고운' 므네모쉬네Mnemosyne와, 그 여신과의 딸들로 아홉 명의 무사 여신들이 있다. 여섯 번째로 레토Leto와, '우라노스의 모든 자손들 중에서도 사랑스러운' 아폴론Apollon과 '화살을 좋아하는' 아르테미스Artemis가 있다. 마지막으로 '꽃다운 아내' 헤라Hera와, 자식들로 헤베Hebe, 아레스Ares, 에일레이튀이아Eileithyia가 있다.

1) 가장 아는 것이 많은 메티스(Metis)

메티스는 올림포스 신들 이전의 고대의 지혜의 여신이다. 메티스를 계략이나 계책으로 설명하기도 하는데, 이는 다른 사람을 속이기 위한 절차를 구성할 줄 아는 능력으로 풀이하기도 한다. 메티스가 제우스를 도와 처음으로 한 일이 그의 어머니 레아의 도움을 받아 그의 아버지 크로노스를 속여 자신의 형제들과 누이들을 토해내게 해서 그들과 손잡고 함께 크로노스를 권좌에서 몰아낸 것이다. 이것으로 메티스의 의미를 대충 짐작할 수 있을 것이다.

메티스는 제우스의 첫 번째 아내이자 최초의 협력자이다. 메티스는 제우스를 위해 구토제 파르마콘Pharmakon을 만들어 주었고, 제우스는 이 약을 레아가 꿀을 먹여 취해있는 크로노스에게 먹여이 때는 아직 술이 없던 시절이다 그의 배 속에 갇혀있던 자신의 형제들과 누이들을 토해내게 해선 그들과 협력하여 함께 자신들의 아버지 크로노스를 권좌에서 몰아냈다. 메티스가 제우스의 첫 번째 협력자였다는 것은 제우스를 그 이전 신들과 구별 짓는 가장 큰 특징이다. 그는 자신의 선대 지배자들처럼 오로지 자신의 힘과 폭력만으로 권력을 잡고 다른 이들을 지배한 것이 아니다. 그는 누구보다도 머리를 쓸 줄 아는 신이였고, 힘보다는 전술과 전략, 또는 지략과 계략을 통해서 권력을 장악하고 자신의 지배력을 공고히 했던 지도자이다.

제우스는 이 메티스를 첫 번째 아내로 맞이한다. 물론 메티스는 변신술을 이용해서 여러 대상으로 변신하면서 제우스를 피하려고 했지만, 그 또한 변신술을 통해 집요하게 쫓아오는 제우스를 끝내 뿌리치지 못하고 결국 제우스의 아내가 되고 말았다. 그러나 둘의 결혼생활은 오래가지 못한다. 메티스에게는 하나의 예언이 주어지는데, 그것은 그가 처음에 딸을 낳을 것이고, 그리고 두 번째 아들을 낳을 것인데, 그 아들이 세계를 지배할 운명을 타고 태어난다는 것이었다. 이것은 제우스에게 큰 두려움이었다. 아니 이것은 모든 아버지들의 두려움이기도 하다. 이 때문에 제우스의 할아버지 우라노스는 자식들이 어머니 가이아의 자궁에서 나오지 조차 못하게 하였고, 제우스의 아버지 크로노스는 자신의 자식들을 모두 삼켜서 자신의 배 속에 가둬두려고 했었다. 그러나 제우스는 그들의 선대들과는 달랐다. 그는 계책을 쓸 줄 아는 자였다. 그는 근본적인 해결책을 마련한다. 어느 날 그는 자신의 아내 메티스와 한가로이 시간을 보내면서 메티스의 재롱을 즐기고 있었다. 그는 메티스에게 여러 가지 형태로 변신해볼 것을 요구했고, 메티스는 자신의 남편을 위해 그의 요청대로 여러 가지 형태로 변신을 해보였다. 마침내 제우스는 메티스에게 마지막으로 물방울로 변신해 볼 것을 요구했고, 메티스는 그의 요구대로 물방울로 변신한다. 그 순간, 제우스는 물방울로 변신한 메티스를 날름 삼켜버렸다. 이로서 제우스는 자신의 아들과 얽힌 예언의 문제를 단번에 해결한다.

삼켜진 메티스는 제우스의 머리로 가서 자리를 잡게 된다. 지혜의 여신인 메티스가 제우스의 머리에 자리 잡았다는 것은 어찌 보면 극히 당연한 것으로 여겨질 수 있을 것이다. 이로써 지혜는 제우스의 것이 되었다고 말할 수 있겠다. 어쩌면 제우스가 지혜의 여신인 메티스를 속이는 그 순간 이미 제우스는 메티스가 된 것이라고 말할 수도 있겠다. 결국 메티스는 제우스의 최초의 협력자였으며, 그의 첫 아내이기도 했지만, 또한 그의 중요한 한 능력이 되기도 한 것이다. 그러나 그때 메티스는 이미 첫 딸을 임신하고 있었기에 그 첫 아이는 제우스의 머릿속에서 자랐다. 그리고 마침내 완전히 성숙한 그 딸은 제우스의 머리에서 나오려고 버둥댄다. 이에 제우스는 심한 두통을 호소하게 되고 그의 아픈 머리를 봐 주겠다고 하고선 도끼로 내리 친 헤파이스토스, 또는 프로메테우스에 의해 깨어진 제우스의 머리 틈으로부터 그리스 인들로부터 제우스 다음으로 사랑받던 올빼미의 눈을 가진 소녀, 지혜의 여신 아테나가 태어난다. 결국 더 앞선 세대의 지혜의 여신이었던 메티스는 제우스의 머리를 통해 올림포스의 지혜의 여신 아테나로 환생한 것이라 할 수 있다. 그래서 메티스를 아테나의 옛 이름이라고 말하기도 한다. 또는 제우스가 메티스를 삼켜서 지혜를 자신으로 것으로 만들었을 뿐만 아니라 자신의 머리를 통해 아테나를 탄생시켜서 지혜의 여신은 전적으로 제우스에게 속한 여신이 된다.

2) 윤이 나는 테미스(Themis)

테미스는 가이아와 우라노스의 자손들인 티탄 족들 중의 하나이다. 즉 제우스의 부모인 크로노스와 레아의 누이이자 제우스에게는 고모이기도 하다. 그런 이 여신을 헤시오도스는 제우스의 두 번째 아내로 언급하고 있다. 테미스는 신성한 법리의 여신이다. 즉 자연의 순리나

이 세계를 지배하는 기본적인 법칙이나 원칙, 또는 법과 질서를 의미하는 여신이다. 테미스 여신은 또한 델포이Delphoi, 도도나Dodona, 올림피아Olympia 신전과 같은 신탁소를 지배하는 여신이기도 하다. 이 여신과 제우스 사이에 자녀로는 세 명의 호라 여신들Horai이 있다.[19] 호라이는 정확한 순간들을 의미하는 여신들로 정확한 절기節氣를 나타내는 여신들이다. 이 세 여신들은 각각 '법적인 질서'를 나타내는 에우노미아Eunomia, '정당한 보복'을 의미하는 디케Dike, '평화'를 의미하는 에이레네Eirene 여신이다.

에우노미아의 '에우eu'는 영어의 'well'이나 우리말의 '잘'과 같은 의미의 접두어이다. '노미아nomia'는 법 또는 법률이라는 의미의 희랍어 '노모스nomos', 그것의 복수 '노모이nomoi'란 단어와 같은 어원을 가진 여성 명사이다. 이 단어들은 '네메인nemein'이라는 동사에서 유래된 것이다. 그런데 이 '네메인'이란 동사에서 '노모이', 즉 법률이라는 말이 나왔다는 사실로부터 법이 어떻게 유래되었을까를 미루어 짐작할 수 있을 것 같다. 법의 역할은 무엇인가? 아마도 법이란 이 사회의 정의를 구현하거나 또는 부정의를 막으려는 데에 그 목적이 있다고 할 수 있을 것이다. 그렇다면 정의란 무엇인가? 이 물음은 사실 여기서 다루기에는 너무 거창한 주제이다. 그렇지만 간단히 언급하자면, 우리가 오늘날에도 사회 정의를 말할 때마다 거의 빼놓지 않고 언급하는 가장 기본적인 정의의 문제가 있다. 그것은 바로 '분배의 정의'이다. 그래서 어떤 면에서 사회정의의 문제란 분배의 문제를 어떻게 잘 다룰 것이냐의 문제라고 말할 수 있다. 그런데 재미있게도 이 '네메인'이라는 희랍어의 의미가 분배와 밀접하게 관련되어 있다. 즉

19) 헤시오도스는 운명의 세 여신들(Moirai)도 테미스와 제우스의 딸들로 묘사하고 있다. 헤시오도스, 신통기, 904-6 참조.

인간 사회의 법률이란 일종의 분배의 규칙에서 시작되었다고 볼 수 있다.

채집과 사냥에 의존해서 살던 원시공산사회에서 가장 중요한 문제들 중 하나는 사냥이나 채집을 통해 얻은 자원을 어떻게 분배할 것인가 하는 문제였을 것이다. 따라서 각 집단 내의 자원을 분배하기 위한 나름대로의 어떤 규칙들이 있었을 것이다. 분배가 제대로 이루어지지 않으면 다수의 구성원들이 불만을 품게 될 것이고, 이런 일이 반복되면 그것은 그 사회 구성원들의 결속을 해치는 심각한 문제를 야기할 수도 있다. 그래서 각 원시사회는 그 구성원들이 공동으로 마련한 자원들을 모든 이들이 만족하거나 또는 최소한 크게 불만을 가질 사람들을 최소화하는 방향으로 분배하기 위한 규칙들을 마련해두었을 것이다. 그런데 이 규칙은 크게 두 가지 요소를 만족시켜야 한다. 첫째는 그 규칙 자체를 구성원들이 기꺼이 받아들일 수 있어야 한다는 것이고 둘째는 그 규칙이 모든 구성원들에게 다 똑같이 적용되어야 한다는 것이다. 예를 들어 그 집단 구성원들이 공동으로 거대한 맘모스를 한 마리 잡았다고 하자. 그리고 그것을 구성원들 사이에서 분배한다고 생각해보자. 우리가 생각해 볼 수 있는 분배의 규칙 중 하나는 그 집단 내의 서열에 따라 분배하는 것이다. 그 집단의 가장 힘센 자가 제일 먼저 자기가 원하는 부위의 원하는 만큼을 가져가고 그 다음엔 두 번째인 사람이, 그 다음엔 세 번째, 이런 식으로 집단 내의 서열에 따라 분배할 수 있을 것이다. 또는 그 집단 내의 모든 구성원에게 똑같이 나누어주는 규칙도 생각해 볼 수 있다. 아니면 나이순으로, 즉 연장자들부터 차례대로 분배한다는 규칙을 생각해 볼 수도 있다. 또한 그 자원을 얻는 데에 가장 큰 공헌을 한 사람부터 각자의 공과에 따라, 즉 기여도에 따라 분배하는 규칙을 생각해 볼 수도 있다. 이렇게 다양한 방식의 분배규칙을 생각해 볼 수 있는데, 문제는 어떤 규칙을 세우든지 그 집단 내 구성원들이 큰 반발 없이 수용할 수 있어야 한다는 것이다. 그리고 물론 그 규칙이 모든 이들에게 공평하게 적용되어야 한다. 그렇지 않다면 규칙 자체가 그 집단 내의 큰 불안요소가 될 것이다.

여기서 재미있는 것은 이 규칙 자체가 그 집단 내 구성원들의 세계관을 어느 정도 반영하고 있는 것처럼 보인다는 것이다. 앞서 예에서 우리는 약육강식弱肉强食이나 장유유서長幼有序, 만민평등萬民平等, 능력위주能力爲主 등의 보다 추상화된 원칙들을 찾아 볼 수 있을 것이다. 그래서 한 인간 집단 내의 규칙은 그들의 세계관을 어느 정도 반영하고 있다고 말할 수 있다. 그런데 노모스, 즉 법은 인위적인 것이다. 그리고 이 '인위적'이란 말은 항상 '자연적'이란 말과 대립되는 것으로 이해된다. 그래서 고대 그리스에서도 인위적인 것인 '노모스', 즉 법과 자연적인 것인 '퓌시스physis'는 대립되는 것으로 여겨지곤 했다. 그러나 세계관이란 그들이 자연을 어떻게 이해하고 있는가를 보여준다. 따라서 규칙이 그들의 세계관을 잘 반영하고 있다는 말은 '노모스' 역시 '퓌시스'를 잘 반영해야 한다는 말로 이해될 수도 있을 것이다. 이것은 후대의 자연법사상과도 일맥상통하는 것처럼 보인다. 어쩌면 이런 이유로 고대 그리스인들은 자연의 신성한 순리 또는 법리의 여신인 테미스의 딸 중에 법적인 질서를 의미하는 에우노미아를 포함시켰을 지도 모른다.

'정당한 보복'을 의미하는 디케Dike 여신은 일반적으로 '정의의 여신'으로 알려져 있다. 이 여신은 복수의 여신이다. 그러나 사적인 복수가 아닌 정당하고 공적인 복수의 여신이다. 여기서 '정의正義'의 단적인 의미를 추정해 볼 수 있다. 정의란 일종의 복수이다. 우리는 어떤 경우에 이 사회가 정의롭지 못하다고 느끼는가? 나 또는 우리 사회 구성원들의 억울함을 이 사회가 해소시켜주지 못할 때 우리는 이 사회가 정의롭지 못하다고 여기게 된다. 예를 들어 내가 누군가에게 특별한 이유도 없이 두들겨 맞았다고 가정해 보자. 또는 누군가가 내 재물을 강제로 빼앗아 갔다고 가정해 보자. 그런데도 아무도 이 일에 대해 아무런 조치를 취하지 않는다면 그때 우리는 억울함을 느끼게 될 것이다. 이럴 때 국가와 사회가 나서서 내게 폭력을 행사했거나 내 재물을 강탈해간 사람을 잡아다 그에 상응하는 정당한 보복 또는 복수를 대신 해준다면 이 사회야 말로 정의로운 사회인 것이다. 그래서 정의의 여신인 디케가 또한 복수의 여신인 것이다. 물론 사적인 복수는 정의라고 말할 수 없다. 왜냐하면 사적인 복수를 허용한다면 그것은 이 사회의 존립 자체를 위협할 수 있기 때문이다. 따라서 정의는 어디까지나 '정당하고도 공적인' 보복이어야 한다.

마지막으로 에이레네Eirene 여신은 '평화'를 상징한다. 법적인 질서가 잡혀서 사람들이 크게 불평불만이 없고, 정당한 보복을 통해 또한 사람들이 억울함이 없다면 그 사회는 평화로울 수밖에 없을 것이다. 이 호라 여신들은 헤라가 출입하는 천상의 문과 올림포스 신전 문의 수문장 역할을 한다. 그래서 아프로디테가 바다에서 올라왔을 때 이들이 그 여신에게 옷을 입히고 치장해서 올림포스 신들에게 소개하였었다.

테미스와 디케는 동일시되기도 한다. 일반적으로 그리스 신화에서 어머니와 딸은 동일시되는 경향이 있다. 아테나는 어머니 메티스의 또 다른 이름으로 불리기도 하고, 헤베는 헤라의 처녀성을 상징하기도 한다. 또한 페르세포네는 역시 데메테르의 처녀성을 의미한다. 딸들은 대체로 어머니의 처녀 때 모습을 상징한다. 정의의 여신 디케

보다 더 잔인한 모습의 복수의 여신으로 네메시스가 있다. 이 여신은 테미스가 무시되는 곳에 나타나 철저히 응징하는 여신이다. 그래서 테미스와 디케, 그리고 네메시스가 동일시되어지기도 한다. 테미스는 제우스의 유모로 묘사되기도 하고, 프로메테우스의 어머니로 묘사되기도 하는데, 특히 아버지보다 더 강한 아들을 낳게 되리라는 예언을 받은 테티스Thetis 여신 문제로 제우스가 골머리를 앓고 있을 때, 테티스를 인간과 결혼시키라고 충고해준 것 역시 테미스이다.

3) 외모가 사랑스러운 에우뤼노메(Eurynome)

에우뤼노메는 꽃이 만발한 풍요로운 목초지를 상징한다. 오케아노스의 딸로 알려진 이 여신은 제우스와의 사이에서 세 명의 카리스 여신들Charites; Charis의 복수을 낳았다. 그 세 여신들은 '밝음'이란 의미의 아그라이아Aglaia, '기쁨'이란 의미의 에우프로쉬네Euphrosyne, '충만함'이란 의미의 탈리아Thalia 여신들이다. 이들은 항상 함께 춤추고 노래하는 밝은 성격의 소유자로 사랑과 미의 여신 아프로디테를 따르면서 쾌락, 매력, 우아함을 관장하는 여신들이다. 특히 아그라이아 여신은 아프로디테 여신과 동일시되어지기도 한다.

에우뤼노메 여신은 헤파이스토스가 태어나자마자 올림포스 신전으로부터 그 아래로 버려졌을 때, 테티스 여신과 함께 떨어지는 헤파이스토스를 받아서 양육한 것으로 전해지고 있다.

4) 많은 것을 양육하는 데메테르(Demeter)

데메테르는 대지의 어머니이다. 이름 자체가 그것을 여실히 전해주고 있다. 가Ga, 게Ge, 다Da, 데De, 이것은 모두 대지를 가리키는 말이다. 이미 눈치 챘겠지만, 메테르meter, 또는 마테르mater는 어머니를 가리키는 말이다. 그래서 데메테르 또는 다마테르는 말 그대로 '대지의 어머니'라는 뜻이다. 가이아 - 레아 - 데메테르 - 페르세포네로 이어지는 대지의 어머니 계보 중에서 가장 분명하게 대지의 어머니라는 이름을 가지고 있다. 따라서 또한 당연히 많은 것을 낳고 많을 것을 양육하는 어머니 여신이다.

데메테르와 제우스 사이에는 흰 팔의 페르세포네Persephone라는 딸이 있다. 이 딸은 나중에 지하 세계의 제우스라 불리는 하데스Hades신의 아내가 된다. 하데스는 그의 조카인 페르세포네를 납치하여 자신의 아내로 삼는다. 파렴치해 보일 수도 있는 이 납치결혼은 하데스의 독단적인 행동은 아니고, 사실은 그의 형제이고 페르세포네의 아버지인 제우스에 의해서 기획되어진 일이다. 페르세포네를 끔찍이도 사랑했던 어머니 데메테르가 둘의 결혼을 반대할 것으로 예상한 제우스는 자신의 충실한 형제인 하데스에게 아내 몰래 딸을 주기위해 납치결혼을 계획한 것이다. 이로 인해 데메테르는 딸을 잃은 상실감에 한동안 방황하게 된다.

데메테르는 포세이돈의 아내로도 알려져 있는데, 그 이유는 포세이돈Poseidon이란 이름이 '다Da의 남편'이란 뜻에서 유래된 것이기 때문이라고 한다.

5) 머릿결이 고운 므네모쉬네(Mnemosyne)

헤시오도스가 다섯 번째로 언급한 제우스의 아내는 기억의 여신인 므네모쉬네이다. 머릿결이 고운이라는 수식어가 붙어 있는데 전해지는 그림에 의하면 므네모쉬네 여신이 다른 이의 머리를 짚고 있는 모습이 있다. 아마도 고대 그리스인들은 인간의 기억이라든지 또는 인간의 생각 등이 머리, 즉 두뇌에서 행해진다는 것을 알고 있었던 것처럼 보인다. 이는 고대 이집트의 경우와 대조적인데, 고대 이집트인들은 인간의 뇌가 아무 쓸모없는 기관이라고 생각해서 인간의 미라를 만들 때 다른 중요한 장기들은 다 따로 단지에 담아 보관했지만 뇌만큼은 그냥 버렸다고 한다. 그러나 그리스인들은 뇌를 기억이나 사유와 연관해서 생각했던 것 같다.

므네모쉬네와 제우스 사이에는 아홉 명의 무사 여신들Mousai; Mousa의 복수이 태어났다. 이들은 로마식 이름인 뮤즈라는 이름으로 현대에 널리 알려져 있는, 단지 노래에만 열중하는 같은 성격을 가진 아홉 명의 딸들이었다고 한다. '명성을 주는 자'란 의미의 클레이오Kleio는 역사 기술의 여신이고, '즐거움을 주는 자'란 의미의 에우테르페Euterpe여신은 플루트의 여왕이며, '축제 같은 자'란 이름의 탈레이아Thaleia는 희극의 여왕이다. '노래 부르는 자'란 이름의 멜포메네Melpomene는 비가와 비극의 여왕이고, '춤을 즐기는 여인'인 테르프시코레Terpsichore는 수금의 여왕이며, '욕망을 일으키는 자'인 에라토Erato는 춤의 여왕이다.

'많은 찬가를 가진 여인'인 폴륌니아Polymnia는 이야기의 여왕이고, '하늘의 여인'인 우라니아Ourania는 천문학의 여왕이며, '아름다운 목소리를 가진 여인'인 칼리오페Kalliope는 영웅 서사시의 여왕이다.

오늘날 일반적으로 뮤즈 여신들은 시와 음악의 여신들로 알려져 있지만, 그리스 신화에서 무사 여신들은 보다 더 폭넓은 영역을 관장하던 학예學藝의 여신들이다. 위에서 언급한 이 무사 여신들을 구분해 보면 시나 음악뿐만 아니라 역사 서술, 이야기와 천문학, 춤 등을 망라하고 있다. 이 여신들은 그래서 크게 두 부분, 즉 학문과 예술을 관장하는 여신들로 구분할 수 있다. 그런데 이들이 기억의 여신의 딸들이라는 사실은 주목할 만하다. 왜 학문과 예술이 기억과 깊은 관련이 있을까? 이는 아마도 문자가 발명되기 이전의, 즉 문명시대 이전의 사회를 생각해보면 쉽게 이해할 수 있을 것이다.

문자 이전의 원시사회에서의 교육이란 자기 조상들에 대한 이야기들을 통해서 이루어졌을 것이다. 어른들은 또는 그 집단의 한 특정 어른은 아이들을 모아놓고 자기 조상들의 발자취와 영웅담 등 여러 중요한 이야기들을 일일이 기억에 의존해서 한 마디씩 아이들에게 들려줬을 것이고, 그리고 아이들은 그것을 따라 외우며 자신의 기억 속에 담았을 것이다. 그렇게 해서 또 그들이 어른이 되면 자신들이 따라 외운 앞선 이들의 이야기들과 또한 자신들이 경험을 통해 얻어서 보탠 이야기들을 또한 기억에 의존해서 자신들의 아이들에게 전했을 것이다. 이처럼 역사 서사시나 이야기들은 오로지 기억에만 의존해서 전달되었을 것이다. 시나 노래, 악기 연주와 춤 등도, 지금처럼 악보樂譜나 무보舞譜 같은 것이 없었을 터이니, 전적으로 기억에만 의존해서 전해졌을 것이다. 별자리와 같은 것들도 한 밤 중에 양떼 등을 돌보면서 들판에 같이 누어 손으로 하나씩 하나씩 가리키며 가르쳤을 것이고, 전적으로 기억에 의해서만 다음 세대에 전해졌을 것이다.

인간의 기억력은 때로는 놀라운 능력을 발휘하기도 하지만, 그러나 일반적으로 인간의 기억은 매우 제한적이다. 그래서 전적으로 기억에만 의존해서는 정확하고 많은 정보를 전달할 수 없을 뿐만 아니라, 또한 내가 가지고 있는 정보들을 다른 이들과 마음껏 공유할 수가 없다. 그래서 인류 최초의 문자가 나오기 이전 시대에는 문명이라고 부를만한 인류의 유산들이 없다. 문자가 등장하면서 비로소 인간들은 많은 지식을 축적하게 되고 또한 다른 사람들과 그 지식을 쉽게 공유하게 된다. 그래서 문자는 문명발생의 가장 중요한 요소로 여겨지고 있다. 문자란 일종의 외부기억장치이다. 문자를 사용하면서부터 인간은 더 이상 모든 것을 다 자신의 머릿속에 기억하지 않아도 되게 되었다. 그래서 교육도 이제 더 이상 내 머릿속에 있는 것을 전부다 내 다음 세대의 머릿속에 담아주는 것에 그치지 않고 일종의 외부에 데이터베이스를 작성하고 그것을 정리 관리하고 필요할 때 검색하는 법을 가르치는 것이 되었다. 더욱이 문자로 기록된 정보는 시간과 공간의 제약을 거의 무제한 적으로 벗어나 그 문자를 아는 사람과 전적으로 공유할 수 있다는 강력한 장점이 있다. 이러한 요소들이 비로소 인류의 문명이 등장하고 크게 발전할 수 있는 계기를 만들었을 것이다. 그러나 이러한 문자가 나오기 전까지는 인류의 학문이나 예술 등이 전적으로 인간의 기억에 의존해서 전승되어졌고 그래서 학예의 여신들인 무사들이 기억의 여신인 므네모쉬네의 딸로 묘사된 것으로 보인다.

정말 재미있는 것은 이 무사 여신들을 통해 인간들은 잠시라도 슬픔과 걱정을 잊고 그것들로부터 벗어날 수 있게 된다는 점이다. 그런데 우리의 슬픔과 걱정은 대부분 우리의 기억에서 비롯된다. 따라서 기억의 여신인 므네모쉬네는 자신들의 딸들을 통해 우리 인간들에게 레테Lethe, 즉 망각의 여신과 함께 할 수 있는 기회를 제공하고 있다.

6) 레토(Leto)

레토 여신은 티탄족인 포이베와 코이오스의 딸로 제우스에게는 사촌형제이다. 이 여신은 우라노스의 모든 자손들 중에서도 가장 사랑스런 자식들인 아폴론Apollon과 화살을 좋아하는 아르테미스Artemis 여신의 어머니라는 사실 때문에 큰 의미를 갖는 여신이다. 레토 여신 자체는 크게 각광을 받지는 못한 것 같으나 그녀의 자녀들이 그리스 신화에서는 중요한 신들이므로 그로 인해 그 가치를 인정받고 있다고 하겠다. 가부장사회에서 대체로 여성들이 스스로의 능력이나 성과로 인해 부각되는 일은 사실상 거의 없다. 여성들은 대부분 누군가의 딸로, 누군가의 아내로, 그리고 누군가의 어머니로 그 이름을 드러낸다. 이처럼 남자와의 관계로만 명성을 남길 수 있다는 것은 가부장사회에서 여성의 사회적 환경과 제약을 분명히 보여주는 현상이기도 하다.

레토 여신과 관련된 가장 일반적인 이야기들은 주로 레토가 아폴론과 아르테미스를 잉태한 후 제우스의 정실부인인 헤라의 눈을 피해 그들을 안전하게 출산할 수 있는 장소를 찾아 헤매던 때의 이야기들이다.

7) 꽃다운 아내 헤라(Hera)

마지막으로 헤시오도스가 일곱 번째로 언급하고 있는 제우스의 아내는 여신 헤라이다. 그러나 이 헤시오도스의 이 언급 순서가 꼭 제우스의 결혼 순서를 의미한다고 말할 수는 없을 것 같다. 왜냐하면 헤라와 제우스의 결혼은 비밀결혼이었고 오랫동안 두 사람의 결혼 사실과 헤라가 제우스의 정실부인이라는 사실이 숨겨졌었던 것으로 전해지기 때문이다. 헤라는 제우스의 정실부인이다. 헤라는 자신의 가장 어린 동생인 제우스를 자신의 남편으로 선택했다. 그래서 아프로디테에게서 마법의 가슴띠인 케스토스 비마스kestos bimas를 빌려 제우스를 유혹한다. 강렬한 정염에 빠진 제우스는 결국 헤라를 자신의 정실부인으로 받아들이겠다는 약속을 하고서야 헤라를 자신의 아내로 맞이

할 수 있었다. 둘은 오케아노스와 테튀스의 침상에서 신혼을 보냈고 이들의 결혼을 축하하기 위해 가이아는 아름다운 붉은 빛 황금 사과를 선물로 보내 첫 날밤을 아름다운 붉은 노을로 물들게 했다. 그러나 헤라는 둘의 결혼을 오랫동안 비밀에 붙일 것을 요구했다고 한다. 그래서 마침내 제우스가 티탄들을 몰아내고 지배권을 확립한 후 올림포스 신전의 황금옥좌에 앉게 된 그 순간 헤라도 역시 그의 옆에 황금옥좌에 앉으면서 자신이 제우스의 정실부인임을 만천하에 선포한다.

이것은 다분히 정치적이다. 헤라는 왜 자신이 제우스의 정실부인임을 감추었을까? 헤라는 자신의 동생인 제우스가 이 세계의 주인이 될 만한 자질이 있다고 생각했을 것이고 그래서 그를 도와 이 세계의 지배권을 차지하고자 했을 것이다. 그러나 이 세계의 주인이 되기 위해 권력을 장악해나가고 있는 제우스에게, 특히 많은 여신들의 도움을 필요로 하는 그에게 정실부인이 이미 있다는 사실은 결코 도움이 되지 않았을 것이다. 그래서 헤라는 자신이 정실부인이라는 확실한 약속만 받아들인 채 제우스가 권력을 완전히 장악할 때까지 그 사실을 비밀에 붙이고자 했을 것이다. 이처럼 헤라와 제우스의 비밀결혼은 이 여신의 권력욕과도 깊은 관련이 있어 보인다. '헤라'라는 이름 자체가 '여주인'이라는 뜻이고, 그래서 헤라는 '황금옥좌를 가진 여주인'으로 묘사되기도 한다. 이 여신에 대한 많은 묘사들은 그녀가 자신의 상징인 공작새

그림 5. 헤라와 프로메테우스

가 장식된 황금옥좌에 앉아 있고, 머리에는 황금왕관을 쓰고 있으며, 손에는 연꽃이 장식된, 왕권의 상징인 홀을 들고 있거나 여왕의 망토를 두르고 있는 모습들을 포함하고 있다.

헤라와 제우스 사이에는 헤베Hebe; 이 이름은 헤라의 처녀성을 상징하는 Hera Pais에서 유래됐다, 전쟁의 신 아레스Ares, 그리고 진통중인 여성을 돕는 에이레이튀이아Eileithyia라는 자녀들이 있다. 장인들의 신인 헤파이스토스는 둘의 아들로 묘사되기도 하지만, 헤라가 혼자 낳은 것으로 이야기 되는 경우가 더 많다. 헤라는 일반적으로 올림포스 신전의 여왕으로, 그리고 가정을 지키는 가정의 여신으로, 그리고 출산의 여신으로 언급된다.

8) 지도자의 덕목들

헤시오도스는 그의 저서 『테오고니아Theogonia; 신통기』에서 제우스의 아내들로 7명을 소개하고 있다. 순서상으로 보면 가장 아는 것이 많은 메티스, 윤이 나는 테미스, 외모가 사랑스러운 에우뤼노메, 많은 것을 양육하는 데메테르, 머릿결이 고운 므네모쉬네, 레토, 그리고 마지막으로 꽃다운 아내 헤라이다. 여기서 우리는 이러한 언급 순서가 단순히 제우스의 실질적인 결혼 순서만을 얘기하고 있는가 하는 문제를 한번 제시해 볼 수 있을 것이다. 이미 알고 있는 것처럼 제우스의 결혼은 그저 아내를 맞이한 것만을 의미하지는 않는다. 모든 고대의 권력자들이 그러하듯이 제우스의 결혼은 그의 집권과정과 밀접한 관련이 있다. 제우스의 아내들인 이 여신들의 능력과 도움들이 그의 권력 장악에 커다란 영향을 미쳤다는 것은 이미 주지된 바이다. 그래서 제우스의 이 일곱 명의 아내들은 그가 지도자로써 갖춰야할 능력

또는 덕목들과 관련이 있는 것은 아닌가 하는 의문을 가져 볼 수 있겠다.

제우스의 첫 번째 아내는 지혜의 여신 메티스이다. 이것은 지도자가 갖춰야할 첫 번째 덕목으로 '지혜'를 꼽고 있는 것은 아닌가 하는 생각을 가지게 한다. 지혜란 무엇인가? 지혜란 사람들에게 어려운 상황을 헤쳐 나갈 수 있는 조언이나 충고를 해줄 수 있는 능력이다. 그래서 우리는 그런 사람들을 현자, 즉 지혜로운 사람이라 부른다. 그런데 지도자란 곧 인도자이기도 하다. 그래서 한 집단의 지도자는 무엇보다도 그 집단의 구성원들에게 올바른 길을 갈 수 있도록 인도할 능력이 있어야 한다. 이것은 올림포스 신들 중 지혜의 여신인 아테나의 상징이 올빼미인 것과도 밀접한 관련이 있어 보인다. 올빼미란 어떤 새인가? 이 새는 낮에는 오히려 다른 새들에 비해 멍청해 보이기까지 한다. 낮에는 한치 앞도 못보고 그저 눈만 껌뻑거리면서 아무 일도 할 줄 모르는 멍청한 새에 불과하지 않다. 그러나 어둠이 몰려오고 밤이 깊어지면, 모든 새들이 오히려 한치 앞도 보지 못하고 둥지에 갇힌 채 무기력하게 있는 반면에, 이 올빼미는 오히려 나래를 펴고 그 깜깜한 밤의 하늘을 자유롭게 날아다닌다. 바로 이것이 올빼미이다. 다른 모든 이들이 한치 앞도 볼 수 없는 깜깜한 밤에 모든 길을 훤히 볼 수 있는 능력, 즉 빛나는 눈을 가진 새이다.

지혜란 조언 또는 충고를 해주는 능력이라고 했다. 그런데 이런 조언이나 충고는 모든 일들이 잘 풀리는 태평한 날에는 별로 소용이 없다. 오히려 그런 때의 조언이나 충고는 그저 귀찮은 잔소리에 불과하지 않다. 그러나 사적으로든 공적으로든 어려운 일이 닥치면 그때서야 비로소 참된 조언과 충고가 그 빛을 발하게 된다. 마치 밝은 대낮에는 아무 쓸모없는 올빼미의 눈이 어둠이 몰려오면 비로소 그 진가를 발휘하듯이 그러하다. 지도자란 그 집단에 어려움과 환란이 닥쳤을 때, 그래서 그 구성원들이 어찌할 바를 몰라 방황할 때, 그들에게 올바른 길을 제시하고 그 길로 이끄는 바로 길 안내자여야 한다. 그래서 아마도 지혜야 말로 지도자에게 필요한 가장 첫 번째 덕목이라 할 수 있겠다. 그리고 이런 이유로 메티스가 곧 이 세계의 최고 지도자가 될 제우스의 첫 번째 협력자이자 아내가 된 것 같다.

두 번째 제우스의 아내는 신성한 법리와 자연의 순리의 여신인 테미스이다. 이 여신이 낳은 제우스의 딸로는 '법적인 질서'를 의미하는 에우노미아, '정당한 보복,' 즉 정의를 의미하는 디케, 그리고 '평화'를 상징하는 에이레네 여신들이 있었다. 여기서 유추할 수 있는 지도자의 두 번째 덕목은 정당한 법칙에 의해 모든 이를 공평하게 다스리는 '공명정대'함이다. 모든 집단은 그 집단을 다스리기 위한 규칙들, 즉 법이 있어야 한다. 이 법은 그 구성원들 대부분이 수용할 수 있는 원칙에 의해 구성되어져야 하며, 또한 모든 구성원들에게 공평하게 적용되어져야 한다. 이러한 공명정대한 통치, 이것 역시 지도자가 갖추어야 할 중요한 덕목일 것이다.

세 번째 제우스의 아내는 사랑스러운 에우뤼노메 여신이다. 그리고 이 여신이 낳은 제우스의 딸들은 '밝음', '기쁨', '충만함' 등을 상징하는 카리테스, 즉 카리스 여신들이다. 그런데 이 '카리스'라는 이름이 시사하는 바가 큰 것 같아 보인다. '카리스charis'는 우리말로 '호감'이라는 의미를 가지고 있다. 그저 크게 밉지 않은, 그 정도면 괜찮다고 봐줄 수 있는, 특별히 큰 성과를 얻지는 못했어도 대체로 호의적으로 생각해 줄 수 있는 그런 매력, 아마도 그런 것이 호감일 것이다. 그런데 희랍어에서는 어떤 것의 대상을 나타낼 때 그 단어에 단수일 경우엔 마ma, 복수일 경우엔 마타mata를 붙인다. 그래서 이런 호감의 대상은 곧 카리스마charisma가 된다. 한 집단의 지도자는 카리스마가 있어야 한다. 물론 이때의 카리스마는 강렬한 지지를 의미하는 것은 아니다. 최소한 그 집단 내에 강렬하고 무조건적인 반대세력은 없거나 적어야 한다는 뜻이다. 최소한 그 집단 구성원들로부터 미운 오리새끼 취급을 받아서는 안 된다는 뜻일 것이다. 그래서 지도자가 갖춰야 할 세 번째 덕목은 카리스마, 즉 호감의 대상이어야 한다는 것이다.

제우스의 네 번째 아내는 많은 것을 양육하는 데메테르 여신이다. 데메테르는 대지의 어머니 여신이고 농업의 여신이다. 그래서 데메테르의 가장 중요한 역할은 이 땅 위에 살고 있는 모든 생명체들을 배불리 먹여 살리는 것이라고 할 수 있다. 지도자의 또 다른 덕목은 그 집단 내의 구성원들의 먹거리 문제를 해결해 주는 것이다. 이것은 매우 기본적인 요소이기 때문에 어떤 면에서는 가장 중요한 문제일 수도 있다. 역사를 통해서 우리가 배운 교훈들 중의 하나는 그 어떤 강력한 믿음 체계도, 아무리 철저한 정치적 이데올로기일지라도, 그리고 아무리 강압적인 정치권력일지라도 인간의 배고픔을 이길 수는 없다는 것이다. 많은 체계와 권력이 먹거리 문제를 해결하지 못해 결국 무너져버린 예를 우리는 얼마든지 찾아볼 수 있다. 그래서 지도자는 최소한 그 구성원들을 배곯게 해서는 안 된다. 설사 구성원들이 굶주리는 것이 인간이 감당할 수 없는 천지개벽과 같은 자연재해에 의해서 일어난 일일지라도 지도자는 그 책임을 결코 면할 수 없다.

다섯 번째 제우스의 아내는 머릿결이 고운 므네모쉬네 여신이다. 이 여신과 제우스의 딸들은 아홉 명의 무사 여신들이다. 이들은 학문과 예술을 대표하는 여신들이다. 그래서 다음으로 생각해 볼 수 있는 지도자의 덕목은 바로 학문과 예술의 장려자이다. 지도자가 해야 할 일들이 많지만 그러나 한 집단의 지도자는 그 집단의 학문과 예술의 발전에 지대한 관심을 가지고 있어야 한다. 왜냐하면 학문과 예술은 지속적인 관심과 투자가 필요한 분야이지만 그렇다고 해서 그것의 결과가 분명하고 확실하게 나타나지는 않기 때문이다. 그래서 개인이나 또는 기업과 같은 집단 내의 영리목적의 단체들이 이런 분야에 지속적인 관심과 투자를 행할 것이라고 기대하기 어렵다. 그러나 한 집단이 나름 품격을 유지하기 위해서 또는 구성원들의 인격함양을 위해서, 그리고 그 집단의 지적 수준을 높이고 유지하기 위해서는 당장 어떤 성과물과 결과물을 기대하기 어려울지라도 학문과 예술 분야에 대한 지속적인 관심과 투자가 이루어져야만 한다. 따라서 그 집단의 지도자는 이에 대한 지속적인 관심을 가져야하고 그래서 이것 역시 지도자의 덕목들 중의 하나일 것이다.

여섯 번째 제우스의 아내는 레토이다. 앞서도 말했지만 레토는 사실상 그의 자녀들 때문에 가치를 더욱 인정받는 여신이다. 그의 아들인 아폴론은 우라노스의 자손들 중 가장 사랑스러운 자로 칭송받고 있다. 여기서 우리가 유추해 낼 수 있는 지도자의 덕목은 아마도 탄탄한 후계구도일 것이다. 어떤 지도자이든 탄탄한 후계구도를 구축하지 못한다면 그것은 매우 불행한 사태를 야기할 수도 있다. 아무리 지도자가 훌륭하고 뛰어난 자일지라도 그의 뒤를 이을 후계구도가 불분명하다면, 역사적으로 볼 때, 이것은 많은 끔찍한 불행한 사태를 야기할 수 있는 요인임에 틀림없다. 그래서 탄탄한 후계구도 역시 지도자의 필수 덕목일 것이다.

마지막으로 언급된 제우스의 아내는 꽃다운 아내이자 제우스의 정실부인인 헤라이다. 헤라는 황금옥좌를 가진 여주인으로 묘사되듯이 올림포스 신전의 여왕이다. 이 여신은 자발적으로 제우스를 그의 남편으로 선택했고 그리고 그가 권력을 장악할 때까지 물심양면으로

도왔다. 그리고 마침내 제우스가 최고의 신으로 권좌에 등극할 때 그녀 역시 남편 옆의 황금옥좌에 올랐다. 따라서 헤라는 제우스의 가장 강력한 절대적 지지 세력을 상징한다. 한 사람의 지도자가 그 집단 내의 모든 구성원들로부터 절대적인 지지를 받는다는 것은 사실상 불가능하다. 그러나 최소한 절대 다수는 아닐지라도 어느 정도 절대적 지지 세력은 있어야 한다. 설사 실수하거나 잘못을 저지를 지라도 용서하고 또 다시 신뢰해줄 수 있는 절대적 지지 세력이 어느 정도는 있어야 그래야 권력을 장악할 수 있고 또 그 권력을 유지할 수 있다. 그래서 지도자가 갖춰야 할 마지막 덕목은 맹목적 추종세력이라고 부를만한 절대적인 지지 세력이 어느 정도는 있어야 한다는 것이다.

제우스의 아내들이 그가 티탄을 몰아내고 권력을 장악하는 과정에서 중요한 역할들을 했다는 것은 의심의 여지가 없다. 그러나 헤시오도스가 그녀들을 통해 지도자가 갖춰야 할 덕목들까지 넌지시 비추고 있는지는 알 수 없다. 그러나 그가 언급한 제우스의 아내들이 상징하는 바로부터 우리는 이러한 덕목들을 유추해낼 수는 있을 것 같다.

7. 제우스의 자녀들

과연 제우스의 자녀들이 몇 명이나 되는가 하고 누군가가 묻는다면, 아마도 그 물음에 대한 답은 결코 찾기 힘들 것이다. 제우스는 인간의 관점에서 보면 엄청난 바람둥이이다. 아내도 일곱 명이지만 아내들뿐만 아니라 그 외의 수많은 여신들과 님프들, 그리고 인간 여성들과 많은 염문을 뿌리고 다녔다. 헤라 여신과 관련된 이야기들 중에는 헤라가 제우스가 상대한 여신들이나 여인들, 그리고 그들의 자녀들을 지속적으로 쫓아다니면서 괴롭히거나 해코지하는 이야기들이 많은데, 어떤 이들은 이러한 헤라를 악처처럼 생각하기도 하지만 사실 제우스의 바람기를 고려해 본다면 헤라의 이 행동들은 극히 당연한 것들이다. 이 여신은 자신의 정실부인으로서의 권리를 지키기 위해, 그리고 자기 자녀들의 후계자로서의 권리를 지키기 위해 모든 노력을 다 기울인 것으로 간주되어져야 할 것이다.

더욱이 고대 그리스의 수많은 왕들은 자신들의 출생을 제우스를 비롯한 올림포스 신들과 연결 짓는 일들이 많았다고 한다. 즉 자신의 어머니나 할머니가 신들과 동침하여 자신이나 자신의 아버지를 낳았다는 식의 이야기들을 공공연히 퍼트렸다는 것이다. 이는 자신의 왕으로서의 정당성을 확보하기 위한 술책으로 볼 수 있다. 한 지역의 왕으로써 신의 아들이나 손자보다 더 적절한 정당성이 어디 있겠는가? 그래서 많은 왕들이 자신의 지배의 정당성을 확보하기 위해 자신의 어머니나 할머니를 제우스를 비롯한 올림포스 신들과 연결 지어 이야기를 만들어 냈다. 따라서 제우스의 자녀들이 과연 몇 명인가 하는 물음은 사실상 그 답을 찾는 것이 불가능하다 하겠다. 그래서 이 장에서는 올림포스 신들에 한정해서 제우스의 자녀들에 대한 이야기를 해보자.

1) 팔라스 아테나(Pallas Athena)

팔라스, 즉 강인한 아테나라 불리는 이 여신은 메티스와 제우스의 딸로 고대 그리스에서 제우스 다음으로 그리스인들에게 사랑받던 올림포스 여신이다. 아테나의 탄생 장면은 매우 극적인데, 가이아와 우라노스의 충고를 받은 제우스가 아테나를 임신한 메티스를 삼켰기

그림 6. 아테나의 탄생

때문에 나중에 아테나는 제우스의 머리로부터 태어났다. 이것은 지혜의 여신인 아테나에게 잘 어울리는 탄생비화이기도 하지만 매우 극적인 모습이기도 하다. 메티스는 아주 현명한 아이들을 낳을 운명이었다. 그래서 첫 아이는 제우스에 필적할 용기와 현명한 조언을 타고난 올빼미 눈의 소녀 트리토게네이아Tritogeneia; 트리톤강가의 봉우리에서 태어난 자[20]이고, 둘째는 신들과 인간들의 왕이 될 만한 모든 것을 정복할 마음을 가진 소년이다. 이 예언에 제우스는 매우 당황했고 그래서 이 소년이 태어나지 못하게 하기 위해 가이아와 우라노스의 충고를 따라 메티스를 삼킨 것이다.

---

20) 봉우리는 정수리를 의미하기도 한다. 그래서 봉우리에서 태어났다는 말은 지형적인 표현일 수도 있지만 제우스의 깨어진 정수리에서 태어난 것을 빗대어 말한 것으로 해석할 수도 있다.

삼켜진 메티스는 고대 지혜의 여신이므로 그에 걸맞게 제우스의 머리로 갔다. 그리고 그곳에서 새로운 지혜의 여신 아테나가 태어난다. 아테나가 제우스의 머리 안에서 태어나자 제우스는 극심한 두통을 호소하게 된다. 그래서 주변 신들에게 도움을 청하게 되고 이를 봐주던 헤파이스토스가 또는 프로메테우스가 들고 있던 도끼로 제우스의 머리를 내리쳐 제우스의 정수리가 깨어지고 그 깨어진 틈으로 올빼미의 눈을 가진, 무시무시한 자, 전쟁의 소음을 일으키는 자, 소동과 전쟁과 싸움을 즐기는 군대의 여자 지도자인 아테나가 세상 밖으로 튀어 나왔다. 이 순간 아테나의 함성이 얼마나 우렁찼던지 하늘 아버지와 대지의 어머니가 벌벌 떨 정도로 멀리 울려 퍼졌다고 한다. 처음부터 아테나는 황금갑옷으로 완전무장을 하고 제우스의 문장이 새겨진 방패 아이기스Aigis를 들고 날카로운 창을 휘두르면서 올림포스 신들 앞에 나타났다.

아테나의 아버지에 대한 이야기 중에는 또 다른 것도 있다. 이것은 팔라스라는 아테나의 별명에서 기인한 것으로 보이는데 팔라스는 강인한 젊은 남자나 강인한 처녀를 뜻한다. 올림포스 신들과 거인 족들과의 전쟁이었던 기간토마키아Gigantomachia 당시에 아테나의 상대역이 바로 팔라스라는 거인이었다. 이 팔라스가 바로 아테나의 아버지라는 것이다. 아버지 팔라스는 딸을 폭행하려 했다. 그래서 아테나 여신은 아버지 팔라스를 이긴 후에 그 피부를 벗겨서 그것으로 자신의 방패와 갑옷을 만들어 입었다고 한다.

아테나 여신은 파르테노스Parthenos, 즉 처녀 여신이다. 아테나는 헤스티아, 아르테미스와 함께 처녀 여신들 중의 하나이다.[21] 그러나 또

21) 아테네의 아크로폴리스(acropolis; 도시의 가장 높은 곳)에 세워져 있는 아테나 여신전은 파르테논(Parthenon) 신전이다. 파르테논이란 처녀 여신전이란 뜻이

한 어머니인 메테르Meter로 불리기도 한다. 이것은 이 여신이 한 아이의 출생과 관련이 있고, 그 아이를 최초의 아테네 왕인 케크롭스Kekrops22)의 딸들에게 맡겼다는 이야기에서 유래한 것이다. 헤파이스토스Hephaistos는 자신이 아테나의 출생을 도왔다는 이유로 이 여신에 대해 자신의 권리를 주장했었다. 즉 아테나를 신부로 원했다. 헤파이스토스는 유능한 장인들의 신이다. 그래서 신들의 무구武具들도 만들기도 하고 수리해 주기도 하는데, 하루는 아테나가 자신의 무구를 수리하기 위해 이 헤파이스토스를 찾았다. 아테나 여신을 본 헤파이스토스는 욕정이 끓어올라 아테나를 겁탈하려 했다. 그러나 팔라스 아테나는 그리 호락호락한 상대가 아니었다. 오히려 헤파이스토스는 이 여신에게 맞아 한방에 나가 떨어졌는데 그때 사정한 정액이 아테나 여신의 허벅지에 튀어서 묻었다. 아테나 여신은 이 정액을 옆에 있던 양모로 닦아서 땅에다 버린다. 그런데 이 땅에 버려진 정액 때문에 그만 가이아가 아이를 잉태하게 된다. 그래서 태어난 아이가 에리크토니오스Erichthonios이다. 이 이름은 '싸움'과 '땅에서 태어남'의 합성어로 추측되고 있다. 아테나는 태어난 이 아이를 가이아로부터 넘겨받아 아테네 최초 왕인 케크롭스의 딸들에게 맡겼다가 아크로폴리스의 지하에서 비밀리에 성장하게 된다. 후에 이 에리크토니오스는 아테나의 지지를 받아 아테네의 왕이 된다.

아테나는 포세이돈과 아티카를 누가 지배할 것인지에 대해 경쟁을

다. 아테나 여신이 처녀 여신이기 때문에 붙여진 이름일 것이다. 그러나 아테나 여신의 많은 뛰어난 능력들에도 불구하고 굳이 처녀성을 신전 이름으로 붙인 것은 그만큼 당시 가부장사회가 여성의 처녀성을 중요시했었기 때문 일 것이다.

22) 케크롭스(Kekrops)란 이름은 케르콥스(Kerkops)란 말의 철자장난의 일종이다. 케르콥스는 '꼬리달린 자'란 뜻인데 케크롭스가 상체는 사람이고 하체는 뱀의 형상을 하고 있기 때문이다.

벌였었다. 두 신들은 결국 이 경쟁의 판결을 케크롭스에게 맡겼다. 포세이돈은 나중에 아크로폴리스가 그 위에 세워질 바위를 그의 삼지창으로 내리쳐서 '바다', 즉 소금 샘을 솟아나게 했다. 그리고 그곳에서 최초의 말이 솟아나왔다고 한다. 반면에 아테나는 올리브를 심었는데, 케크롭스는 결국 아테나 여신을 승자로 판결하였다. 도시 한복판에서 소금 샘이 솟는다는 것은 신기하기도 하고 또 실제로 소금 역시 고대사회에서 귀중한 자원임으로 그 가치를 인정할 수 있지만, 그러나 올리브는 오늘날에도 지중해 연안의 중요한 농산물 중 하나임으로 케크롭스가 아테나의 손을 들어준 것은 당연한 결과로 받아들일 수 있을 것이다. 케크롭스는 최초로 제우스라는 이름을 부르고 아테나 동상을 세운 사람이며, 또한 최초로 인간에게 어머니뿐만 아니라 아버지도 있다는 것을 발견한 사람이라고 한다. 또한 일부일처제를 도입한 사람이기도 하다. 이것은 비로소 진짜 그리스 신화가 정립되고 그리고 가부장제가 확립된 것을 의미한다. 그 이전 모계사회에서는 아버지는 큰 의미를 가지지 않는다. 누가 아이의 아버지인지를 분명히 할 필요가 생긴 것은 가부장제 사회의 확립과 깊은 관련이 있다. 또한 가부장제의 가장 큰 특징 중 하나는 장자상속제인데, 이 제도가 정립되기 위해서는 일부일처제가 지켜져야 한다.[23]

아테나 여신은 여러 별명을 가지고 있다. 프로노이아Pronoia, 이것은 배우기 전에 미리 안다는 프로메테우스 보다 더 뛰어난 일종의 선견지명先見之明과 같은 것이다. 페르세우스 신화와 관련하여 그가 자른 메두사의 목을 아테나의 방패, 또는 갑옷에 장식했기 때문에 고르고

23) 많은 가부장제 사회가 일부다처제인 것으로 생각하는 사람들이 많다. 그러나 대부분은 일부다처제가 아니라 일부일처다첩제이다. 즉 상속권이 보장된 정실부인은 한 명이며, 그 외에 여러 명의 첩을 허용하는 제도이다.

피스Gorgopis, 즉 고르고의 얼굴을 한 자라고 불리기도 한다. 또 올빼미 눈을 가졌다는 의미의 글루코피스Glukopis, 여자 헤파이스토스라는 의미의 헤파이스티아Hephaistia, 전쟁의 신 아레스의 여성형인 아레이아Areia, 수공업의 여신인 에르가네Ergane, 그리고 보호의 여신인 알랄코메네Alalkomene, 도시보호신 폴리아스Polias, 폴리우코스Poliouchos 등의 명칭이 있다.

아테나는 많은 영웅들의 이야기에서 영웅을 수호하는 여신으로 등장한다. 특히 아테나는 제우스와 인간 여성 사이에서 태어난 제우스의 아들들을 수호하는 여신으로 널리 알려져 있다.

2) 레토(Leto), 아폴론(Apollon), 아르테미스(Artemis)

레토는 그리스 신화에서 세 번째로 위대한 신인 아폴론의 어머니이다. 항상 상냥하고 온화하며 올림포스에서 가장 유쾌한 신이라 말해지기도 한다. 레토와 관련된 가장 널리 알려진 이야기들은 주로 이 여신의 유랑과 관련된 것들이다. 우라노스와 가이아의 손녀이고, 코이오스와 포이베의 딸인 레토는 밀레토스 근처 디뒤마에서 제우스의 자녀들을 임신하고[24] 출산 때가 되어 출산장소를 찾기 위해 소아시아에서 출발하여 유랑 길에 오르게 된다. 이 유랑은 사실상 헤라 때문이다. 헤라는 제우스의 아들로 아폴론 같은 위대한 신이 태어나길 원치 않았기 때문에 레토는 헤라의 눈을 피해 출산할 수밖에 없었다. 그래서 아주 어두운 희미한 빛인 여명 속에서 암늑대로 변신하여 델로스 섬에 들어와 십이일 동안 진통을 하여 아이들을 낳았다.

---

24) 아폴론과 아르테미스는 쌍둥이로 많이 알려져 있지만 아르테미스가 손위 누이로 묘사되기도 한다. 또 대체로 아르테미스는 아폴론의 손위 누이 같이 행동한다.

레토는 별의 여신 아스테리아Asteria와 자매 사이인데 아스테리아는 헤카테Hekate 여신의 어머니이다. 제우스는 레토와 정을 통하면서도 아스테리아를 유혹했다. 아스테리아는 메추라기ortyx로 변신하여 도망쳤으나 제우스는 독수리로 변신하여 쫓아왔다. 그래서 결국 아스테리아는 돌로 변하여 파도 밑으로 몸을 숨기게 된다. 바다 바닥에 가라앉아 있던 이 '메추라기 섬Ortygia'이 심연에서 솟아나와 '보이는 섬Delos'이 되었고, 이 델로스 섬에서 아폴론이 태어났다. 또 다른 이야기에 의하면 델로스 섬은 처음에 고정되지 않아서 떠다니는 눈에 띄지 않는 섬이었으나 신들이 네 기둥을 박아 한 곳에 고정시켜서 비로소 멀리서도 보이는 섬인 델로스 섬이 되었다고 한다. 이 이야기들은 델로스라는 이 섬의 이름에서 기인한 것으로 여겨진다. 원래 '델로스delos'라는 말은 '보이다 또는 분명하다'라는 의미의 말이다. 어떤 대상이 보이거나 또는 분명하게 되는 것은 크게 두 가지 방식인데 하나는 가려진 것이 드러나는 것이고 또 하나는 뚜렷하지 않던 것이 뚜렷하게 되는 것이다. 따라서 델로스 섬이 심연에서 솟아났다거나 떠다니다 고정되었다는 이야기들은 이 델로스라는 말의 의미가 반영된 이야기들로 보인다.

그림 7. 아폴론과 아르테미스

임신 중인 레토가 크레테Krete부터 델로스 근처 레네이아Rheneia에 이르기까지 방문한 모든 산과 섬들은 이제 태어날 신이 너무나 강력하여 받아들이기를 두려워했다. 델로스 섬은 이들 섬들 보다 훨씬 더 초라하고 작은 불모의 바위섬이어서 용서하지 않는 신이며 신과 인간들을 지배하는 위대한 주인인 아폴론이 이 섬을 보면 실망하고 경멸할까봐 몹시 두려워했다. 그러나 레토 여신은 델로스 섬에 세계 도처에서 올 아폴론의 숭배자들과 함께 부를 주겠다고 약속하고 아폴론이 자신의 첫 번째 신전을 이곳에 세울 것이라고 약속했다고 스튁스 강에 맹세하고 구일 낮과 구일 밤을 진통했다. 디오네Dione와 레아, 그리고 테미스와 바다의 여신 암피트리테Amphitrite 등이 모였으나 출산을 도울 산파의 여신 에이레이튀이아는 헤라의 방해로 오지 못했다. 그래서 여신들은 전령의 여신인 이리스Iris에게 황금 목걸이를 주고 에이레이튀이아를 설득하여 데려오게 하였고, 마침내 레토는 이 위대한 신을 출산하게 된다. 포이보스 아폴론은 태어나자마자 "나에게 수금과 활을 주시오. 나의 신탁으로 제우스의 용서 없는 의지를 인간들에게 보여 주겠소"라고 외쳤다. 그 순간 델로스 섬은 황금빛으로 빛나고 꽃들이 피어나기 시작하여 아름답고 기름진 섬으로 바뀌었다.

아폴론은 태양의 신, 예언과 시, 음악의 신, 이성의 신 등으로 불리고, 아르테미스는 달의 여신, 사냥과 갓난 것들의 여신 등으로 불린다. 어떤 면에서 보면 아폴론과 아르테미스를 합치면 하나의 완전한 전체를 이룰 것처럼 보인다. 낮의 태양과 밤의 달, 야생적인 것과 예술적이고 예언적인 것, 미숙한 갓난 것과 완숙한 이성적인 것, 이렇게 아폴론과 아르테미스는 마치 전체를 둘로 나누어 가진 듯이 보인다. 그러나 이 둘을 단적으로 대비한다면 이성적인 것과 본능적인 것으로 대비할 수 있을 것이다. 그러나 기본적으로 이 두 신들은 달의 여신이자 삼중의 여신인 헤카테의 본성을 공유하고 있다.

헤카테 여신은 '멀리 있는 자'이다. 달이란 멀리서 은은하게 그 빛을 비추어주는 존재이다. 그리고 그 빛은 결코 뜨겁지 않은 차갑고 냉정하다. 그래서 헤카테 여신은 멀리 있는 자이며 또한 멀리 해야 하는 자이기도 하다. 아폴론과 아르테미스의 공통적 특징 중의 하나는 바로 무기이다. 이들은 다른 신들과 다르게 활을 사용한다. 활시위를 당기거나 화살 통을 등에 지고 있는 모습은 이 두 신들의 큰 특징 중의 하나이다. 활이란 어떤 무기인가? 이것은 원거리에서 사용하는 일종의 저격용 무기이다. 검이나 창, 도끼와 같은 다른 근접용 무기들은 그것을 사용하는 자나 그것에 당하는 자나 극도로 흥분된 상태에서 서로 마주치게 된다. 전투력을 높이기 위해서 일부러 자신을 극도의 흥분상태로 몰고 가기도 한다. 그러나 활은 어떠한가? 활이나 총 같이 원거리에서 사용하는 저격용 무기는 그것을 사용할 때 결코 흥분해서는 안 된다. 가장 침착하고 그리고 냉정한 상태에서 발사해야만 제대로 사용할 수 있다. 그래서 이 활을 사용하는 자들은 아주 냉철하고 냉정하며 또한 극도로 침착해야만 한다. 이것은 달빛의 이미지와도 매우 잘 어울린다. 아폴론의 경우 그의 특징 중의 하나인 이성은 냉철하고 냉정한, 흔들리지 않는 판단력과 깊은 연관이 있다 하겠다.

아폴론은 기본적으로 이성의 신이다. 이것은 냉철한 판단력과 관련이 있다. 또한 이성은 이 세상의 진리를 밝히고 또 이 세계 속에 담겨 있는 신의 뜻을 드러내는 힘이므로 또한 예언의 능력이기도 하다. 이것은 또 세상을 밝히는 태양과도 연관지울 수 있다. 근대에 이르기까지도 서양 사상사는 이성을 태양에 자주 비유하곤 했다. 아폴론은 또한 음악과 시의 신이기도 하다. 이성은 이 음악과 시 같은 예술과도 밀접한 관련이 있다. 어떤 면에서 음악이나 시와 같은 예술은 이성보다는 감성이 더 중요할 것처럼 여겨지는데 어째서 이성의 신인 아폴론이 음악과 시의 신인 것일까? 이성을 가리키는 로마어근

ratio는 비례라는 뜻을 가지고 있다. 이성이란 정확한 비례를 따지는 능력이다. 그런데 음악이나 시와 같은 예술에서 비례를 따지는 것은 매우 기본적이고 필수적인 요소이다. 퓌타고라스 같은 고대 그리스 철학자는 이 세계의 가장 근본적인 요소를 '수'라고 말했었다. 그는 이 세계의 모든 것들이 수로 표현될 수 있다고 주장한다. 그 이유는 이 세계는 근본적으로 하모니harmony, 즉 조화를 이루고 있는데, 세계의 조화란 각각의 요소들이 비율이 잘 맞은 상태를 뜻하기 때문이다. 그런데 이 비율은 모두 수로 표현되기 때문이다. 그리고 그 예로 퓌타고라스는 현악기를 들고 있다. 현악기의 소리는 현의 길이에 의해 결정된다. 그리고 그 소리들이 화음을 이루느냐 불협화음을 이루느냐는 각 현의 길이의 비례가 맞느냐 안 맞느냐에 달려있다. 즉 현 상호간의 수적 비율이 잘 맞으면 화음을 이루고 수적 비율이 맞지 않으면 불협화음을 이룬다는 것이다.

음악을 제대로 연주하려면 아주 냉철하고 정확한 계산 능력이 없으면 안 된다. 우리가 무턱대고 아무 소리만 만들어 낸다고 해서 다 음악이 되는 것은 아니다. 철저한 계산에 의해 형식을 잘 갖추어야만 제대로 된 음악을 연주할 수 있다. 시도 마찬가지이다. 모든 시는 기본적으로 형식을 갖추어야 한다. 즉 운율을 맞추어야 비로소 시라고 말할 수 있다. 각 절의 각 부분들의 글자 수도 계산해야 하고 각 절의 끝 자의 자음이나 모음도 염두에 두어야 한다. 기본적으로 이런 운율을 갖추지 못하면 그것은 시라 부르지 못할 수도 있다. 그래서 시 역시 정확한 계산이 행해지지 않으면 안 된다. 물론 오로지 전적으로 이렇게 정형화되고 형식화되어진 것만이 음악이고 시라고 주장하는 것은 아니다. 예술에는 분명 이성적인 요소 이상의 그 무엇이 필요하다. 그리고 또 그래야만 한 단계 더 높은 예술적 단계로 승화할 수 있다. 그러나 일단 이성적인 측면이 먼저 갖추어지고 그 위에 좀 더 높은 단계로 승화하기 위한 그 이상의 요소들이 필요한 것이지 이성적인 측면이 결코 무시되어질 수 있는 것은 아니다. 흔히들 그리스 문화를 아폴론적인 것과 디오뉘소스Dionysos적인 것으로 구분하곤 한다. 아폴론은 이성을 대표하고 디오뉘소스는 감성을 대표한다. 그리스의 예술은 디오뉘소스적인 요소로 인해 한층 발전된 더 높은 단계의 예술로 승화되었다. 그러나 그 바탕에 아폴론적인 요소가 전제되어 있었기 때문에 그러한 것이지 만약 아폴론적인 요소가 배제된다면 우리는 그리스의 예술을 결코 논할 수 없을 것이다.

아폴론은 매우 독특한 변화의 모습을 가지고 있는데 그것은 활시위를 당기던 아폴론이 어느 순간 수금을 연주하는 모습으로 나타난다. 이것은 매우 커다란 변화이다. 활시위를 당기는 아폴론은 사냥의 신이고 목동들의 신이며 냉정한 처형자의 모습이기도 하다. 그리고 이 모습은 아르테미스와 크게 달라 보이지 않는다. 그러나 수금을 연주하며 노래를 부르는 아폴론은 이와는 전혀 다른 모습의 신이다. 이러한 아폴론은 아름답고 우아하며 지적인 모습의 신이라 하겠다. 아폴론의 이러한 변화는 아마도 그리스 사회의 변화와 깊은 관련이 있어 보인다. 특히 헤르메스Hermes라는 신의 등장과 깊은 관련이 있다. 헤르메스의 등장 후 신들의 역할 분담에 변화가 생긴다. 특히 아폴론은 헤르메스 등장 이후 자신의 역할 중 일부를 헤르메스에게 넘기고 수금을 연주하는 음악과 시의 신의 모습을 전면에 내세우고 있다.

아폴론의 진정한 적은 레토의 출산을 방해했던 거대한 수컷 뱀 퓌톤Python으로 그는 이 뱀을 은신처인 델포이 샘 근처 동굴에서 화살로 쏘아 죽인다. 그리곤 그곳에 자신의 델포이 신전을 세웠다. 아폴론이 죽인 뱀이 헤라가 낳은 튀폰Typhon이라는 얘기도 있지만 이것은 제우스의 적이었던, 가이아와 타르타로스 사이에서 태어난 튀포이오스Typhoios 또는 튀파온Typhaon과 퓌톤 사이의 혼동에서 비롯된 것으로 보인다. 델포이 신전의 여사제를 퓌티아Pythia라고 부르는 것은 퓌톤에서 유래된 것이다.

인간이 만든 델포이 신전은 아레스Ares의 아들인 불경스러운 플레귀아스Phlegyas와 그의 민족인 플레귀아인들에 의해 불탔었다. 그는 결국 아폴론의 화살에 맞아 지하 세계에서 속죄하게 된다. 델포이 신전을 불태운 플레귀아스가 아레스의 아들이라는 것은 어느 정도 시사하는 바가 크다. 아레스는 제우스의 정실부인인 헤라와 제우스 사이에서 태어난 아들이다. 가부장사회에서 이것은 정당한 상속자를 의미한다. 그러나 아레스는 아버지인 제우스의 사랑을 받지 못했고 호메로스를 비롯한 그리스인들로부터도 그리 사랑과 존경을 받지 못했다. 반면에 아폴론은 우라노스의 자손들 중 가장 아름다운 자로 칭송받고 있고 그리스인들로부터도 세 번째로 각광받는 신이었다. 따라서 아레스와 아폴론의 관계가 결코 원만하지는 않았을 것이다.

아폴론과 사이가 좋지 않은 제우스의 아들로는 제우스와 인간 여성인 알크메네 사이에서 태어난 헤라클레스를 들 수 있다. 널리 알려진 이야기 중에는 신성한 삼족의자를 두고 벌어진 쟁탈전을 들 수 있다. 피범벅이 된 병든 헤라클레스가 정결한 델포이 신전으로 들어와 자신의 치료법을 물었다. 그러나 그는 아무런 답을 얻지 못했고 이에 화가 난 헤라클레스는 자신이 직접 신탁소를 세우기로 작정하고 퓌티아 여사제가 신탁을 하는 신성한 삼족의자를 훔쳤다. 이에 아폴론과 헤라클레스 사이에 싸움이 벌어졌고 결국 제우스가 중재하기에 이른다. 이것 역시 남신으로는 올림포스 신들 중에 이인자나 다름없는 아폴론과 새롭게 등장한 제우스의 아들 사이의 미묘한 갈등상황으로 볼 수 있다. 더욱이 헤라클레스와 아폴론의 대립상황에는 거의 예외 없이 아폴론 편에는 그의 누이인 아르테미스가 그리고 헤라클레스 편에는 아테나 여신이 함께 있어서 그리스 신들 중 이인자와 삼인자로 언급되고 있는 아테나와 아폴론 사이의 미묘한 대립구도 역시 엿볼 수 있다.

아폴론은 우라노스의 자손들 중에서도 사랑스러운 자식으로 언급될 만큼 뛰어난 신이다. 젊고 아름다우며 음악과 예술에 능통하고 그리고 총명하기까지 하다. 더욱이 신들 중의 제왕인 제우스의 사랑받는 아들이기도 하다. 그런 아폴론이 사랑에는 그리 운이 따르지 않았다. 아폴론은 사랑에는 재주가 없어서 그의 사랑이야기는 대부분 그 대상이 소년이든 소녀든 비극적이다. 예를 들어 아폴론은 강의 신 라돈Ladon의 딸 다프네Daphne를 쫓아다닌 적이 있다. 다프네는 아폴론이 얼마나 싫었던지 도망치다 결국은 대지의 어머니인 가이아에게 간청하여 월계수 나무로 변해버렸다. 그녀는 아폴론의 여자가 되느니 차라리 나무가 되길 원했을 만큼 아폴론을 싫어했었다. 그러나 아폴론은 그녀의 잎사귀를 따서 월계관을 만들고 자신의 머리에 썼다. 그래서 아폴론을 묘사하는 그림들을 보면 많은 그림들이 월계관을 쓰고 있고 월계수 가지를 들고 있는 것으로 그려져 있다.

아폴론의 아들 중에는 아스클레피오스Asklepios라는 아주 유능한 의사가 있었다. 이 아들은 아폴론과 그의 원수인 플레귀아스 왕의 딸 코로니스Koronis; 까마귀 처녀 사이에서 태어났다. 어느날 코로니스는 포이베의 호수에서 발을 씻었는데, 그때 아폴론이 그녀를 임신시켰다. 포이베는 아폴론의 할머니 이름이므로 포이베의 호수는 사실상 아폴론의 영역이나 다름없다. 그러나 코로니스는 이 사실을 감추고 '소나무 인간'이란 의미의 엘라토스Elatos의 아들 이스퀴스Ischys를 남편으로 삼으려 했다. 아폴론은 화가 나서 이 소식을 전한 흰 갈까마귀를 검은 색으로 바꿨다. 그리고 진노한 아르테미스는 무수히 많은 화살을 날려 코로니스와 수많은 플레귀아 여인들을 죽인다. 그 바람에 많은 화장용 장작들이 쌓이고 죽은 여인들이 그 위에서 화장되고 있을 때 아폴론은 코로니스의 시체에서 그의 아들 아스클레피오스를 꺼내서 켄타우로스Kentauros인 케이론Kheiron에게 보내었고 아스클레피오스는 그 케이론에게서 치료의 기술을 배워서 신의神醫라 불릴 만큼 뛰어난 의사가 된다. 그가 얼마나 유능했던지 그는 죽은 자를 살릴 정도로 뛰어난 의사였다. 그러나 이것은 신성한 자연의 순리를 어기는 일이다. 특히 그는 죽은 자들의 제우스인 지하세계의 하데스Hades의 진노를 샀다. 하데스는 제우스에게 이에 대한 시정을 요구했고 결국 제우스는 벼락을 던져 아스클레피오스를 죽이게 된다. 아폴론은 이에 화가 나서 제우스에게 벼락을 준 외눈박이 거인 퀴클롭스들을 죽였다. 이 일로 인해 아폴론은 그 죗값을 갚기 위해 아드메토스Admetos 왕의 시중을 들게 되고 그의 소떼를 돌보는 일을 맡게 된다. 이 일은 나중에 헤르메스와 그를 연결시켜주는 역할을 하게 된다.

아르테미스는 소아시아에서 신들의 위대한 어머니의 이름들 중 하나였으나 그리스에서는 처녀 여신으로만 나타난다. 아르테미스는 아버지인 제우스에게 9살 먹은 소녀들만을 동료로 달라고 간청하여 그리스에서 소녀들은 이 나이 때부터 어머니를 떠나 아르테미스를 섬겼다. 나중에는 특정 소녀들만이 결혼할 때까지 아르테미스 여신을 섬겼으며 이들은 암곰이라는 의미의 아르크토이Arktoi라고 불렸다. 아르테미스는 처녀 사냥꾼으로 냉정하고 냉혹한 모습을 보이기도 하는데 특히 신들과 인간들 사이의 애정행각들에 대해 강한 거부감을 나타낸다.

3) 헤라(Hera), 아레스(Ares), 헤파이스토스(Hephaistos)

호메로스는 아레스와 헤파이스토스 둘 다 제우스의 아들로 언급하고 있지만, 헤시오도스는 아레스만 제우스의 아들로 언급하고 헤파이스토스는 제우스가 아테나를 혼자 낳았다는 소식을 듣고 분노한 헤라가 자신도 혼자 자식을 낳겠다고 작정하여 낳은 아들로 묘사하고 있다. 호메로스는 특히 아레스를 싫어했다. 그것은 그 당시 그리스 세계가 끊임없는 외세의 침입을 받았기 때문일 것이다. 아레스는 전쟁과 분쟁을 일으키는 신이다. 그래서 대체로 그리스인들은 아레스를 싫어했을 것이다. 그러나 반대로 정당한 방어전쟁의 여신인 아테나는 그리스인들로부터 제우스 다음으로 가장 사랑받는 신들 중의 하나였다. 그것은 그만큼 자신들의 도시국가를 수호하고자 하는 당시 사람들의 염원이 담겨 있는 것이라 하겠다. 반면에 로마인들은 그리스의 아레스에 해당하는 군신 마르스Mars를 근엄한 신으로 매우 존경했다. 이것은 로마가 침략전쟁을 통해 세워진 군인들이 통치하던 제국이었기 때문일 것이다. 호메로스는 심지어 제우스가 아레스를 싸움과 전쟁, 전투에서만 즐거움을 느끼고, 자신의 어머니인 헤라를 닮았기 때문에 증오했다고까지 말했다.[25] 그리고 아레스는 테미스를 전혀 알지 못하고 기품도 없다.

헤라의 또 다른 아들인 헤파이스토스 역시 기품이 없기는 마찬가지이다. 헤파이스토스는 절름발이니, 난쟁이니, 발목이 돌아갔다느니 등등 매우 흉측한 모습으로 묘사되곤 한다. 이것은 헤라의 아픔이기도 하다. 헤라는 제우스의 정실부인이다. 가부장 사회에서 정실正室이란 그가 낳은 아들이 상속권을 가진다는 것을 의미한다. 그런데 헤라

25) 호메로스, 『일리아드』, 제5권, 890.

가 낳은 아들 아레스는 제우스의 사랑을 받지 못했고 그리스인들도 그리 좋아하지 않았다. 헤파이스토스는 못생기고 불구자로 묘사되는 등, 유능한 장인으로 존경받을 만하지만 그러나 제우스나 그리스인들로부터 사랑받지는 못했던 것으로 여겨진다. 더욱이 헤파이스토스는 제우스의 아들이 아닌 것으로 전해지기도 한다. 아테나를 혼자 낳은 제우스를 질투한 나머지 헤라 역시 헤파이스토스를 혼자 낳았다는 것이다. 그러나 헤파이스토스에 대한 이러한 묘사는 그리스인들의 현실감각을 드러내는 것처럼 보인다. 헤파이스토스는 대장장이 신이다. 그리고 유능한 장인이다. 당시에 장인들은 사회적으로 매우 존경받던 최첨단 기술직 종사자이다. 그래서 그리스인들은 자신들의 존경심을 담아 장인들을 대표할 수 있는 헤파이스토스 신을 상정했다. 그러나 그들은 이 신을 그리 아름답게 묘사하고 있지는 않다.

신이란 기본적으로 탁월하고 완전한 존재이다. 따라서 항상 황금빛으로 빛나는 아름다운 모습으로 묘사된다. 그러나 유독 헤파이스토스만은 결코 아름다운 모습으로 묘사되고 있지 않다. 여기에 그리스인들의 현실감각이 살아있다고 하겠다. 실제로 장인들을 생각해 보라. 대장장이나 도기장이, 그리고 무두장이와 같은 고대 사회의 장인들은 비록 그 당시에 각광받던 전문직이기는 하지만 매우 거친 직종이다. 오늘날로 보면 이 일들은 일종의 3ddifficult, dirty, dangerous 업종이다. 뜨거운 불길과 육중한 쇠, 그리고 거친 흙을 다루어야 하는 이들은 항상 부상과 화상의 위험을 안고 살아야 하고, 또한 언제나 더렵혀진 상태로 작업해야하는 힘든 일들을 해야 한다. 따라서 이러한 일에 종사하는 사람들은 항상 더렵혀져 있거나 불구자인 경우가 많았을 것이다. 이러한 모습을 그들을 대표하는 신에게까지 투영했다는 것은 한편으로 놀라운 일이라 할 수 있겠다. 그리스인들은 자신들의 존경심을 담아 장인들의 신을 만들었지만 또한 현실감각을 담아 결코 아름답게 묘사하지는 않았다.

헤파이스토스가 불구가 된 이유는 이 신이 아버지 없이 출산해서가 아니라 헤라가 제우스와의 결혼을 비밀로 하던 시기에 낳았기 때문이라고 말해지기도 한다. 헤라는 일종의 미혼모와 같은 상태에서 헤파이스토스를 낳아야 했고 조산이었기 때문에 불운한 출생일 수밖에 없었다는 것이다. 아무튼 불구의 자식을 낳은 헤라는 이 아이를 바다에 던져 버렸다. 그러나 에우뤼노메와 테티스가 이 아이를 받아 9년간 함께 살며 키웠다. 헤파이스토스는 오케아노스 근처의 동굴에서 이 여신들을 위한 걸쇠와 버클, 귀고리와 목걸이 등을 만들며 기술을 익혔고 마침내 유능한 장인이 되었다. 아마도 동서고금을 막론하고 가장 유능한 장인이란 바로 왕실에 자신이 만든 물품을 납품하는 사람일 것이다. 헤파이스토스는 마치 왕실에 물품을 납품하는 장인처럼 올림포스 신전에 자신의 물품을 납품할 정도로 그 실력을 인정받게 된다. 그래서 자신을 버린 자신의 어머니인 헤라여신을 위한 황금옥좌를 만들어서 납품하기에 이른다. 그리고 이것은 또 하나의 유명한 이야기의 소재로 전해지고 있다.

헤파이스토스는 자신의 어머니인 헤라의 황금옥좌를 만들면서 회심의 미소를 지었을 것이다. 그는 헤라를 위한 아름다운 황금옥좌를 만들면서 거기에 눈에 보이지 않는 황금 사슬을 설치했다. 이 사슬은 한번 걸려들면 결코 벗어날 수 없는 강력한 올가미이다. 황금옥좌가 올림포스 신전에 도착했을 때 헤라는 그 아름다운 옥좌에 아무 의심없이 앉았다. 바로 그 순간 옥좌에 설치된 보이지 않는 사슬이 헤라를 꽁꽁 묶어 공중으로 치솟아 올랐고 그 자리에 있던 모든 올림포스 신들은 그 광경에 경악할 수밖에 없었다. 이 광경을 본 헤라의 아들 아레스가 분노하여 헤파이스토스를 데리러 갔다. 그러나 아레스는 수치스럽게도 헤파이스토스에게 패하고 말았다. 아레스는 전쟁과 분쟁의 신이기는 하지만 그리스인들에게 그는 승리의 신은 아니다. 아레스는 전쟁과 분쟁을 일으킬 뿐 오히려 패배하는 경우가 태반이다. 아레스가 패하고 돌아오자 이번엔 제우스와 세멜레Semele의 아들인 디오뉘소스Dionysos가 나섰다. 그는 헤파이스토스에게 가서 그가 아직 한 번도 먹어본 적이 없던 포도주를 먹여 취하게 만들었다. 그리곤 취한 그를 노새에 태워 악사들과 무희들을 대동하고선 마치 승리의 행진을 하듯이 올림포스 신전으로 데리고 왔다. 마침내 올림포스 신전에 들어선 헤파이스토스는 자신을 버린 어머니 헤라와 화해하고 사랑과 미의 여신인 아프로디테를 아내로 맞이한다는 조건으로 헤라를 사슬에서 풀어주었다. 그리고 마침내 그 역시 올림포스 신전으로 복귀하게 된다. 헤파이스토스는 매우 입지적인 인물의 한 전형이라 할 수 있겠다. 그는 태어날 때부터 불행한 운명이었다. 비록 그는 신으로 태어났지만, 불구에 못난이로 태어났을 뿐만 아니라 태어나자마자 어머니로부터 버림을 받아 올림포스 신전에서 떨어져 다른 여신들의 손에 자라났다. 그러나 그는 자수성가自手成家하여 그 누구의 도움도 아닌 자신의 능력으로 결국 올림포스 신의 자리를 되찾았을 뿐만 아니라 가장 아름다운 여신을 자신의 아내로 맞이하게 된다. 이는 장인들의 신에게 가장 어울리는 이야기가 아닐 수 없다.

4) 마이아(Maia)와 헤르메스(Hermes)

헤르메스의 어머니인 마이아는 아틀라스Atlas와 플레이오네Pleione의 딸로 산의 님프이다. 마이아는 그냥 선한 옛날 여자를 부르는 명칭으로 매우 겸손하고 조용하며 퀴레네Kyllene산의 어두운 동굴에서 살았다. 마이아가 얼마나 조용했던지 제우스가 헤라가 잠든 사이 마이아와 사랑놀이를 벌인다는 사실을 신도 인간도 아무도 알지 못했다고 한다. 마침내 열 달 후 마이아는 신들의 전령이자, 여행자의 신이자 상업과 통신의 신이며 도적의 신인 헤르메스를 낳았다.

헤르메스의 등장은 그리스 사회의 변화를 상징하는 것처럼 보인다. 헤르메스는 여행자의 신이다. 이것은 그리스 사회가 도시국가들 사이의 교류가 왕성해졌음을 의미하는 것 같다. 오늘날 사람들이 여행하는 가장 큰 이유 중의 하나가 여가 선용을 위한 것이지만 고대에 사람들이 여가선용을 위해 여행하는 일은 극히 드물었을 것이고 대부분은 상업적인 목적의 여행이었을 것이다. 새로운 일자리나 일터를 찾기 위한, 또는 새로운 터전을 찾기 위한 여정이 대부분이었을 것이다. 물론 전쟁을 위한 경우도 있었을 것이다. 이러한 그리스 도시국가들 사이의 교류는 상호 상업의 발달을 가져왔고, 즉 도시와 도시를 오고가는 상인집단들의 발달을 가져왔을 것이다. 그래서 헤르메스는 여행자의 신이자 상업의 신, 곧 장사꾼들의 신이 된다. 그리고 잦은 교류는 지역 상호간의 각종 소식들을 전하는 계기가 되었을 것이고 그러다 보면 필요에 따라 전문적으로 소식을 전하는 사람들이나 기관들이 생겨났을 것이다. 그래서 헤르메스는 통신의 신이기도 하다. 그러나 재밌는 것은 이 신이 도적들의 신이기도 하다는 것이다. 어째

그림 8. 헤르메스와 마이아

서 장사꾼들의 신이 도적들의 신일까? 그런 말이 있다 "모든 장사꾼들은 도적놈들이다." 장사의 기본원리가 무엇인가? 아니 다른 말로 경제성의 원리가 무엇인가? 최소투자 최대효과! 최소비용 최대이윤! 바꿔 말하면 가장 싸게 구해서 가장 비싸게 파는 것이 바로 장사의 가장 기본적인 원리이다. 그런데 물건을 가장 싸게 구하는 방법은? 그것은 훔치거나 빼앗는 것이다. 가장 비싸게 파는 것은 원가를 속이거나 강제로 파는 것이다. 그렇다면 이것이 도적질이 아니고 무엇이겠는가? 물론 모든 장사치들이 도적이라는 것은 아니다. 다만 장사꾼들 중에는 돈에 눈이 멀어 도적질을 일삼는 사람들도 분명히 있었을 것이다. 더욱이 과거 보부상들과 같은 상인집단들은 동시에 무장집단이거나 무장집단을 고용하고 있었다. 먼 길을 값비싼 물건들을 가지고 여행하다보면 많은 위험에 노출될 수밖에 없다. 그래서 자연스럽게 무장을 하거나 또는 무장한 사람들을 고용하게 된다. 그런데 상인집단이 무장집단이라면 경우에 따라서 이들이 마적과 같은 도적의 무리들로 변신할 가능성은 항상 내재되어 있다. 아마도 이런 이유로 상업의 신인 헤르메스가 도적들의 신이기도 한 것일 것이다.

헤르메스는 퀴레네 산 깊은 동굴에서 태어났다. 이 신은 태어난 지 나흘째 되는 날 아직 강보에 쌓인 갓난아기일 때 이미 소 50마리를 훔치는 가축도둑이 된다. 태어난 지 나흘째 되는 날 요람에 누어있던 헤르메스는 너무 심심했다. 그래서 주변을 돌아보던 중 거북이를 한 마리 발견한다. 이 신기한 동물을 발견한 그는 한동안 재미있게 가지고 놀았다. 그러나 가만 살펴보니 이 거북이란 동물이 소리를 내지 않았다. 그래서 헤르메스는 자신이 거북이에게 소리를 주어야겠다고 결정한다. 그래서 그는 거북이의 껍질을 홀랑 벗겨내고 내장도 다 꺼내고 거북이 몸통뼈만 남겨두었다. 그리고 양의 내장에서 힘줄을 뜯

어내어 그것을 이 거북이 몸통뼈에 붙였다. 이렇게 해서 만들어진 것이 수금이다. 헤르메스는 수금의 발명자인 것이다. 헤르메스는 이 수금을 켜면서 자기 멋대로 익살스러운 노래들을 부르면서 또 한동안 놀았다. 그러나 곧 그는 배가 고팠다. 그래서 헤르메스는 마침내 동굴 밖으로 아장아장 걸어 나온다. 그리고 멀리에 한 무리 소떼가 있는 것을 발견한다.

배가 고파진 헤르메스는 그 소떼에게로 가서 소 50마리를 훔쳐서 달아난다. 그런데 이 신은 소 50마리를 묶어서는 뒤로 끌고 갔다. 왜 소들을 뒤로 끌고 갔을까? 우리가 쓰는 은어 중에 '고무신을 거꾸로 신는다'는 표현이 있다. 이것은 단순히 비유적인 표현이 아니라 실질적인 표현이기도 하다. 사람이 도망칠 때의 요령 중의 하나이기 때문이다. 신을 거꾸로 신고 도망치면 자연히 발자국이 달아난 방향과 반대로 생길 것이고, 그렇다면 혹시 모를 추적자들이 한동안 혼란에 빠질 수 있기 때문이다. 그래서 도망칠 때는 신을 거꾸로 신는 것이다. 헤르메스가 소떼를 거꾸로 끌고 간 것은 이처럼 추적자들을 혼란시키기 위한 방책이다. 그런데 한번 생각해 보라. 아직 갓 난, 태어난 지 나흘뿐이 안 된, 기저귀도 벗지 못한 어린 아기가 소 50마리를 거꾸로 끌고 가고 있는 모습이 얼마나 가관이겠는가? 마침 밭에서 일하던 한 늙은 농부가 이 광경을 보고 놀라자 헤르메스는 그 노인에게 아무에게도 말하지 말 것을 당부했다.

헤르메스는 최초로 월계수로 만든 부싯깃으로 불을 피우고 소 두 마리를 등뼈를 부러뜨려 잡은 후에 고기와 지방을 꼬챙이에 걸어 통째로 구웠다. 그리고 나선 이것을 12조각으로 나누어서 자신과 올림포스 신들에게 바쳤다. 여기서 재미있는 것은 헤르메스가 배가 고팠음에도 불구하고 자신의 고기 조각을 직접 먹지 않고 모두 태웠다는 점이다. 이것은 그가 자신의 신성을 해치지 않으려는 의도였던 것으로 해석된다. 아무리 배가 고플지라도 그 자신은 신이므로 다른 신들과 마찬가지로 번제燔祭를 통해서 제물을 받아야 하기 때문이다. 이후에 헤르메스는 아무 일도 없었던 듯이 동굴로 돌아가 갓 난 아기답게 자신의 요람에 누웠다. 그러나 헤르메스가 훔친 이 50마리의 소는 아폴론이 책임지고 있던 소들이었다. 아폴론은 외눈박이 거인 퀴클롭스들을 죽인 죗값으로 아드메토스 왕의 소떼들을 돌보는 사역을 하고 있었다. 그런데 바로 그 소떼들을 헤르메스가 훔쳐간 것이다.

자신의 소떼가 없어진 것을 안 아폴론은 한참을 소떼들의 발자국을 따라 쫓아갔다. 그러다가 길에서 한 농부를 만났고 그 농부로부터 어린 아기가 소 50마리를 거꾸로 끌고 가는 광경을 봤다는 이야기를 듣고 방향을 바꿔 그 뒤를 추적하게 된다. 그리고 마침내 퀴레네 산의 한 동굴에서 강보에 쌓인 채 요람에 누어있는 헤르메스를 발견하게 된다. 헤르메스를 보는 순간 아폴론은 그가 자신의 아버지 제우스의 아들임을 한 눈에 알아본다. 아폴론은 헤르메스에게 그 죄를 추궁했다. 그러나 헤르메스는 아무것도 모르는 천진난만한 갓난아이인양 아무것도 못 알아듣는 척했다. 아폴론의 추궁이 계속되자 헤르메스는 자신은 이제 태어난 지 나흘뿐이 안 된 갓난아기인데 자신이 어찌 그런 일을 할 수 있겠느냐며 시치미를 뗐다. 결국 아폴론은 이 어린 신을 꽁꽁 묶어서 모든 신의 판관이신 제우스에게 데려가기로 했다. 마침내 헤르메스는 도둑질을 하다 걸린 죄인의 신분으로 아폴론에게 묶여서 올림포스 신전으로 끌려 들어간다.

헤르메스가 다른 신들에게 소개되는 모습은 매우 익살스럽고 재미있는 광경이다. 아테나는 제우스의 머리에서 태어날 때 하늘과 땅이 떨 정도로 우렁찬 함성을 지르면서 나타났다. 이 여신의 위용에 모든 신들이 다 기가 죽을 정도였다. 아폴론은 태어나자마자 자신의 활시위를 당기며 역시 다른 신들에게 강한 인상을 심어 주었다. 그런데 헤르메스는 강보를 질질 끌면서 아폴론에게 꽁꽁 묶인 채로 도둑이라는 피의자의 신분으로 판관인 자신의 아버지 제우스의 판결을 받기 위해 올림포스 신전에 들어선다. 이것은 다른 신들과는 매우 대조되는 등장모습이다. 마침내 이 어린 신이 제우스와 다른 신들 앞에 서게 되었을 때 제우스를 비롯한 모든 신들은 그가 제우스의 새로 태어난 아들임을 한 눈에 알아보았다. 아폴론은 제우스에게 당신의 아들이니 당신이 판결을 내리라고 요구했다. 모두가 신기한 듯 이 어린 신을 바라보고 있을 때 헤르메스는 갑자기 자신을 묶은 올가미를 풀어내고는 품에 감추고 있던 수금을 꺼내서는 그것을 연주하며 익살스럽고 음탕한 노래들을 부르기 시작했다. 그 바람에 제우스를 비롯한 모든 다른 신들은 박장대소하며 한바탕 웃음바다가 벌어지고 만다. 그러나 유일하게 아폴론만이 매우 진지하게 그 모습을 바라보고 있었다. 아폴론은 바로 헤르메스가 연주하고 있는 수금에 마음을 빼앗기고 말았던 것이다.

아폴론은 헤르메스에게 그 수금을 자신에게 줄 것을 요구했다. 그는 목동들의 지팡이와 신분을 대가로 수금을 얻었다. 그리고 이 도둑놈이 자신의 수금이나 활을 훔쳐갈까 걱정되어 훔치지 않겠다는 맹세를 받는 대신에 부를 가져다주는 세 개의 나뭇잎이 달린 황금 지팡이를 선사한다. 또한 고도의 예언 능력은 아니지만 파르나소스Parnassos 산의 세 꿀벌 자매의 예언 능력과 하데스Hades의 집으로 가는 죽은 자들을 안내하는 영혼들의 안내자 역할인 프쉬코폼포스Psychopompos의 임무와 함께 동물들에 대한 지배권까지 내어준다. 이처럼 헤르메스의 등장은 신들의 새로운 역할분담의 계기가 되고 특히 아폴론이 가장 큰 변화를 겪게 된다. 이때부터 아폴론은 활시위를 당기는 모습에서 수금을 연주하고 시와 노래를 부르는 모습으로 변하게 된다. 헤르메스는 또한 제우스로부터 신들과 인간들 사이를 왕래하는 권리인 전령임무를 맡게 되어 이전의 이리스 여신의 역할을 담당하게 된다.

5) 디오뉘소스(Dionysos)

포도와 포도주, 식물, 쾌락과 축제의 신인 디오뉘소스는 많은 경우에 제우스의 가장 어린 아들로 묘사되고 있다. 또한 디오뉘소스의 가장 큰 특징 중의 하나는 어머니가 인간임에도 불구하고 처음부터 신이었다는 사실이다. 일반적으로 신과 인간 사이에서 태어난 존재들은 뛰어나기는 하나 처음부터 신은 아니며 대부분 영웅들이다. 그러나 디오뉘소스는 신과 인간 사이에서 태어났음에도 불구하고 처음부터 신이었던 매우 독특한 존재이다. 그 이유는 그의 출생에 얽힌 이야기들 속에서 밝혀질 것이다. 이 신은 제2의 제우스 또는 여성들의 제우스로 불린다. 디오뉘소스란 이름 자체가 제우스를 의미하는 '디오'란 단어와 인도 쪽에 있는 '뉘소스' 산의 합성어이다. 그래서 이름 그대로 해석하면 '뉘소스 출신의 제우스'란 뜻이다. 이름 자체에 제우스가 들어가 있을 만큼, 뒤늦게 나타난 신이기는 하지만 그리스

그림 9. 술잔을 내미는 디오뉘소스

사회에 매우 강력한 영향을 끼친 신이다. 물론 그 강력한 영향이란 포도의 재배와 포도주의 제조법을 전한 신이다. 즉 술을 그리스 사회에 처음 소개한 신인 것이다. 술이 한 사회에 미친 영향이란 아마도 대단한 것이었을 것이다. 디오뉘소스는 그 영향력을 상징하는 신이므로 비록 가장 늦게 올림포스 신의 반열에 올랐으나 그 영향력은 매우 크다고 하겠다.

제우스는 카드모스Kadmos왕의 딸인 세멜레Semele와 사랑에 빠졌다. 그리고 세멜레는 제우스의 아이를 가진다. 그런데 헤라가 이 사실을 눈치 채고 그녀를 제거할 간계를 꾸민다. 헤라는 세멜레의 유모로 분장하여 세멜레에게 접근했다. 그리고 그녀의 의심을 자극한다. 헤라는 세멜레에게 제우스의 참모습을 본 적이 있냐고 물어보곤 그가 너에게 참모습을 보여주지 않았다면 그것은 널 사랑하지 않기 때문일지도 모른다고 말한다. 세멜레는 헤라의 간교에 넘어가서 제우스를 의심하기 시작한다. 결국 세멜레는 제우스에게 자신을 사랑한다면 자신의 소원을 들어줄 것을 요구한다. 제우스는 그 소원이 무엇인지 먼저 말할 것을 요청했으나 끝내 세멜레는 먼저 소원을 들어줄 것을 맹세하라고 요구한다. 마침내 제우스는 자신이 사랑하는 여인의 간청을 뿌리치지 못했다. 그래서 스튁스 강에 맹세하고 나서야 세멜레의 소원을 들을 수 있었다. 세멜레의 소원은 단순한 것이었다. 제우스의 참모습을 보고 싶다는 것이었다. 특히 제우스가 헤라와 결혼할 때의 그 멋진 모습을 보고 싶다는 것이었다. 그러나 여기에 헤라의 간계가 숨어 있었다. 왜냐하면 인간은 결코 신의 참모습을 볼 수 없기 때문이다. 제우스가 헤라와 결혼할 때의 모습이란 완전 무장하고 마차에 탄 채로 나타나면서 사방에 벼락을 내치는 모습이다. 그와 같은 광경에서는 그 근처의 어떤 생명체도 목숨을 부지할 수 없다. 그러나 제우스의 맹세는 결코 어길 수 없는 것이다. 그래서 결국 제우스는 세멜레가 원하는 모습으로 나타났고 그 바람에 세멜레는 불길에 타죽고 말았다. 제우스는 그녀의 시신 속에서 아직 태어나지 않은 디오뉘소스를 꺼내서는 자신의 허벅지 또는 자궁[26]에 넣고 황금 죔쇠로 단단히 묶어서 숨겼다. 그래서 디오뉘소스는 제우스의 자궁에서 성장하게 된다. 아마도 이것이 그가 제우스와 인간 여인 세멜레 사이에서 태어났음에도 불구하고 처음부터 신일 수 있었던 이유이다.

제우스의 허벅지에서 출산한 후 디오뉘소스는 헤르메스를 통해 뉘소스 산의 유모들에게 보내져 그곳에서 안전하게 성장했다. 그리고 나중에 성장한 디오뉘소스의 영향력은 이 뉘소스산으로부터 지중해 연안 그리스 세계로 들어와 전역으로 퍼졌다. 그가 뉘소스 산에서 그리스로 들어온 여정은 아마도 포도재배와 포도주제조법의 전래와 관련이 있을 것으로 보인다. 디오뉘소스의 그리스로의 귀환여정은 많은 이야기들을 만들어 냈다. 그리고 그 많은 이야기들은 그리스 사회가 술이라는 것을 처음 접하게 됐을 때의 놀라움과 감탄, 그리고 혼란과 거부감 등을 반영하고 있는 것으로 보인다. 디오뉘소스는 많은 여자들이 그 뒤를 따랐다. 마이나데스mainades; 열광하는 자라 불렸던 이 디오뉘소스의 추종자들은 대부분 여자들로 가부장 사회에서 자신에게 주어진 가정과 사회의 모든 억압과 굴레를 던져버리고 술에 취해 춤추고 노래하며 디오뉘소스를 찬양하는 큰 무리들이었다. 이들을 맞이하는 도시나 마을들은 크게 두 부류로 나뉠 수 있는데, 한 부류는 이들을 적극 환영하는 도시나 마을이고 다른 부류는 이들을 적대시하고 학대하는 도시와 마을들이었다.

---

26) 남신인 제우스에게 무슨 자궁이 있는가하고 반문할 수도 있지만, 그는 신이므로 자궁이 있다고 큰 문제가 될 일은 아니다.

이들을 환영하는 곳은 새로운 즐거움과 쾌락, 술이 주는 황홀경을 누리고 온 마을이 축제의 분위기에 휩싸였지만, 이들을 적대시했던 곳들은 결국 디오뉘소스의 저주를 받아 끔찍한 결말에 이르곤 했다. 아마도 많은 도시나 마을들이 사람들, 특히 여자들이 술에 취해 가사와 가족들을 내팽개치고 마치 미쳐서 날뛰는 것 같은 모습들을 보이는 것에 대해 강한 거부감을 가졌을 것이다. 그러나 이 포도주는 그리스 사회 전체에 널리 퍼졌고 그리고 그리스의 종교와 예술 등 문화전반에 큰 영향을 미쳤다. 사람들은 술을 신성한 것으로 여겨서 신에게 바치는 제물로 쓰였다. 술은 인간에게 황홀경과 같은 신성한 경험들을 가능하게 해주고 이성적인 측면만을 강조하던 그리스의 예술에 감성적인 측면을 부가해서 그리스 문화 전반을 한 단계 향상시키는 계기가 되기도 했다. 그래서 디오뉘소스의 등장은 그리스 문화를 보다 더 그리스 문화답게 만들어주는 계기가 되었다고 말할 수 있다.

8. 제우스의 형제들

1) 포세이돈(Poseion)

제우스의 결혼이 그가 이 세상의 주인으로 권력을 장악해가는 과정에 중요한 역할을 한 것처럼 단 한번뿐인 포세이돈의 결혼은 그가 바다에 대한 지배권을 획득하는 데에 결정적인 역할을 한다. 그는 바다의 주인인 네레우스Nereus의 딸 암피트리테Amphitrite와의 결혼을 통해 바다의 지배권을 장악하게 된다. 포세이돈은 처음부터 바다의 신도 바다의 지배자도 아니었다. 바다 출신의 신들은 거의 대부분 반인반어의 모습을 하고 있다. 그러나 포세이돈은 두 다리를 가지고 있고 물속에서도 해마들Hippokampoi이 끄는 마차를 타고 다닌다. 포세이돈이란 이름 자체가 '여신 Da의 남편'이란 뜻이므로 초기 대지와 흙과의 밀접한 관계를 예상할 수 있다. 포세이돈은 양과 같은 가축들과 연관해서 언급되는 경우가 많고 특히 그리스 사회에 말의 유입과 깊은 관련이 있는 것으로 추측되고 있다. 그래서 원래는 목축이나 농경과 깊은 관련이 있는 신으로 생각되나 후에 바다의 지배권을 장악함으로써 바다를 지배하는 신이 된다. 즉 바다의 신이 아니라 바다를 지배하는 신이다.

제우스가 최고의 지배권을 소유한 관리자로서의 아버지의 모습을 가지고 있다면, 또 하데스는 보이지 않는 세계에서 죽은 자들에 대한 지배권을 가진 그들의 아버지의 모습이라면, 포세이돈은 좀 더 난폭한 단순한 아버지의 이미지를 가지고 있다. 그는 억압된 야만성과 위협적인 분노를 가진 거칠고 조야한 그러한 음울한 아버지의 이미지를 가지고 있다. 이것은 포세이돈이 동물들의 모습과 밀접한 관련이 있다는 사실에 기인한 것처럼 보인다. 포세이돈은 마케도니아의 왕 비살테스Bisaltes의 딸 테오파네Theopane를 납치하여 도망치던 중 구혼자들의 추적을 따돌리기 위해 숫양의 섬에서 자신은 숫양으로 그리고 테오파네는 암양으로 변신시킨다. 그리고는 양들 틈에 숨어서는 그 안에서 테오파네를 임신시켰다. 그래서 태어난 것이 황금양털을 가진 숫양이다. 또 딸 페르세포네Persephone를 잃어버리고 상심

그림 10. 삼지창을 든 포세이돈

하여 방황하고 있던 데메테르를 쫓아다니면서 구애하다 귀찮은 데메테르가 암말로 변신하여 온키오스Onkios 왕의 말들 무리에 섞여 있는데 자신은 종마의 모습으로 변신하여 데메테르와 관계를 맺어 데메테르로 하여금 아리온Arion이라는 유명한 검은 갈기의 말을 낳게 했다. 이로 인해 데메테르 에리뉘에스Demeter Erinyes; 분노의 데메테르가 되었던 데메테르는 라돈 강에 그 분노를 씻어내고서야 다시 원래의 모습으로 돌아왔다. 또 페르세우스Perseus가 메두사의 목을 잘랐을 때 거기서 솟구친 핏 속에서 페가수스Pegasus라는 말이 솟아나왔는데 이는 포세이돈과 그의 애인이었던 메두사 사이에서 태어난 아들이었다.

포세이돈 이전에 바다를 지배했던 신들은 염소나 황소의 모습으로 나타난 적은 있어도 아무도 말과 관련된 적은 없었다. 그러나 포세이돈은 암피트리테와 결혼을 통해 바다를 소유한 이후에 말과 관련된 이야기들이 나타난다. 포세이돈은 바다의 지배권을 그냥 넘겨받은 것이 아니다. 그것은 그가 스스로 쟁취한 것이다. 제우스와 포세이돈과 하데스 이 삼형제는 각각 대지를 중심으로 하늘과 지하 세계와 바다에 대한 지배권을 나누어 가지기로 한다. 그렇다고 해서 바다의 지배권이 포세이돈에게 그냥 주어진 것은 아니다. 포세이돈은 바다의 주인인 네레우스의 딸 암피트리테를 강제로 납치하여 자신의 아내로 삼았다. 그렇게 하여 암피트리테의 남편으로 불리게 되었고 그와 동시에 바다의 지배권을 쟁취하게 된 것이다.

암피트리테의 자녀들로는 다시 반인반어의 모습을 한 트리톤Triton과 태양의 신 헬리오스Helios의 아내가 된 로데Rhode, 즉 로도스Rhodos 섬이 있다. 제우스는 이 세상을 평정한 후에 모든 신들에게 각자 자신들의 영역을 나누어 주었다. 그런데 제우스는 그만 헬리오스를 생각지 못하고 그를 위해 아무것도 남겨놓지 않았다. 헬리오스는 아주 점

잖은 신이어서 제우스에게 자신은 아무것도 필요치 않다고 말했으나 제우스는 자신의 과오를 어떻게 바로 잡아야할 지를 몰라서 고민하게 된다. 그러다 제우스는 운명의 여신들 중 분배의 여신인 라케시스 Lachesis 여신에게 조언을 청한다. 그러자 이 여신은 앞으로 나타나는 것은 다 헬리오스의 것이라고 선언한다. 그 이후에 바다에서 로도스 섬이 솟아나왔고 그래서 로도스 섬이 헬리오스의 영역이 되었다. 그런데 이 로도스 섬은 또한 포세이돈과 암피트리테의 딸이어서 결국 헬리오스는 포세이돈의 사위가 된 셈이다.

2) 하데스(Hades)와 페르세포네(Persephone)

크로노스의 세 아들 중의 하나이며 제우스뿐만 아니라 헬리오스와도 대조되는 어두운 자이다. 하데스란 이름은 지하 세계의 주인인 하데스 신을 가리키기도 하지만 동시에 그가 거하고 있는 지하 세계를 가리키기도 하고 그리고 그가 거하고 있는 궁을 가리키기도 한다. 하데스는 '보이지 않다'는 뜻을 가지고 있다. 그래서 하데스는, 신이든 지하 세계든 하데스의 궁이든 보이지 않으며 그래서 볼 수 없으며 또한 봐서도 안 되는 것이다. 누구든 하데스를 본 자는 이미 죽은 자이기 때문에 산 자에겐 보이지 않으며 산 자가 볼 수 없으며 산 자가 봐서는 안 되는 것이다. 제우스가 이 세계의 산 자들의 최고 지배자라면 하데스는 죽은 자들의 최고 지배자이다. 또한 헬리오스가 볼 수 있고 볼 수 있게 해주는 자라면, 하데스는 볼 수 없고 볼 수 없게 해주는 자이다. 이런 의미에서 하데스는 제우스와도 헬리오스와도 대조되는 자이다.

하데스는 지하의 제우스라는 의미에서 '제우스 카타크토니오스Zeus

Katachtonios', '크토니오스 제우스Chtonios Zeus'로 언급된다. 또 이 신은 '또 다른 제우스', '세상을 떠난 자들에게 극진한 제우스' 등 천상 세계의 제우스에 상응하여 동등한 지하 세계의 지배자로 불린다. 어떤 면에서 하데스는 제우스의 그림자와 같은 존재라고 말할 수 있겠다. 오늘날 그리스 신화를 소재로 한 작품들 중에는 하데스를 마치 기독교의 사탄과 같은 사악한 존재로 묘사하는 것들이 많은데, 그러나 고대 그리스에서 하데스는 기독교의 사탄과 같은 결코 사악한 존재가 아니다. 하데스는 기독교의 지옥처럼 죄지은 자들이 가는 곳이 아니라 죽은 자들이 가는 곳이다. 그리고 하데스 역시 그들을 벌주는 존재가 아니라 지상의 제우스가 이 세계를 지배하듯이 죽은 자들의 지하 세계를 지배하고 있을 뿐이다. 또 하데스는 항상 제우스의 충직한 형제이고 올림포스 신전이나 지상 세계에는 관심이 없어서 자신의 이름 그대로 하데스에서 하데스를 지배하는 하데스 신이다. 크로노스의 세 아들은 이 세계를 세 부분으로 나누어서 지배하고 있었다. 제우스는 번개로 하늘 아래 세상을, 포세이돈은 삼지창을 들고 바다를, 그리고 하데스는 머리의 뒷면이 정면을 향하도록 돌린 채 지하 세계를 지배한다. 머리의 뒷면을 정면으로 향했다는 것은 그의 얼굴을 볼 수 없고 또 봐서는 안 되기 때문이다. 그래서 그에게 제물을 바치는 자들조차 고개를 돌리고 이 신을 쳐다보지 않았다고 한다.

하데스도 다양한 별명을 가지고 있는데, '폴뤼데그몬Polydegmon'은 '많은 손님을 접대하는 자'라는 뜻으로 하데스 세계는 끊임없이 죽은 자들이 들어오기 때문일 것이다. 산 자들의 세계는 그 수가 늘 수도 줄 수도 있지만, 죽은 자들의 세계는 그 수가 계속 늘어날 뿐 결코 줄어들지는 않기 때문일 것이다. '플루톤Plouton'은 '부유한 자' 또는 '부유함을 주는 자'라는 뜻인데, 이것은 모든 값진 것들이 다 지하에 있기 때문이다. 각종 값비싼 금 은 보석들이 땅속에 있을 뿐만 아니라 사람들은 귀한 것들을 또한 땅 속에 보관하는 습성이 있기 때문이다. 크로노스의 세 아들들은 대지의 어머니 데메테르를 중심으로 하늘과 바다 그리고 지하 세계, 이렇게 이 세계의 세 부분을 나누어 장악하고 있지만, 그러나 일반적으로 하데스가 데메테르 여신과 직접적인 관계를 가졌다는 이야기는 전해지지 않는다. 그러나 대신에 하데스는 '코레Kore; 처녀'라 불린 자신의 조카이자 데메테르의 딸인 페르세포네를 납치하여 자신의 아내로 삼음으로써 간접적으로 자신의 형제들과 함께 데메테르를 공유하고 있다.

페르세포네는 오케아노스의 딸들과 아테나, 아르테미스와 함께 꽃을 따며 놀고 있었다. 그러다 발밑에 피어 있는 아름다운 수선화를 보고 그것을 잡으려고 몸을 숙인 순간 갑자기 땅이 갈라지며 불멸하는 말들이 끄는 황금마차를 탄 하데스가 솟아 나와 이 소녀를 낚아채선 다시 땅 속으로 들어가 버렸다. 너무나 순간적으로 일어난 일이라 주변의 아무도 이 모습을 본 자가 없었다. 이렇게 하데스는 자신의 어린 조카를 납치하여 자신의 아내로 삼았다. 그러나 이것은 하데스가 자기 멋대로 행한 독단적인 행위는 아니었다. 이 일을 꾸민 자는 사실은 페르세포네의 아버지이자 하데스의 형제인 제우스이다. 제우스는 자신의 충직한 형제인 하데스가 외롭게 다른 신들과 동떨어져 하데스에 홀로 머무는 것이 안쓰러웠다. 그래서 그에게 자신의 딸을 주기로 마음먹었다. 그래서 할머니인 가이아 여신의 도움을 받아 이 일을 꾸미게 된다. 페르세포네의 눈길을 사로잡았던 그 아름다운 수선화는 바로 가이아가 이 소녀를 유혹하기 위해 피운 것이다. 결국 이 모든 일의 책임은 제우스에게 있다고 할 수 있다.

어머니 데메테르는 갑자기 자신의 딸이 보이지 않자 여기저기 수

소문하면서 자신의 딸을 찾아다니기 시작했다. 그러나 아무도 그녀를 본 자가 없었다. 헤카테의 도움을 받아 밤낮으로 찾아다녔지만 데메테르는 자신의 딸을 어디서도 찾을 수가 없었다. 마침내 이 여신은 낮에 일어나는 모든 일들을 알고 있는 태양의 신 헬리오스에게 찾아간다. 그리고 모든 일의 전말을 알게 된다. 헬리오스는 그녀의 딸이 그녀의 형제인 하데스에 의해서 납치가 되었다는 것, 이것이 제우스의 계책이라는 것, 그리고 할머니인 가이아가 협조했다는 것까지 다 말해준다. 그뿐만 아니라 하데스는 좋은 사윗감이므로 잘된 일이라고 생각하라고 위로까지 했다. 그러나 데메테르는 이 일로 매우 낙담했다. 딸을 잃어버렸다는 상실감과 더불어 자신의 남편을 비롯한 자신의 주변인들이 자신을 속였다는 것에 크게 실망했다. 그래서 낙담한 데메테르는 긴 방황의 길에 들어선다. 딸을 잃은 데메테르는 자신조차 돌보지 않아 남루하고 노쇠한 모습으로 세상을 떠돌아 다녔다. 그 바람에 대지의 어머니 데메테르는 이 대지조차 돌보지 않았다. 다산과 양육의 상징인 대지의 어머니 데메테르가 대지를 돌보지 않자 땅들은 더 이상 산물을 내놓지 않았고 그로인해 대지의 산물에 의존해서 살고 있는 모든 인간들과 동물들은 먹을 것이 없어 기근饑饉에 시달리게 되었다. 인간들이 기근에 시달리게 되자 인간들은 신들을 탓하게 되고 또한 신들에게 바칠 제물조차 없어서 인간에게 전적으로 의존하고 사는 신들도 역시 빈곤에 허덕이게 된다.

올림포스 신들은 더 이상 인간들로부터 존경과 제물을 받지 못하게 되었다. 신들은 결국 제우스를 찾아가 이 일을 바로 잡을 것을 청하게 된다. 제우스는 어쩔 수 없이 하데스에게 페르세포네를 그녀의 어머니에게 돌려줄 것을 요구하게 되고, 제우스에게 충직했던 하데스는 이미 자신의 아내가 된 페르세포네를 어머니에게 돌려주었다. 그러나 하데스는 페르세포네에게 어머니 곁으로 돌아갈 수 있다는 소식을 전하면서 기쁨에 들떠 방심한 그녀의 입에 작은 석류 알 몇 개를 집어넣어 먹게 했다. 마침내 딸을 되찾은 데메테르는 반가움과 기쁨에 즐거운 시간을 보냈지만 혹시 지하 세계에 있을 때 뭔가를 먹지 않았는가를 물었고 석류 알 하나를 먹었다는 딸의 답변에 경악하게 된다. 왜냐하면 지하 세계의 것을 먹은 자는 반드시 다시 지하 세계로 돌아가야 하기 때문이었다. 결국 데메테르는 이 문제를 제우스에게 해결해줄 것을 요구하게 되고 제우스는 일 년의 사분의 삼은 어머니와, 그리고 나머지 사분의 일은 남편과 함께 있어야 한다고 판결한다. 이때부터 데메테르는 딸과 함께 있는 동안은 정상적으로 자신의 책무를 다하여 대지가 많은 산물을 소출해내지만, 딸이 남편과 함께 있는 동안은 낙담하여 자신의 책무를 다하지 않아 대지가 아무런 소출도 내지 않는 죽음의 땅처럼 변해버렸다. 이것이 바로 겨울의 기원이다. 아마도 고대인들은 대지의 어머니 데메테르가 이 땅을 돌보고 있다면 어째서 정기적으로 일정한 기간 동안 대지가 마치 죽은 듯이 어떤 소출도 내지 않는지 궁금해 했을 것이다. 그리고 그 이유를 이런 이야기들을 통해 설명하려 했던 것일 것이다.

처음 자신의 딸인 페르세포네가 하데스에 의해 납치되었다는 사실을 안 데메테르는 여러 곳을 방황하며 떠돌아 다녔다. 자신조차 돌보지 않아 아주 늙고 남루한 노인네의 모습으로 엘레우시스Eleusis라는 곳의 우물가에 넋 놓고 앉아있었는데 그곳의 왕 켈레오스Keleos의 딸들이 마침 물을 길러 왔다가 이 여신을 발견한다. 비록 늙고 초라하나 어딘지 모르게 기품이 있어 보이는 이 노인네가 안쓰러워진 딸들은 데메테르를 설득하여 자신들의 궁으로 데려가 자신의 어머니인 메타네이라Metaneira에게 소개한다. 마침 메타네이라는 아들 데모푼

Demophoon을 낳아 유모를 찾고 있었다. 한편으로 데메테르를 여신으로 의심하여 두려워하기도 했지만, 데메테르는 끝까지 자신의 신분을 감추었고 마침내 유모의 자리를 맡게 된다. 딸을 잃은 허전한 맘을 달래기 위해 데메테르는 다른 이의 자식을 돌보기로 한 것이다. 데모푼을 맡은 데메테르는 밤마다 이 아이를 활활 타오르는 불길에 달구었다. 이것은 마치 대장장이가 쇠를 담금질하여 더 좋은 양질의 쇠를 만들 듯이 이 어린아이를 불사의 신적인 존재로 만드는 과정이었다. 밤마다 아이는 데메테르 여신에 의해 점점 더 강해졌고 아침마다 놀랍게 성장하는 아들을 보는 어머니 메타네이라는 놀랍고 기쁘기도 했지만 한편 무슨 일인지 몰라 두렵기도 했다. 그래서 하루는 밤에 몰래 유모의 방문을 열고 그 안을 엿보게 된다. 그리고 유모가 자신의 아이를 불 속에 집어넣고 태우는 듯한 광경을 보게 된다. 그 광경을 본 메타네이라는 놀라서 비명을 지르며 자신의 아이를 살려달라고 소리치고 말았다. 이에 자신의 신성한 작업을 방해받은 데메테르는 자신의 본 모습을 드러내며 몹시 진노하였다. 이 여신은 자식을 불사의 신성한 존재로 만들려는 자신의 작업을 방해한 이 여인의 어리석음을 꾸짖으며 자기가 데메테르 여신임을 밝히게 된다.

이 후 데메테르는 엘레우시스의 왕 켈레오스에게 자신을 위한 신전을 지을 것을 명하게 되고 그리고 그곳에 칩거하면서 나중에 자신의 딸이 하데스로부터 돌아올 때까지 그곳에 머물렀다. 이곳이 바로 그 유명한 '엘레우시스 비밀의식Eleusinia Mysteria'이 열리던 곳이다. 엘레우시스 비밀의식은 고대 신비주의 의식들 중 가장 중요한 의식으로 알려져 있다. 기원 후 약 4-5세기경 기독교에 의해 그 의식이 중단될 때까지 약 2,000여 년 동안 지속된 종교적 의식이다. 이 의식은 농업과 깊은 관련이 있고 나중에 불멸성을 추구하는 종교적 의식의 성격을 띤 것으로 알려져 있다. 특히 데메테르와 페르세포네의 신화와 관련된 제의 의식 등이 행해졌다고 한다. 그러나 이 의식은 비밀의식이고 이 의식에 참여했던 사람들은 그 내용을 철저히 비밀에 붙일 것을 서약하는 등 실제 어떤 의식이 행해졌는지에 대해서는 직접적으로 기록된 바가 없다. 이 의식은 나중에 아테네가 주관하여 아테네에서 시작해서 엘레우시스에서 본격적인 제의가 행해지게 되었는데 그 중요성의 강조에 비해서 여전히 세상에 알려진 것은 극히 드물다.

GODS and HEROES

GODS and HEROES

제2부
그리스의 영웅

GODS and HEROES

그리스의 영웅

9. 영웅모험담의 종교적 의미

지금까지는 신들의 이야기를 다루었다. 이러한 '신화'에도 인간들은 등장하는데 그들은 평범한 인간은 아니다. 비범하다고는 하나 어쨌든 그들은 불사의 신이 아닌 가사적 존재, 인간이다. 평범치 않은 인간이라 그들은 영웅이라 불린다. 영웅은 모험을 한다. 영웅의 모험이야기는 신화일까? 영웅의 이야기는 종교성이 없어서, 다시 말해서 신앙의 대상이 되는 존재의 이야기가 아니어서 신화가 아니라고 주장할 수도 있다.

이러한 주장은 재고해 볼 필요가 있다. 마케도니아의 알렉산드로스Alexandros 대왕은 출정을 나가면서 트로이Troy에 있었던 아킬레우스Akhilleus의 묘소에 참배를 했다. 아킬레우스를 죽는 인간으로 여겨졌으면서도 또한 무운을 드높이도록 음덕을 베풀 수 있는 존재로도 여긴 것이다. 관우는 한 때 뛰어난 장수였으나, 지금은 신이다. 1, 6호선 동묘앞역 근처에 있는 동묘는 관우신의 사당이다. 어째서 살고 죽는 사람이 신처럼 여겨진 것일까? 비논리와 무지의 소치로 보이는 현상

배후에는 무언가 있지 않을까? 아킬레우스와 관우는 인간들이 도달하고 싶은 어떤 경지를 선취한 전범典範이다. 그들이 성취한 것은 우리의 보편적인 소망이기도 한 것이다. 인간은 인간이고 신은 신이지만, 전범으로서의 인간 즉 영웅이 보여주는 것은 종교적이다. 만일 종교를 신에 대한 숭배라고 정의한다면 그것은 너무 협소한 정의일 것이다. 이 장에서는 영웅의 모험담이 종교성을 포함한다는 가정을 검토해 보고자 한다. 조셉 캠벨Joseph Campbell은 『천의 얼굴을 가진 영웅』에서 이러한 가정 하에서, 동서고금의 영웅의 모험담이 보편적인 구조를 가지고 있으며, 영웅 모험담이 인류와 개인의 무의식에서 발원된다는 것, 그리고 모험을 마치고 영웅이 된다는 것이 종교적 차원에서 어떤 의미를 갖는지를 밝혔다.

본 장에서 우리는 캠벨의 논의를 따라 영웅 모험담이 종교적 의미를 띈다는 것이 무엇을 의미하는지를 살필 것이다. 살필 순서는 다음과 같다. 첫째, 캠벨의 논의는 분석심리학을 이론적 배경으로 한다. 그러므로 먼저 분석심리학이 말하는 원형의 일반적인 의미와 영웅 원형의 의미를 알아보아야 한다. 둘째, 영웅은 무엇을 하는지, 영웅 모험담이 갖는 보편적인 구조가 무엇인지 알아보고, 마지막으로 셋째, 영웅이란 어떤 존재인지 그리고 영웅의 모험과 우리 자신의 삶이 무슨 상관이 있는지를 생각해 보자.

1) 원형으로서의 영웅

우선 원형이라는 개념을 알아보자.[27] 원형은 본능과 마찬가지로 선험적이고 보편적이다. 알에서 갓 태어난 병아리는 솔개의 그림자가

---

27) 사실 이 개념은 알거리가 아니라 겪을거리이다. 원형은 감동이나 공포 같은 강렬한 정동반응情動反應으로 나타난다.

드리우면 최선을 다해서 도망을 간다. 솔개로부터 도망을 가야한다는 본능을 가지고 있기 때문이다. 우리 인간에게도 이러한 본능이 있다. 본능은 인간으로 하여금 인간적 행위를 하여, 인간으로서의 삶을 살도록 하는 선험적인 조건이다. 본능이 행위의 측면에서의 선험적 조건이라면 원형은 인식의 차원에서의 선험적 조건이다. 원형은 인간 정신의 보편적이며 근원적인 핵심이다. 인간은 태어날 때 원형을 가지고 태어나고 원형으로 인해 자신의 행위를 인간답게 해석하고 의미를 부여할 수 있다. 원형이 보편적이라 함은 그것이 시간과 공간의 차이나 지리적 조건의 차이, 인종의 차이를 넘어서, 태곳적부터 현대에 이르는 긴 시간에 수없이 반복되었으며 또한 반복되어 갈 것임을 의미한다. 나라, 문화권, 종족, 시대가 어떻든 인간이라면 누구나 한결같이 생각했고, 느꼈고, 행동했고, 말한 것의 유형들이 원형이다.[28] 명칭은 문화권마다 다를 수 있지만, 어느 문화권에나 현자, 어머니, 아버지, 마녀, 조력자, 괴물 등등의 원형은 있다.

원형은 집단무의식을 구성한다. 우리의 마음은 의식 즉 아는 마음과 무의식 즉 알지 못하는 마음으로 이루어져 있다. 정신분석학의 창시자이자 과학적으로 무의식을 입증하고자 했던 프로이트Sigmund Freud에 따르면 우리의 정신에서 무의식은 의식보다 훨씬 거대한 비중을 차지한다. 그는 의식과 무의식을 수면 위로 떠오른 일부와 그 아래 거대한 덩어리로 이루어진 빙산에 비유했다. 프로이트는 무의식이 억압된 유아기의 성욕에서 생성된다고 파악했다. 그렇다면 무의식은 개인적인 것이다. 억압이 모든 개인에게 일어나는 일이라고 해도, 결국 개인은 개별적인 경험에 의해 억압당하고 있다. 프로이트의 제

28) 이부영, 『분석심리학: C. G. Jung의 인간심성론』, 서울: 일조각, 1998, p. 100~101.

자인 융Carl Gustav Jung은 무의식의 존재에 대한 프로이트의 발견을 받아들이지만, 무의식의 발원과 무의식의 역할에 대해서는 프로이트와 입장을 달리한다. 융은 개인의 특수한 생활체험과 관련되고 개인의 성격상의 특성을 이루는 무의식을 개인적 무의식이라 부른다. 그런데 융은 무의식에는 이러한 개인적인 특성과는 무관하게 모든 사람에게 발견되는 보편적인 내용이 있다는 것에 주목했다. 이 부분을 융은 집단적 무의식이라 부른다. 집단 무의식은 곧 선험적이고 보편적인 성격의 원형들로 구성된다.

융에 따르면 무의식이라는 것은 어떤 병리적 증상으로 드러나고 의식화함으로써 고쳐야 할 부정적인 것이 아니다. 융은 수많은 저서에서 상당한 양의 꿈과 신화를 인용하는데 꿈이나 신화가 우리가 무의식에 접근할 수 있게 하는 접근로라고 여기기 때문이다. 그의 저서에 인용된 꿈 하나를 예로 보자. 어떤 사람이 꿈에서 자기 아버지와 함께 어떤 약국으로 들어갔다. 거기에는 값진 물건들이 있었지만 싸게 구입할 수 있었다. 또한 거기에는 특별한 물도 있었다. 아버지는 그에게 물이 나오는 나라에 대해 이야기해 준다. 이어서 그는 기차를 타고 루비콘 강 위를 지나갔다.[29] 융은 그가 싼 비용으로 특별한 물을 사기를 단념하고 물의 근원을 찾아 나서고자 했다고 꿈을 해석한다. 아버지는 생명의 근원으로 데려가는 인도자이기도 하고 그의 생명의 근원이기도 하다. 그렇다면 그가 루비콘 강을 건너서 찾게 되는 것은 무엇일까?

단적으로 말해서 그것은 자아ego가 모르고 있던 자기self이다. 자아는 내가 알고 있는 나이다. 반면 자기는 의식과 무의식을 통틀어 하나

29) C. G. 융, 『꿈에 나타난 개성화 과정의 상징』, 한국융연구원 C. G. 융 저작 번역위원회 옮김, 서울: 솔, 2002, p. 155.

인 그의 전부이다. 인간이 자신 전체로서 살지 않고 어느 한 면만을 내세우고 살면 언젠가는 다른 면이 삶의 일부로라도 참여시켜 주기를 요구하게 된다. 무의식의 차원에서 이러한 촉구가 일어나는 것이다. 내가 모르는 나란 무엇일까? 이것은 의식으로 찾을 수 있는 것, 곰곰이 생각한다고 알 수 있는 것이 아니다. 그러면 어떻게 자기를 알 수 있을까? 자기는 상징을 통하여 스스로 모습을 드러낸다. 꿈에 나타난 상징, 신화에 나타난 상징 그리고 만다라 등은 무의식이 의식에게, 자기가 자아에게 드러나는 방식이다. 이 상징들을 무시하지 않고 주의를 기울이는 것이 자기를 실현하는 길이다. 이 온전한 자기, 자기원형은 분명히 있지만 모든 원형과 마찬가지로 이것을 완전히 설명하는 것은 불가능하다. 원형은 정의할 수 있는 개념의 차원에 속하는 것이 아니라 언어의 한계 밖에서 강렬한 정동으로 드러나는 것이기 때문이다.

요컨대 자기원형은 그 사람으로 하여금 그 사람 자신이 되게끔 하는 인간의 무의식에 존재하는 근원적 가능성이며, 자기실현은 이러한 가능성을 자아의식이 받아들여 실천에 옮기는 능동적 행위를 말한다.[30] 무의식의 영역에서 나오는 상징들에 주의를 기울이는 것은 의식의 영역에 있는 자아이다. 자기실현에는 자아의 결단, 용기, 인내심이 필요하다. 우리 각각이 지금의 나가 된 과정을 생각해보라. 나는 여자로서, 딸로서, 학생으로서, ~로서 훌륭하게 살고자 나름 애쓰고 있다. 그렇지만 자기실현은 이러한 각각의 임무융의 용어로는 페르소나를 훌륭하게 해내거나, 성인군자 같은 전인全人이 되는 것을 목표로 하지 않을 뿐만 아니라, 아무 상관도 없다. 너무 단순해서 아무 의미도 없

30) 이부영, 『분석심리학: C. G. Jung의 인간심성론』, 1998, p. 119.

는 말처럼 들리겠지만 자기실현은 '바로 나'가 되는 것일 뿐이다. 자기실현을 했다고 해도 머리위에 후광이 둘러지지도 않고, 유능하거나 거룩한 존재로 보이는 것도 아니다. 오히려 고독하거나 무력한 사람으로 보일 수도 있다. 그렇기 때문에 조각난 자기로 살지 않겠다는 자아의 결단에는 유용하고 친근한 가치와 결별하는 용기와 인내심이 필요한 것이다. 결국 자기실현이란 무의식의 의식화 과정인 것이다. 그렇지만 무의식이 완전히 없어지며 동시에 완전히 깨닫는 상태가 되는 것은 불가능하다. 무의식은 끝없고, 아무리 의식화해도 미지의 세계는 남는다. 융에 따르면 자기실현이란 반드시 완전해지는 것이 아니라, 비교적 온전해지는 것이다.[31)]

영웅도 하나의 원형이다. 동서고금의 모든 영웅은 우리의 자아의식에 속삭인다. 모험을 떠나라고. 영웅이란 어떤 존재이겠는가? 영웅은 자기실현을 한 사람이다. 그리고 모험은 자기실현의 과정이다.

> 영웅은 과거 개인적, 지방의 역사적 제약과 싸워 이것을 보편적으로 타당하고 정상의 인간적인 형태로 환원시킬 수 있었던 남자나 여자를 일컫는다. 그런 사람의 상상력과 이상과 영감은 태곳적부터 인간의 생명과 사상의 원천에서 비롯된다. 그래서 영웅은, 현재의 붕괴되어 가는 사회나 정신에 대해서가 아니라 사회 재생의 심원한 원리에 대해 많은 것을 시사한다. 영웅은 현대인으로 죽었지만 영원한 인간완전하게 되되, 특이하지 않은 우주적 인간으로 다시 태어났다. 따라서 엄숙한 과업과 행위는 다른 모습으로 우리에게 다가와 재생의 삶에 대해 그가 배운 바를 가르쳐주는 것이다.[32)]

영웅은 모험을 통해 자기를 실현한 사람이다. 그런데 캠벨에 따르

---

31) 위의 책, p. 119.
32) J. 캠벨, 『천의 얼굴을 가진 영웅』, 이윤기 옮김, 서울: 민음사, 2004, p. 33.

면 이 자기실현은 그 자신에게만 이로운 것이 아니다. 자기실현은 죽음과 재생의 과정을 포함하는데, 영웅의 죽음은 그만의 것이 아니라 그가 속한 세상, 사회의 죽음이며, 그의 재생은 세상의 재생이다.

(프로이트의) 정신분석학과 (융의) 분석심리학은 신화는 보편적인 꿈, 반대로 꿈은 개인적인 신화라고 파악한다. 개인의 구체적인 문제가 특수한 내용의 꿈으로 나타나는 것처럼 인류의 문제는 신화 속에 보편적인 상징으로 나타난다. 분석심리학의 관점에서 영웅의 모험담이 신화에, 그림책과 동화책에, 드라마와 영화에 끊임없이 등장하는 것은 어느 시기, 어느 장소의 인간이든 집단무의식으로부터 자유롭지 못하기 때문이다. 또한 우리 인간이 전체성을 지양하게 되어 있는 존재이기 때문이고, 무의식은 완전히 의식화되지 않기 때문이기도 하다.

영웅이 어떤 존재인지 아직 피상적으로 밖에 이야기하지 못했다. 영웅이 자기를 실현한 사람인지를 이해하려면 그와 함께 모험을 떠나야만 한다.

2) 영웅 모험담과 그 보편적 구조

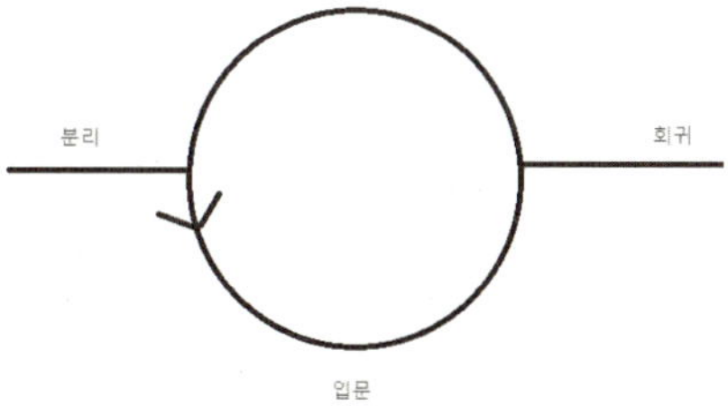

그림 11. 모험의 표준 궤도

영웅이 치르는 신화적 모험의 표준 궤도는 통과 제의에 나타난 양식, 즉 '분리', '입문', '회귀'의 확대판이다. 이 양식은 원질신화의 핵심이라고 할 수 있다. 즉 영웅은 일상적인 삶의 세계에서 초자연적인 경이의 세계로 떠나고 여기에서 엄청난 세력과 만나고, 결국은 결정적인 승리를 거두고, 영웅은 이 신비스러운 모험에서, 동료들에게 이익을 줄 수 있는 힘을 얻어 현실 세계로 돌아오는 것이다.[33]

캠벨이 제시하는 데로 분리 단계부터 차례로 영웅의 모험에 동행해 보자.

그가 모험의 첫 단계에서 제시하는 이야기는 '개구리 왕자' 이야기이다. 다들 알다시피 이 이야기는 어느 날 공주가 황금 공을 샘에 빠뜨렸는데, 개구리가 나타나 자기를 친구로 삼겠다는 약속을 한다면 공을 찾아주겠다고 말하면서 시작된다. 모험은 일상의 순탄함을 깨는 어떤 사건으로 시작된다. 황금 공을 잃은 것은 그저 실수로 보이지만 닥칠 운명의 첫 번째 조짐이다. 개구리는 두 번째 조짐, 무심결에 한 약속은 세 번째 조짐이다. 캠벨은 이 개구리를 "전령관"이라고 일컫는다. 전령관의 임무는 "모험에의 소명"을 알리는 것이다. 이 이야기에서 전령관은 개구리인데, 그것이 혐오스럽고 꺼림칙하게 생겼다는 점에 우리는 주목해야 한다. "징그러운 동물은 무의식의 심층을 상징한다. 여기엔 징그럽고, 사랑이나 인정을 받지 못한, 미지의 혹은 지진한 요소, 원리 그리고 생존의 본질이 우글거리고 있다."[34] 무의식의 심층에서 나온 것이 우리에게 친숙하고 다정하게 보일리가 없다. 그것은 미지의 영역에서 왔기 때문에 어둡고, 징그럽고, 무섭고, 이 세상에 속하지 않은 것으로 보인다. 모험에의 소명을 받는 장소가 샘가라는 것도 예사롭지 않다. 숲 속, 큰 나무 아래, 샘가 등은 소명을 받는, 전형적인 장소이다. 이러한 장소는 원으로 상징되는 우주의 배꼽omphalos이다. 황금 공을 놓쳤을 때, 공주는 당황했을 것이다. 공주의 평범하고 안온한 일상에 균열이 생겼다. 이제 돌아가기 힘든 어떤 단절이 생겨버렸다. 이 당황에는 거부감도 더해진다. 모험으로의 부름은 곧 "어떤 사회적 지위로부터 떠나라는, 즉 여러분 자신의 외로

33) 위의 책, p. 44~5.
34) 위의 책, p. 73.

움 속으로 들어가 보석을 찾으라는, 즉 여러분이 사회적으로 속박되어 있을 때에는 찾기가 불가능한 것을 찾으라는 것"[35]이다. 그러니 당황스럽고 거부감이 생길 수밖에 없다. 캠벨은 프로이트를 인용해서 이 복잡한 감정의 근원을 설명한다. "프로이트는 불안한 순간은 어머니로부터 분리될 때의 고통탄생하는 순간의 숨이 막히고, 피가 응어리지는 등의을 상기시킨다고 지적한 바 있다. 거꾸로 말하면, 분리와 탄생의 순간은 불안을 야기한다."[36]

그래서 공주는 황금 공을 되찾고는 개구리의 호소에도 불구하고 뒤도 돌아보지 않고 궁으로 달아나 버린다. 이것을 캠벨은 "소명의 거부"라고 부른다. 분리는 탄생이고 생산적인 것이지만 공주나 깨닫지 못한 우리에게 분리는 전혀 반갑지 않고 두렵기만 하다. 그러나 결국 영웅은 원해서든 아니면 원치 않지만 떠밀려서든 소명을 받아들인다. '개구리 왕자'에서 공주는 내켜하지 않았지만 부왕에게 떠밀려 개구리와의 약속을 실행에 옮긴다.

만일 끝까지 모험을 거부하면 어떻게 될까? 그리스 신화에 나오는 다프네Daphne의 경우가 이런 경우이다. 다프네가 변신하게 해 달라고 호소한 대상은 아버지였다. 그녀의 청을 받아들인 아버지에 의해 다프네의 뛰던 두 발은 굳어서 땅 속에 고착되어 버린다. 다프네는 부모에게로, 유아기로 후퇴해 버린 것이다. 다프네가 아폴론의 구애를 받아들였다면, 다프네의 삶은 새로운 국면으로 들어갔을 텐데 말이다.

소명을 받아들인 모험 당사자는 편력 중 첫 번째 "보호자"를 만나게 된다. 보호자는 여럿일 수 있지만, 이 첫 번째 보호자는 "자비로운 힘", "숙명적 보호 세력"으로서 모험 당사자가 곧 만나게 될 "용에게

---

35) J. 캠벨, 『신화와 인생』, 박중서 옮김, 서울: 갈라파고스, 2009, p. 111.
36) J. 캠벨, 앞의 책, p. 73.

맞설 호부액막이"를 주는 존재이다. 테세우스Theseus에게 아리아드네Ariadene가 실타래를 주어서 미궁에서 안전하게 나올 수 있었던 것이 이 예이다. 이 보호자는 자비롭고 숙명적인 보호 세력이다. 보호자는 여러 단계에서 문턱을 넘고 위기를 겪더라도 항상 "영혼의 지성소에, 심지어는 이 세상의 낯선 사건에 내재하거나 그 배후에 존재"하면서 "모험을 나선 당사자가 그것을 알고 그 존재를 믿기만 하면 시공을 초월한 안내자는 언제나 나타난다."[37] 또한 모험의 여정 곳곳에서 모험 당사자는 많은 조력자들을 만나기도 한다. 유럽 민담에 나오는 숲 속의 은자, 대장장이, 마법사, 목동, 그리스 신화에 나오는 헤르메스Hermes, 기독교 문화권의 성령 등은 남성이고 초자연적인 외부 조력자이다. 소명을 의식하고 모험을 결단한 당사자때론 의지나 결단을 하지 않은 경우에도에게 조력자는 모험의 영역으로 가는 길을 제시하고 인도한다.

이제 영웅은 한 걸음 더 들어가 새로운 영역의 입구에서 "관문의 수호자"를 만난다. 그리스와 로마의 신 판Pan은 관문 수호자의 고전적인 예이다. 관목과 풀로 벌판을 무심코 지나던 나그네는 갑자기 나타난 판 때문에 놀라게 된다.[38] 판은 '여기에서부터는 미지의 영역이고, 너는 되돌아가지 못할 수도 있다.'는 경고와 표시를 한다. 관문 수호자를 거치는 것은 곧 관문을 통과한 것이다. 이제 그는 계속 나아가게 된다. <센과 치히로의 행방불명>에서 치히로의 아버지가 운전하던 차는 막힌 길에 서는데, 길을 막아선 작은 석상이 보여준 모습이 바로 관문 수호자의 모습이다. 이 석상에 부모는 무심하지만 치히로의 눈에 그것은 의미심장해 보인다. 치히로의 부모는 거리낌 없이 관문을 통과해 버리고 자신들이 아는 상식으로 그 세계를 해석하지만,

37) 위의 책, p. 96.
38) 'panic'의 어원이 'Pan'이다.

어린아이의 눈에 그 세계는 막연한 두려움을 자아내는 신비로운 세계로 느껴진다. 성큼성큼 가 버리는 아버지를 따라가다가, 더 이상 가기를 주저하는 치히로의 등 뒤로 바람이 불면서 치히로는 떠밀리듯 그 세계로 들어가게 된다. 관문을 통과하는 행위는 모험 당사자의 결단에 찬 행동이라기보다는 무의식의 영역의 강력한 힘에 의해 촉구되는 것이다.

문턱을 넘으면 무엇이 나오는가? 이제부터는 "재생의 영역" 이다. 캠벨은 이 영역을 "고래의 배"라고 명명한다. 고래의 배라고 하면 피노키오가 먼저 떠오른다. 피노키오가 고래에게 삼켜지는 것을 밖에서 본 사람은 '피노키오가 죽었다.'고 생각할 것이다. 모험 당사자는 관문 수호자를 정복하거나 그와 화해하는 것이 아니라 관문을 거치면서 미지의 힘에 빨려 들어간다. 그래서 겉보기엔 죽은 것으로 나타나곤 한다. 그러나 내부에서 보면 어떨까? 피노키오는 거기에서 아빠를 만난다. 아빠는 아빠대로 학교에도 안 가고 온갖 위험 속에서 방황하던 피노키오를 찾던 중 고래에게 삼켜졌던 것이다. 피노키오는 아빠를 모시고 고래의 배로부터 탈출하는데 성공한다. 그리고 집에 돌아온 피노키오는 학교에도 잘 가고, 돈도 모으고, 아빠도 잘 모시는 착한 아이가 되었고 마침내 살을 가진 진짜 소년이 되었다.

이와 같이 고래의 배는 죽고 다시 태어나는 곳이다. 영웅이 고래의 뱃속으로 빨려 들어가는 것은 신도가 신전 안으로 들어가는 것과 같다. 신도는 신전 안에서 자신은 불멸의 존재가 아니라 티끌에 불과하다는 자기 정체를 깨닫게 된다. 신도는 신전으로 들어가는 순간 변형을 체험한다. 그 순간 신도의 세속적 성격은 사라진다.[39] 신전 안에

39) 중세에 지어진 가톨릭 성당을 장식하는 괴수들은 신자를 관문수호자들이며 또한 신자의 변형을 상징한다. 여기서부터는 너의 자아가 전 같지 않으리라는

서 신도는 시간적으로는 이미 죽어 세계의 자궁, 세계의 배꼽, 지상의 낙원으로 돌아갔다는 암시를 받을 수도 있다. 오시리스Osiris와 아티스Attis는 신화 속에서 죽는다. 이 신들을 기리는 종교제의에서 신도들은 그 죽음을 재연하기도 한다. 그러나 이 죽음은 결국 다시 태어나기 위한 것이다신들과 마찬가지로. 이제 세속의 나, 이전의 나, 부분으로서 살고 의식되던 나, 의식적 자아는 죽는다. 이 자아가 죽어야 비로소 자기를 만날 수 있기 때문이다. 여기까지가 캠벨이 말하는 "분리" 또는 "출발" 단계이다.

이제부터가 본격적인 모험이 전개되는 "입문"의 단계이다. 영웅은 이제 "시련의 길"에 들어선다. 시련의 길에서 영웅은 거듭되는 시련을 극복하고 살아남아야 한다. 수메르 신화 중 인안나Inanna의 하강이 그 좋은 예이다. 어느 날 지상과 하늘의 여왕 인안나는 천계를 떠나 지하로 하강한다. 지하는 인안나의 자매인 에레쉬키갈Ereshkigal의 영역으로, 인안나는 여기에서는 힘을 쓸 수가 없다. 인안나는 일곱 개의 문을 거쳐 명계로 들어간다. 인안나는 문 하나를 지날 때마다 왕관, 홀장, 목걸이 등등 몸에 걸친 것을 하나씩 벗게 된다. 일곱 문을 다 지나자 인안나는 마침내 벌거벗은 시체가 되어 매달리고 만다. 캠벨은 이 신화를 다음과 같이 해석한다.

> 고대의 상징 체계에 따르면 빛과 어둠을 표상하는 자매, 즉 인안나와 에레쉬키갈은 두 얼굴의 한 여신이다. 그리고 그들의 반목은 어려운 시련의 길을 의미한다. 신이든 여신이든, 남자든 여자든, 신화의 등장인물이든 꿈을 꾸는 사람이든, 영웅은 적대자를 발견하고 삼키거나 그에게 삼켜짐으로써 이 적대자뜻밖에도 그 자신의 자아를 동화시킨다. 하나씩 하나씩 장애는 차례로 사라진다. 영웅은 자신의 자존심, 미덕, 아름다움, 삶을 팽개치고 도저히 용납할 수 없는

것을 보여주는 것이다.

이 적대자에게 절을 하거나 복종한다. 이윽고 영웅은 자신과 적대자가 사실은 둘이 아니라 하나임을 깨닫게 된다.40)

시련의 단계는 그러나 아직 용을 죽이는 단계가 아니다. 용을 죽이기 전에, 몇 차례 장애물을 넘으면서 단련되는 과정일 뿐이다.

수 많은 시련을 겪고 마지막 장애물/용을 극복하고 마지막으로 하게 되는 모험은 "여신과의 만남" 내지는 "혼례"이다. 시련을 겪으면서 성에 들어온 왕자가 잠자는 공주의 옆에 눕는다는 모티프는 무척 익숙하다. "잠자는 여성은 미인의 본보기 중의 본보기이며, 모든 욕망에 대한 응답, 모든 영웅의 지상적, 비지상적 모험의 은혜로운 최종 목표", 이며 "완전성이라는 약속의 화신이며 조직화된 불완전한 세계 속에서 오랜 방황을 끝낸 영혼의 안식이며, 한때 인류가 맛보았다가 언젠가 다시 맛 볼 은혜" 그리고 "위안과 자양, 그리고 우리가 아득한 옛날에 그 사랑을 받던 '좋은' 어머니"이다.41) 영웅이 결합하게 되는 미녀는 모성원형의 상징인 것이다.

그림 12. 칼리

그런데 여신 — 만유의 어머니 — 은 따사롭고 자비롭기만 한 존재가 아니다. 힌두교의 칼리Kali가 대표적인 여신이다. 칼리는 손이 네 개인데, 위 왼

40) 위의 책, p. 143.
41) 위의 책, p. 147~8.

손에는 피 묻은 칼을, 아래 손에는 인두의 머리터럭을 쥐고 있다. 반면 위의 오른 손은 "두려워하지 말라"는 손짓을 하고, 아래 손으로는 은혜를 나누어주고 있다. 목에는 인간의 목을 엮은 목걸이를 걸고 있고 긴 혀는 피를 찾아 날름거린다. 이 여신의 모습은 너무나 모순적이다. 어떻게 한 개체에 이런 모순적인 모습이 공존할 수 있는 것인가?

앞서 말했다시피, 인간의 무의식에는 누구에게나 언제나 전체가 되고자 하는 경향이 있다. 정신적인 발전의 목표는 결국 자기이다. 그런데 자기원형의 상징은 흔히 두 가지 대척적인 요소의 합일로 표현된다. 음양의 합일로 이루어지는 태극이 보여주는 것처럼 말이다. 칼리의 모순도 실은 모순이 아니며 대극의 합일이라고 이해해야 한다. 캠벨에 따르면 "이 여신은 다름 아닌, 절대 절멸의 공포와, 비인격적이지만 모성적인 평화를 하나로 조화시키는 우주적인 권능, 우주의 전체성, 대립물의 조화이다."[42] 따라서 모험의 여정에서 영웅이 만나는 여자는 "알려질 수 있는 것들의 전체성"이며 영웅은 알게 되는 자를 상징한다.[43] 영웅이 시련을 통해 진리에 접근하기에 충분히 단련이 되어있다면 아는 존재와 알려지는 존재는 모든 제약에서 해방된다. 그러나 정신적으로 미숙한 자가 우연히 진리를 보게 된다면 그에게 이 진리는 재앙이 될 뿐이다. 악타이온Actaion이나 세멜레Semele의 처참한 최후를 상기해 보라.

여신과 결합하면서 영웅은 마지막 시련을 겪게 된다. 영웅은 이제 자기와 아버지가 동일하다는 사실과 자기가 곧 아버지의 입장이 되었다는 사실을 깨닫는다. 이것은 시련이다. '대체 내가 무슨 짓을 저질렀단 말인가?'라는 오이디푸스Oidipous의 절규가 여기에서 들 수 있

42) 위의 책, p. 152.
43) 위의 책, p. 153.

는 전형적인 예가 될 것이다. 그렇지만 오이디푸스의 예는 아버지의 세계로 들어가기 직전의 소년이 갖는 공포와 거부감의 예로 이해해야 한다. 그 이유는 다음과 같이 설명된다. 오스트레일리아의 무른진족의 입문의식을 경우를 보자. 소년들은 어머니들에 의해 보호받고 있는 데 아버지들은 이 소년들을 강제로 빼앗으려 한다. 어머니들은 소년들을 보호하기 위해 창을 잡고 소년들을 데리러 온 남자들을 위협한다. 이 대치 중에 토템인 아버지 뱀은 소년들의 포피를 요구하고, 결국 소년들은 남자들에게 넘겨져 할례를 받게 된다. 이제 소년은 남자의 세계에 진입했다는 인정을 받고 의식은 끝난다. 상징적인 차원에서 보면 할례를 받은 소년에게서 잘려나간 것은 포피가 아니라 어머니이다. 포피에 싸인 귀두는 곧 어머니 품속에 있는 아이인 것이다.[44] 과거와 단절한 아이는 이제 성인 남자로서의 삶을 시작하게 될 것이다.

캠벨은 이 입문의식에 이어서 원형적 아버지의 자기희생적인 측면을 보여주는 다른 부족의 입문의식을 하나 더 인용한다. 이 입문식에서 연장자 세대가 상징적인 가르침을 베푸는 동안 입문자는 연장자 세대가 흘리는 신성한 피만을 먹고 살아야 했다고 한다.[45] 이 부족민들은 기독교의 성찬식에 대한 이야기를 듣고 특히 관심을 보였는데, 아버지의 피로 자식이 생명을 얻는다는 공통점이 과연 있다. 피가 자식의 입에 들어가서 자식을 살린다는 이야기는 아버지의 생명력에 대한 상징이다. 또한 아버지의 희생피흘림, 정액의 사출, 눈물이 창조의 원천이라는 것도 상징적으로 표현되고 있다. 이러한 것을 깨달은 영웅은 "아버지와 화해"를 한 것이다.

44) 위의 책, p. 180.
45) 위의 책, p. 181~2.

그런데 할례를 받은 무른진 족의 소년은 다음해에 두 번째 제의적 수술을 받는다. 이 두 번째 수술은 성기의 밑 부분을 요도 속까지 절개하여 흉터를 만드는 것이라고 한다. 이것은 "페니스 자궁", "남성의 질"을 상징한다. 이 의식을 통해 입문자는 "남성 이상의 존재"가 되는 것이고 "인공적으로 자웅 동체 상태"로 만들어진다.46) 이 의식들의 참된 의미는 다음과 같다.

> 우리와 보호자인 아버지는 한 몸이다. 우리가 만나는 사람은 모두 우리 보호자인 아버지다. 그러니 이 무지하고, 유한하고, 자위적이고, 고통받는 육신이 다른 육신적으로부터 위협을 받을 경우에도 그 적 또한 신이라는 걸 알아야 한다. 도깨비는 우리 기를 꺾지만, 유능한 후보자인 영웅은 '사나이답게' 입문한다. 보라, 그 도깨비가 바로 아버지였다. 우리는 그의 안에 있고, 그는 우리 안에 있다.
>
> 우리의 보호자인 사랑하는 어머니는 우리를 저 위대한 아버지 뱀으로부터 보호해 줄 수 없었다. 어머니가 준 필멸의, 현실적인 육체는 그의 무서운 힘 안으로 빨려들었다. 그러나 죽음은 끝이 아니었다. 새 생명, 새로운 탄생, 새로운 존재의 지식이따라서 우리는 이 몸만으로 사는 게 아니고, 보살처럼 모든 몸, 세상의 모든 육신으로 산다 우리에게 주어졌다. 저 아버지가 바로 어머니, 즉 재생의 자궁이었던 것이다.47)

요컨대 어머니의 결합과 아버지와의 화해는 둘이 아니다. 캠벨은 이를 "신격화Apotheosis"라고 부른다. 다시 말해 어머니와의 결합은 아버지와의 화해이며 또한 신격화이다. 신격화는 자웅동체의 형상으로, 양성성을 갖춘 모습으로 상징화된다. 그리스 신화의 헤르마프로프로디토스Hermaphroditos, 힌두교의 아르다니리사시바와 그의 배우자인 샤크티가 한

---

46) 위의 책, p. 203.
47) 위의 책, p. 211.

몸으로 결합하여 나타난 모습, 남성으로 형상화되기도 하고 여성으로 형상화되기도 하는 동북아시아의 관세음보살은 양성적인 신의 대표적인 예이다. 한 주석서에 따르면 창세기의 신의 형상은 양성이었다고 한다.[48]

양성구유의 상징에서 우리가 주목해야 할 것은 다음과 같다. 첫째, 신화의 대립적인 모험 즉 여신과의 만남 그리고 아버지와의 화해는 결국 하나이다. 남성과 여성이라는 이원성은 실은 둘이 아니라 "쪼개진 완두의 두 쪽"일 뿐이며, '아버지', '어머니', '남자', '여자'는 방편으로서의 말에 불과하다.

둘째, 삶과 삶으로부터의 해탈의 차이는 없다. 관세음보살의 예를 보자. 관세음보살은 인간으로서 이 땅에 살다가 마지막 관문을 넘어서 공空의 무량 세계로 들어가기 직전에, 이를 단념하고 모든 중생을 정각에 이르게 한 후에야 공에 들겠다고 맹세했다고 한다. 관세음보살은 이제 이 세상에서 모든 중생의 기도를 가납하고 돕는 일을 맡는다. 모든 중생이 정각에 들어야 공에 드시겠다는데, 그러면 대체 어떻게 해야 관세음보살은 그리고 모든 중생은 정각에 들 수 있을까? 열반은 곧 미망과 욕망과 적의의 적멸寂滅이다. 마음에 불이 활활 타본 적이 있는가? 질투나 열등감 따위에 사로잡혔을 때가 아니었나? 그 감정이 무엇인지 일단 찬찬히 들여다보고 규정하고 나서, 그 근원을 따져보면, '내가 이럴 수는 없다.'라든가 '나에게 이럴 수는 없다.' 따위의 마음이 있다. 불교의 가르침에 따르자면 자부심으로 뜨거워진 마음이든, 자존심이 상해 부글부글 끓는 마음이든 이러한 마음은 실체가 아니다. 이러한 마음은 나타났다가 사라지는 것이다. 이것을 깨

48) 위의 책, p. 199.

닫는 것이 정각正覺이다. 기존의 자기 확신, 자기 방어, 자기중심적 에고의 미망을 떼어 놓으면 비로소 적멸의 안팎이 보인다. 관세음보살은 이러한 것을 이미 깨달은 것이다. "에고를 초월한 그를 통하여 '공'은 자체를 현현한다. 이것이 바로 그의 위대한 '대자대비로운 행위'다. 왜냐하면 이 행위로 인해 중생은 자신의 욕망과 적의와 미망이라는 세 겹의 불을 끄고, 이 세상이 바로 열반임을 깨닫기 때문이다. 이러한 사람은 모든 이의 자유를 위해 '선물의 물결'을 쏟아낸다. 이러한 속세의 삶이 곧 열반이 겨냥하는 바다."49) 정각에 든다거나 열반에 든다고 할 때, 죽어서 가는 어떤 곳처럼 그 경지가 사는 곳과 다른 어떤 다른 곳이 아니다. 여기가 거기인 것.

셋째 양성적인 형상은 찰나와 영원의 동일성의 상징이다.

> 여성적 형상, 즉 티베트 어의 '윰yum'은 찰나로, 남, 즉 '얍yab'은 영원으로 보아야 한다. 이 양자의 결합은 이 세계를 창출한다. 이 안에서는 만물이 찰나적인 동시에 영원하며, 만물이 스스로를 아는 남성과 여성 신의 형상에 따라 창조된다. 입문자는 명상을 통해 자기 내부에 있는 이 형상들 중의 형상 yab-yum에 대한 기억 속으로 끌려든다. 어쩌면 남성상은 입문의 원리와 방법의 상징을 의미하는 것인지도 모른다. 이 경우 여성상은 입문 의식의 목적이 된다. 그러나 이 입문 의식의 목적은 열반 즉 영원이다. 그래서 남성과 여성 양자가 번갈아 찰나와 영원으로 마음 속에 그려져야 한다. 말하자면 이 양자는 같은 것이고, 각자가 그들이며, 이원적인 형상yab-yum으로 보이는 것은 환상 때문이지만 이것이 또한 깨달음과 다르지 않다는 것이다.
>
> 이것은 대립물의 벽이 허물어지고 입문자가, 당신의 모습대로 사람을 지어내되 남자와 여자로 지어낸 신의 시계視界 안으로 받아들여진다는 위대한 모순에 대한 진술이다.50)

49) 위의 책, p. 216.
50) 위의 책, p. 223~4.

쪼개진, 분열된, 온전치 않은 자기를 깨닫는 것은 나머지 반쪽, 그림자, 대극을 찾는 것이고 이는 환자가 상담실에서 구하는 것이며, 또한 모든 종교가 가르치는 것이다. 그러니 우리에게 일상의 안정감을 깨고 낯설게 만드는 어떤 사건이 생기고, 그것이 우리를 괴롭히는 종기가 될 때, 그것은 공주에게 나타난 개구리 같은 것일 지도 모르는 일이다. 이 귀찮은 사건은 우주적인 진리를 깨달을 기회일지도 모르니, 밝은 눈으로 내게 닥친 일을 살펴야 하지 않을까?

다음 단계는 입문의 마지막 단계이기도 한 "홍익ultimate boon"의 단계이다. 다음 단계라고는 하지만 신격화와 홍익은 동시적일 수도 있고 시간상 전후를 차지할 수도 있다. 또 시련의 단계에서 입문자가 구체적인 미션을 수행하는 것과는 달리 홍익의 과정에서는 특별한 행위가 없을 수도 있다. 입문자는 차례로 관문을 지나고 영약elixir을 수호하는 용과 싸워 그것을 얻어냈다. 이 영약은 길가메쉬Gilgamesh 이야기에서처럼 흔히 불로초 같은 것으로 나타나곤 한다. 이제 이 영약은 영웅이 온 세상, 다른 이들이 살고 있는 세상을 구하는데 쓰여야 한다. 그러나 육신의 불로불사는 오해일 뿐이라고 캠벨은 강조한다. 진정한 영약은 영웅이 용을 무찌르고 관문을 통과하면서 갈망했던 신이다. 이 신은 모험의 여정에서 점점 커져서 이윽고 우주 전체에 가득 차게 되어 마침내 우주의 벽을 깨뜨릴 지경이 된다. 영웅의 마음은 우주의 벽을 깨뜨리고 모든 형상의 경험을 초월하는 자각에 이르게 된다. 이것이 바로 불변의 공에 대한 자각이다. 이제 그가 해야 할 일은 이 자각을 나누는 것이다.

이제 영웅은 "귀환"할 때가 되었다. 귀환의 과정은 순탄치 않다. 무엇보다도 영웅은 귀환을 망설일 수 있다"귀환의 거부". 보리수 아래에서 홀로 수행을 하는 석가모니는 지나가는 타인의 눈에는 어쩌면 죽은 것처럼 보였을 지도 모른다. 그러나 그가 있었던 곳은 보리수 아래가 아니라 고래의 뱃속이었으며 거기에서 그는 시련의 길을 걷고 결국 용을 물리치고 정각이라는 영약을 얻는다. 그러나 석가모니는 깨우침을 중생들에게 전해야 할지에 대해서는 고민을 한다. '과연 깨달음이 중생들에게 전달될 수 있는가? 그들이 알아들을 수 있을까?' 이렇게 석가모니가 귀환을 주저하고 있을 때, 어떤 여인이 여윌 대로 여윈 석가모니를 가엾게 여겨 죽을 공양했다고 한다. 이 죽을 받아든 석가모니는 자신이 얻은 깨달음을 다른 사람들에게 전해야 겠다는 결심을 드디어 한다. 석가모니는 귀환을 결심했지만, 그렇게 하지 않고 천상적인 무아지경에서 몰沒한 성자나, 축복받은 섬에 눌러앉은 영웅이 왜 없겠는가?

귀환은 "탈출"의 형태를 띠기도 하고 "외부의 조력"을 받아 이루어지기도 한다. 영웅이 영약을 손에 넣었을 때의 상태가 순탄했다면 귀환도 순조롭고, 그렇지 않다면 귀환도 쉽지 않다. 만일 영약을 수호하던 존재가 영웅을 지지한다면 순탄하게 귀환의 과정을 밟을 것이다. 그러나 만일 영웅이 영약 수호자의 의지에 반해서 영약을 탈취했다면 그는 이제 쫓기는 몸이 된다. 일본의 고대역사서 『고사기』에 나오는 이자나기와 이자나미의 이야기에서처럼 영웅이 추적자에게 뭔가를 계속 던져서 장애물을 만들어 추적을 지연시키는 모티프는 자주 볼 수 있는 것이다. 이자나기와 이자나미는 남매이자 부부이다. 아내인 이자나미가 갑자기 황천으로 가게 되고 그녀를 구하기 위해 이자나기는 저승으로 내려갔다. 이자나미는 이자나기에게 모습을 보여주지 않고 저승의 신들에게 사정을 하겠으니 기다리라고 한다. 자신을 보려 하지 말라는 이자나미의 말을 어기고 이자나기는 그녀의 모습을 훔쳐보는데, 그는 구더기가 하얗게 슬어 썩어가는 이자나미의 모습을 보고 만다. 이자나미는 그 순간 이자나기에게 큰 분노를 하며 저승의 추녀를 보내 이자나기를 잡아오게 한다. 이자나기는 이제 필사적인 탈주를 한다. 이자나기가 머리댕기를 풀어 던지자, 머리댕기는 포도가 되어 떨어지고, 추적자가 포도를 먹는 사이 이자나기는 도망을 간다. 다시 한 번 이자나기가 던진 머리빗은 추적자가 좋아하는 죽순이 되어 추적을 지연시키고 이어서 복숭아가 추적을 지연시키고 마침내 거대한 바위가 추적을 끝낸다.

어떤 경우, 영웅은 모험의 과정에서 가진 힘을 다 써버려서 혼자 힘으로는 돌아 올 수 없는 처지에 놓이게 될 수도 있다. 수메르의 인안나는 의식을 잃은 상태에서 시종 닌슈부르에 의해 인안나가 살던 세계로 되돌아오게 된다. 영웅이 세상을 구할 영약을 가지고서도 지복의 땅을 포기하지 못해 망설이고 있을 때에도 외적 조력에 의한 귀환은 이루어져야 한다. 그렇지 않다면 세상은 구원되지 못할 테니까 말이다.

모험은 이제 막바지에 다다랐다. 모험담에서 귀환은 저승, 죽음, 밤, 신의 세계 등으로부터 이승, 삶, 낮, 인간의 세계 등으로 돌아오는 것으로 묘사된다. 그러나 우리가 지금껏 살핀 것처럼 이 두 세계는 실은 하나의 세계이다. 저 세계는 "우리가 아는 세계의 잊힌 부분"일 뿐이다. 그러나 영웅들은 일상 세계로 재입성하기 전에 정화되는 마지막 "귀환 관문을 통과"해야 한다. 이 마지막 관문을 통과하지 못하면 귀환은 불가능하다. 뒤를 돌아본 에우리디케Euridice는 결국 관문을 통과하지 못하고 귀환에 실패하고 만다. 마을을 한 동안 떠나 피를 보는 모험을 한 석기 시대의 사냥꾼과 전사들은 모험을 마치고 일상의 터전으로 돌아오기 전에 대지의 자궁을 의미하는 동굴에 갇히거나 땅에 묻히는 정화의례를 거쳐야 했다. 이 정화의례를 통해 그들은 여행에서 알게 된 것들을 보존하면서 일상 세계로 되돌아가는데 적합한 인격을 갖출 수 있었다. 전쟁터에서 살아 돌아온 오늘날의 군인들이 외상후 스트레스에 시달려 민간인으로 사는 데 어려움을 겪는 사례가 반증하듯, 이러한 귀환 관문의 통과 과정이 원만하지 않다면 영웅의 정신세계는 황폐해질 수도 있다.

이제 영웅은 "영약을 가지고 완전히 귀환"했다. 영약은 이 세계를 구원할 것이다. 영웅은 세계를 구했다. 이제 영웅의 앞길에는 무엇이 있는가? <반지의 제왕>의 프로도는 모험 중에 입은 치명적인 상처가 너무 깊어 자신이 출발했던 세상에서 살아가지 못한다. 그는 결국 알프들의 섬, 저 세상으로 다시 떠나버린다. 반면 샘은 자신이 속한 사회를 구했고, 모험에서 얻은 교훈을 가지고 다시 그 사회 속에서 세상을 살아 나간다. 아마 샘은 프로도가 말 했던 데로 '옛날 옛날의 용감한 샘 감지'로서 전설의 주인공이 될 것이다. 그렇다고 해도 샘이 매일 하는 일이나 일상이 달라질까? 결혼도 하고 아이도 낳고 정원일과 요리를 계속 하면서 살지 않을까? 그는 어떻게 변한 걸까? 변하지 않았다면 모험의 의미도 없으니, 뭔가 변하긴 분명 변했을 텐데 말이다. 이 변모가 바로 그의 모험의 핵심일 것이다.

3) 영웅이란 어떤 존재인가?

우리는 지금까지 캠벨의 논의를 따라 영웅의 모험담이 어떤 구조로 이루어져 있는지를 살폈다. 그리고 마지막 질문인 '영웅은 어떤 존재인가?' 라는 질문을 남겨두고 있다.

영웅은 두 가지를 해낸 존재이다. 영웅은 첫째, 분열된 자기를 하나로 통합한 존재이며 둘째, 세상에 영약을 가져다준 존재, 홍익을 실현하는 존재이다. 먼저 자기 통합부터 좀 더 생각해보자. 분석심리학에서 말하는 자아와 자기는 다른데, 즉 자아는 내가 알고 있는 나이고 자기는 의식과 무의식을 통튼 하나인 전부를 일컫는 용어이다. 사람은 각자 모두 모두 여자로서 또는 남자로서 그리고 아이로서나 청년으로서나 노인으로서 등으로, 기술자로서, 아내로서, 의사로서 등으로 나뉜 채 한정적이고 단편적인 형태의 삶을 산다. 그러나 우리는 모두 완전하기를 무의식적으로 소망한다. 영웅이 떠나는 모험은 왜곡없이 통일된 자기를 찾는 여행이다. "세계의 서로 다른 모든 신화는 인간에게 필수적인 동일한 탐색"을 다룬다.[51] 다른 세계에서 알게 되는 것은 원래 세계에서는 알지 못하던 것들, 의식에는 빠져 있던 것들이다. 영웅은 모험 중에 적대자도 만나고 보호자도 만나는데, 그들은 모두 영웅이 알지 못했던 그 자신이었다. 그를 공격하는 용이든 그를 도와주는 요정 여왕이든 그의 무의식에 없었다면 결코 만나지 못했을 것이다. 캠벨은 어떻게 하면 우리 안의 괴물을 죽일 수 있는지 그리고 개인이 반드시 해야 하는 영혼의 모험은 대체 무엇이냐는 질문에 이렇게 대답한다. "내가 일반적으로 학생들에게 내리는 처방은 '그대의 천복을 따르라'는 겁니다. (중략) 지금 하고 있는 일이, 좋아서 선택한 일이라면 바로 그겁니다. 만일에 '아니 내가 그걸 어떻게 할 수 있어' 이렇게 생각한다면 이게 바로 우리들 안에 갇혀 있는 용입니다. '안 돼, 나는 작가가 될 수 없을 거야.'라든지 '나는 아무개가 하는 일은 도저히 할 수 없을 거야.' 이렇다면 이게 바로 우리들 안에 갇혀 있는 용입니다."[52] 이 용을 죽이는 것이 바로 자아의 속박을 끊는 것이다. 자아의 속박을 끊는 것은 더 넓은 자기를 만나는 것이다.

---

51) J. 캠벨, 『신화의 힘』, 이윤기 옮김, 서울: 고려원, 1992, p. 246.
52) 위의 책, p. 280.

용을 죽이는 것은 자신을 구하는 것만이 아니다. 놀랍게도 첫째 구원은 둘째 구원과 겹친다. 모든 모험가는 프로메테우스나 예수와 마찬가지로 자기 자신을 구하면서 동시에 세상도 구한다.

> 우리들 자신을 구하면 세상도 구원됩니다. 생명력이 있는 인간의 영향력이 다른 사람들에게 생명을 부여한다는 것은 확실합니다. 영혼이 없는 세계는 황무지입니다. 사람들은 무엇 무엇을 바꾸고, 법을 바꾸고 하다 보면 세상이 변할 것이라는 생각을 가지고 있는데, 천만에요! 어떤 세상이든지 구체적으로 존재하는 세상은 나름대로 유효합니다. 우리가 해야 하는 일은 여기에 생명을 부여하는 일입니다. 생명을 부여하기 위해서는 그 생명이 우리 안의 어디에서 나왔는가를 알아내야 합니다.[53)]

어떤 신화에서 영웅은 여신이 내린 과업을 완수하고, 어떤 신화에서는 불로초를 찾아낸다. 할리우드 블록버스터 영화에서 영웅은 외계인이나 테러리스트로부터 지구인이나 자기 도시를 구한다. 그러나 더 심오한 종교에서 영웅의 추구하는 불사성은 불사적 존재를 가능케 하는 권능이다. 생명의 에너지를 도처에 나타나게 하고 나누어주는 것이 궁극의 목적이다. 영웅이 세상에 제공하는 영약은 생명 에너지이며, 신은 이 생명의 에너지의 표상representation일 뿐이다.

그렇다면 영웅은 흔히 오해되는 것처럼 비범한 운명의 소유자가 아니다. 또 인류나 나라를 구한 역사적 인물만 영웅인 것도 아니다. 평범한 우리 모두 영웅일 수 있는 것이다. 영웅이기 위해 "우리에게 필요한 것은 실마리뿐"이다. 테세우스가 모험을 완수하는데 필요한 것이 단지 아리아드네의 실뿐이었던 것처럼 말이다. 누구나 알 수 있는 실패를 아무도 몰랐던 것은 의미심장하다. 우리의 실마리도 도처

53) 위의 책, p. 281.

에 있다. 무의식의 메시지에 귀 닫지 않고, 삶의 문턱을 벗어날 가능성을 닫아두지만 않는다면 우리는 모험의 실마리를 어디에서든 찾아낼 수 있고, 도움을 받을 수 있다. 우리가 지금 신화를 읽고 그 의미를 새기는 이유도 이런 것이어야 하지 않을까?

캠벨은 특히나 오늘날, 영웅 이야기와 신화의 중요성은 더 중요하다고 강조한다. 신화와 종교 의례가 진정성을 갖고 있던 고대에, 신화와 의례는 개인의 전체성을 사회라는 공동체 안에서 실현시키는 기능을 했다. 그러나 오늘날에 신화와 의례는 이런 기능을 하지 않는다. 게다가 오늘날 집단이나 세계는 그다지 의미가 없다. 모든 것은 개인에 귀착된다. 마음은 깨어있는 의식 쪽으로만 열려 있다. 의식적인 부분과 무의식적인 부분의 교류가 점점 없어지는 것이다. 이러한 오늘날의 상황에서 필요한 것에 대해 캠벨은 다음과 같이 말한다. "오늘날에 이루어져야 하는 영웅의 업적은 갈릴레오의 세기에 이루어졌던 업적이 아니다. 그때는 암흑 시대였지만 지금은 광명의 시대다. 그러나 빛이 있었던 곳이 지금은 어둠에 싸여 있다. 현대 영웅의 위업은 영혼이 균형을 이루고 있던 잃어버린 아틀란티스 대륙의 불을 다시 밝히는 것이어야 한다."[54]

54) J. 캠벨, 앞의 책, p. 484~485.

10. 헤라클레스의 모험

이전 장에서 살펴본 영웅원형과 영웅 모험담의 기본구조에 입각하여 그리스 신화의 가장 대표적인 영웅인 헤라클레스Herakles의 모험담을 분석하고 음미해 보자. 헤라클레스의 모험 이야기는 내용이 방대하고 다른 신화와 상당 부분 중첩되기도 한다. 그런 만큼 헤라클레스의 모험이야기를 전달하는 문헌은 적지 않다. 여기에서는 아폴로도로스Apollodoros의 『원전으로 읽는 그리스신화』[55]를 기본 텍스트로 삼고자 한다. 아폴로도로스는 기원전 2세기에, 그의 시대에서 할 수 있는 그리스 신화의 집대성을 이룩한 학자이다. 이 책에는 지금까지 전해오는 헤라클레스 이야기의 거의 모든 것이 나와 있다. 아폴로도로스가 전하는 헤라클레스의 출생부터 죽음 및 신격화까지의 내용을 먼저 보고, 캠벨을 응용해서 이 모험의 각 국면이 내포하고 있는 종교적 의미를 음미해 보자.

1) 출생과 어린 시절

헤라클레스의 어머니 알크메네Alkmene는 테베에 사는 암피트뤼온Amphitryon의 아내였다. 암피트뤼온이 집을 떠나 전쟁터에 가 있는 사이, 제우스는 암피트뤼온의 모습을 하고 하룻밤을 세 배로 늘이면서 알크메네와 동침했다. 진짜 암피트뤼온은 다음 날에야 집에 왔는데, 이로 인해 알크메네는 아들 둘을 한 번에 낳는다. 헤라클레스는 제우스의 아들이고 함께 태어난 이피클레스Iphicles는 암피트뤼온의 아들이다. 헤라클레스가 태어난 지 여덟 달이 되었을 때 헤라는 아이를

55) Apollodoros, *Biblotheke*, 『원전으로 읽는 그리스 신화』, 천병희 옮김, 서울, 숲, 2004.

죽이려고 거대한 뱀 두 마리를 아이의 침대에 보냈는데, 어린 헤라클레스는 두 손으로 뱀들을 목 졸라 죽었다고 한다. 이것은 핀다로스의 『네메아의 송시』에 나오는 이야기이고 페레퀴데스가 쓴 문헌에는 암피트뤼온이 누가 자신의 아이인지 알고 싶어서 두 아이의 침대에 뱀을 넣은 것으로 나온다. 어쨌든 맨 손으로 뱀을 제압한 아이를 보고 암피트뤼온은 헤라클레스가 자신의 아이가 아니라 제우스의 아들이라는 것을 알게 되었다.

헤라클레스는 암피트뤼온의 슬하에서 다양한 것들을 배우면서 무탈하게 큰다. 그러던 어느 날 헤라클레스는 키타라 연주 스승인 리노스Linos에게 얻어맞고 화가 나서 리노스를 때려 죽이고 만다. 헤라클레스는 정당방위로 무죄 판결을 받았지만, 또 다른 사고가 일어날까 우려한 암피트뤼온은 그를 키타이론 산에 보내어 소떼를 돌보게 한다. 헤라클레스의 체격과 힘은 갈수록 강해져서 아무나 그를 보기만 해도 신의 아들이라는 것을 짐작할 정도가 된다.

그러던 어느 날 산에서 사자가 내려와 암피트뤼온과 테스피오스Thespios의 소 떼를 공격했다. 헤라클레스는 그 사자를 죽여 사자의 가죽을 몸에 두르고 쩍 벌어진 사자의 입을 투구로 사용했다. 테스피오스는 테스피아이테베의 서남쪽 헬리콘 산 근처의 왕이었는데, 자신의 적인 사자를 물리쳐준 보답으로 50명이나 되는 자신의 딸들과 동침하게 해 주었다. 헤라클레스는 늘 같은 여인과 동침하는 줄 알았다고 한다.

2) 첫 결혼과 광기

키타이론 산에서 내려와 돌아가던 길에 헤라클레스는 테베에 공물을 받으러오던 에르기오노스의 전령들을 만나 전투를 벌이고 이긴다. 분노한 에르기노스가 테베로 진격했고 헤라클레스는 아테나로부터 무구를 받아 전투를 지휘한다. 전투는 이겼지만, 이 전투에 동참했던 암피트뤼온은 전사하고 만다. 테베를 다스리던 크레온은 승리에 대한 상으로 헤라클레스로 하여금 자신의 장녀 메가라Megara와 결혼하게 한다. 헤라클레스는 메가라와의 사이에서 아들 셋을 낳는다.

그러던 어느 날 헤라클레스는 헤라의 질투로 미쳐, 메가라가 낳은 자기 자식들을 불 속에 던져 버린다. 그는 즉시 정신이 돌아왔으나 저지른 일을 돌이킬 수는 없었다. 그는 델포이로 가서 자신이 어디로 가야하는지를 묻는데, 이 때 델포이의 신녀 퓌티아가 처음으로 그를 헤라클레스라고 부른다. 이전까지 그는 알케이데스 즉 '알카이오스암피트뤼온의 부친의 손자'라고 불렸다. 헤라클레스는 '헤라의 영광'이라는 의미이다. 이후 헤라클레스의 행적을 보면 이 이름은 매우 의미심장해 보인다. 그에게는 티륀스의 에우뤼스테우스Eurystheus가 내리는 열 가지의 과업을 열두 해 동안 완수하라는 신탁이 내려진다. 또한 이 과업을 모두 완수하고 나면 그는 불멸의 존재가 될 것이라는 예언도 함께 내려진다.

캠벨은 자기를 실현하고자 하는 사람은 누구나 영웅이 될 수 있다고 말하지만, 신화에서 영웅은 일반적으로 출생부터 평범하지 않다. 특히 그리스의 영웅은 제우스와 여인 사이에서 태어나는 경우가 빈번하다. 비범한 출생 또는 태어나자마자 부모의 품을 떠나 방황하게 되는 신화소는 그가 시련을 통해 성장하여 명실상부한 영웅이 되어 아버지, 어머니에게 되돌아오는 영웅의 여정에 요긴한 장치이다. 어쨌든 헤라클레스의 성장 과정은 유복하고 평화로운 생활을 보장받은 것으로 보이면서도 다른 한편, 평범한 생활은 불가능해 보이는 신체적 특징과 성정을 가지고 있는 듯하다. 헤라클레스가 비극적이게도 자신의 가족을 살해함으로써 그의 평범한 삶은 끝나버린다. 모험이 시작된 것이다. 모험 시작의 동기는 애매한 면이 있다. 헤라클레스는 분명 신체적으로 강하고 성격도 다혈질이라는 점을 아폴로도로스는 암시한다. 그러므로 모험의 시작은 그의 실수에 의한 것으로 보이기도 한다. 그러나 다른 한편으로 헤라가 지나친 심술로 그를 미치게 만들어 버린 것도 분명한 모험의 계기이다. 앞 장에서 확인했다시피, 모험을 촉구하는 것은 모험 당사자의 결단보다는(모험을 감수하는 것은 결국 모험 당사자이지만) 무의식 영역의 강력한 힘이다. 그러나 헤라의 심술은 단지 다른 여자가 낳은 제우스의 아들에 대한 화 때문은 아니다. 헤라의 의도가 무엇이었는지는 결과를 보면 알 수 있으니, 헤라클레스가 어떻게 과업을 완수했는지를 두고 보자.

3) 열두 가지 과업

신탁을 받은 헤라클레스는 에우뤼스테우스를 찾아간다. 에우뤼스테우스는 헤라 덕분에 뮈케네의 왕이 된 사람이다. 제우스는 헤라클레스를 염두에 두고 "오늘 태어난 아이가 티륀스와 뮈케네의 왕이 될 것이다."라고 예언을 했는데, 이를 눈치 챈 헤라가 자신의 딸이자 해산의 여신인 에일레이튀이아Eileithyia를 알크메네에게 보내지 않고, 암피트리온의 숙부인 스테넬로스 가문으로 보내어, 그 가문에서 일곱 달 만에 한 아이를 태어나게 한다. 이렇게 세상에 나와 뮈케네의 왕이 된 사람이 에우뤼스테우스이다. 그러니 에우뤼스테우스에게 찾아가 시중을 들며 과업을 완수하라는 신탁은 필경 헤라의 뜻이었을 것이다. 에우뤼스테우스는 헤라클레스에게 불가능해 보이는 열 개의 과업을 내린다.

① 네메아의 사자

에우뤼스테우스가 헤라클레스에 내린 첫 번째 과업은 네메아Nemea의 사자의 가죽을 가져오라는 것이었다. 헤라클레스는 네메아에 도착하자마자 사자를 찾아내 화살을 쏘았지만, 그 사자는 화살로는 상처조차 입힐 수 없다는 것을 알게 된다. 사자는 입구가 두 개인 동굴로 도망갔고, 헤라클레스는 한 입구를 막아버리고 사자를 쫒아가 사자의 목을 졸라버린다.

② 레르나의 휘드라

에우뤼스테우스가 헤라클레스에게 명령한 두 번째 과업은 레르나의 휘드라Hydra를 죽이는 것이었다. 레르나의 늪에서 자란 이 짐승은 몸집이 거대하고 머리가 아홉 개인데, 그중 여덟 개는 죽게 되어 있으나 가운데 머리 하나는 죽지 않게 되어 있었다. 헤라클레스가 몽둥이로 휘드라의 머리를 쳐서 떨어뜨려도 소용이 없는 것이, 머리 하나가 떨어지면 다른 머리 두 개가 그 자리에 나는데다가, 다른 머리가 그의 발을 칭칭 감고 움직이지 못하게 하기 때문이

그림 13. 사자를 죽이는 헤라클레스

다. 헤라클레스는 이피클레스의 아들, 이올라오스Iolaos의 도움을 받는다. 이올라오스는 불타는 장작으로 휘드라 머리들의 뿌리 부분을 태워 새 머리가 돋아나지 못하게 했다. 이 조력자가 없었다면 헤라클레스가 이 과업을 완수하는 것은 곤란했을 것이다. 헤라클레스는 남은 불사의 머리를 베어 길가에 묻고 그 위에 무거운 돌을 올려놓는 것으로 과업을 끝낸다. 그리고 휘드라의 몸통을 갈라 자신의 화살을 휘드라의 쓸개즙에 담갔다. 그의 화살은 치명적인 독을 바른 화살이 되었다. 그러나 에우뤼스테우스는 이올라오스의 도움을 받았다는 이유로 이 과업의 성공은 무효라고 선언한다.

③ 케뤼네이아의 암사슴

세 번째 과업은 케뤼네이아에 가서 암사슴을 생포해 오는 것이다. 이 암사슴은 아르테미스에게 바쳐진 것이어서 헤라클레스는 사슴을 다치게 하지 않으면서 사로잡기 위해 무려 1년을 추적해야 했다. 마침내 그는 강을 건너려는 사슴을 활로 쏘아 잡아서 어깨에 메고 돌아오다가, 노한 아르테미스의 질타를 받는다. 헤라클레스는 에우뤼스테우스가 내린 명령이라고 변명하여 여신의 노여움을 달래고 사슴을 산 채로 데려 갔다. 이러한 내용은 아폴로도로스의 책에 실린 것이고, 디오도로스 시쿨로스에 따르면 헤라클레스는 암사슴을 그물로 잡거나 잠들어 있을 때 또는 기진해 있을 때 덮쳤다고 한다.

④ 에뤼만토스의 멧돼지

다음 명령은 에뤼만토스라는 산에 사는 멧돼지를 생포하라는 것이었다. 이 멧돼지는 악취도 지독하고 닥치는 대로 먹는데다가 배설물도 너무 많아서, 배설물로 토지가 썩을 지경인 괴물이다. 헤라클레스는 고함을 질러 덤불에서 멧돼지를 몰아내어 깊은 눈 속으로 몰아넣은 다음 지친 녀석을 덫으로 잡아갔다. 괴물 같은 멧돼지를 본 에우리스테우스는 너무 놀라 항아리 속으로 숨었다고 한다. 이 이야기는 단순하지만 멧돼지를 잡기 전에 헤라클레스는 켄타우로스와의 한 판 전투를 벌인다. 이러한 모든 시련들은 헤라클레스를 점점 더 강하게 단련시키고 있다.

⑤ **아우게아스의 가축 떼**

다섯 번째로 에우뤼스테우스는 헤라클레스에게 아우게아스Augeas의 3천 마리의 황소의 배설물을 단 하루 동안에 치우라고 명령한다. 문제는 아우게아스의 우리는 30년간 한 번도 치워진 적이 없다는 것이다! 헤라클레스는 아우게아스를 찾아가 에우뤼스테우스의 명령임을 밝히지 않고 만약 자기한테 가축 떼의 십분의 일을 주면 단 하루 동안 우리를 치워주겠다고 호언장담한다. 아우게아스는 불가능한 일이라고 생각하여 그렇게 하기로 약속한다. 헤라클레스는 아우게아스의 아들 퓔레우스를 이 약속의 증인으로 세운다. 헤라클레스는 우리 일부를 헐고 근처를 흐르는 강의 물줄기를 돌려 시원하게 씻어낸다. 그런데 아우게아스는 에우뤼스테우스의 명령에 따른 과업이라는 점을 알아내고 보수를 줄 수 없으며, 보수를 주기로 한 적도 없다고 버틴다. 그래서 재판이 열렸는데, 이 재판장에서 헤라클레스는 퓔레우스의 증언을 청한다. 퓔레우스는 아버지가 보수를 약속했다고 증언을 하고, 아우게아스는 화가 나서 투표 전에 퓔레우스와 헤라클레스를 쫓아낸다. 에우뤼스테우스는 이번에도 보수를 받기로 하고 우리 청소를 했다는 이유로 과업의 성공으로 쳐주지 않는다.

⑥ 스팀팔로스의 새 떼

다음 미션은 도시 스팀팔로스의 새 떼를 몰아내는 것이다. 스팀팔로스에 있는 호수는 수많은 새들의 보금자리였다. 이 많은 새들을 어찌 몰아낼까 고민하는 헤라클레스에게 아테나가 헤파이스토스로부터 받은 청동 캐스터네츠 몇 개를 준다. 헤라클레스는 캐스터네츠를 써서 시끄러운 소리를 내어 새들을 놀라게 해 날아오르게 한다. 그리하여 헤라클레스는 새 떼에게 화살을 쏠 수 있었다.

⑦ 크레타의 황소

다음으로 헤라클레스는 크레타의 황소를 끌고 오라는 명령을 받는다. 이 황소는 제우스를 위해 에우로페를 크레테로 데려온 황소이거나, 제물로 바치겠다는 미노스의 약속을 지키라고 포세이돈이 미노스Minos에게 보낸 바다의 황소이다. 그런데 미노스는 이 황소가 탐나서 포세이돈에게 바치는 대신 자기 가축으로 삼아버렸고, 이에 노한 포세이돈이 이 황소를 난폭하게 만들어 버린 것이다. 헤라클레스는 이 거친 황소와 싸워 이겨서 산 채로 에우뤼스테우스에게 끌고 갔다.

⑧ 디오메데스의 암말들

여덟 번째 과업으로 에우뤼스테우스는 헤라클레스에게 트라케 사람 디오메데스의 암말들을 뮈케네로 몰고 오라고 명령한다. 디오메데스의 암말들은 인육을 먹는 무시무시한 말들이다. 이번 과업에는 헤라클레스에게 조력자가 있다. 헤라클레스는 압데로스Abderos, 헤르메스의 아들이자 헤라클레스의 애인와 함께 디오메데스의 동족인 비스토네스족과 싸웠다. 헤라클레스는 디오메데스는 죽이고 암말들을 탈취한다.

⑨ 힙폴뤼테의 허리띠

다음 명령은 아마조네스족의 여왕 힙폴리테Hipposyte의 허리띠를 가져오는 것이다. 아마조네스족Amazones은 위대한 여전사들의 부족으로서, 여자아이들만 기르고 아이를 키우기 위해 왼쪽 가슴만 보존했다고 한다. 힙폴리테는 우월성을 나타내기 위한 징표로서 아레스의 허리띠를 지니고 있었다. 헤라클레스가 아마조네스족의 땅에 도착하자, 힙폴리테는 순순히 허리띠를 풀어주려 한다. 그러나 이 때 헤라가 아마조네스 여인으로 변신하여 군중 사이를 돌아다니면서 막 도착한 이방인이 여왕을 납치하려 한다는 소문을 퍼뜨린다. 아마조네스는 무장을 하고 쇄도하고, 헤라클레스는 힙폴리테에게 속았다고 판단한다. 결국 헤라클레스는 힙폴리테를 죽이고 허리띠를 빼앗은 후, 나머지 사람들과 싸운 후 떠난다.

헤라클레스는 오는 길에 트로이에 들르게 된다. 트로이는 당시에 아폴론과 포세이돈의 노여움에 시달리고 있었는데 그 사정은 이렇다. 이 두 신은 트로이의 왕 라오메돈Laomedon을 도와 성벽을 쌓는 일은 했는데, 일이 끝난 후 라오메돈은 약속한 보수를 지급하지 않았다. 그래서 노한 아폴론은 역병을, 포세이돈은 바다 괴물을 보내어 사람들을 위협했다. 헤라클레스가 지나가던 때에 마침 라오메돈은 바다 괴물을 쫓아내기 위해 자기의 딸 헤시오네Hesione를 괴물의 먹이로 바치려고 바닷가 바위에 묶는 중이었다. 헤라클레스는 라오메돈에게 말제우스가 가뉘메데스를 납치한 대신 라오메돈에게 준 50마리의 말을 받기로 하고 괴물을 처치한다. 하지만 라오메돈은 이번에도 약속을 지키지 않는다. 일일이 열거하지 않았지만, 헤라클레스의 과업 수행의 여정에는 이 이야기와 같은 막간의 에피소드들이 꽤 있다.

⑩ 게뤼오네스의 소 떼

에뤼테이아에는 게뤼오네스Geryones라는 자가 살고 있었다. 그의 몸은 허리만이 하나이고 상체와 하체는 셋씩이었다. 열 번째 과업은 게뤼오네스의 붉은 소 떼를 몰고 오는 것이다. 이 소 떼는 튀폰Typhon과 에키드나Ekhidna 사이에서 태어난 머리가 둘인 개 오르토스Orthos가 지키고 있었니다. 이 과업을 수행하러 에뤼테이아에 오는 길에 헤라클레스는 무수한 괴물을 물리친다. 그 와중에 그는 햇볕이 너무 뜨겁다며 헬리오스Helios를 향해 활을 겨누었다고 한다. 그런데 헬리오스는 그의 용기에 감탄하며 자신이 오케아노스를 건널 때 쓰는 황금 잔을 주었다.

우여곡절 끝에 헤라클레스는 에뤼테이아에 도착했고 오르토스를 몽둥이로 쳐서 잡고 소 떼를 돌보는 목자도 죽이고 소 떼를 훔친다. 게뤼오네스는 추적을 하여 헤라클레스와 접전을 벌이지만, 헤라클레스의 화살에 맞아 죽는다. 헤라클레스는 헬리오스에게 받은 잔에 소 떼를 싣고 강을 건넌 후 헤라클레스에게 잔을 돌려주었다.

그런데 돌아가는 길에 헤라클레스는 황소 한 마리를 잃을 뻔 한다. 헤라클레스는 헤파이스토스Hephaistos에게 소 떼를 맡기고 황소를 쫒아간다. 헤라클레스는 포세이돈의 아들인 에뤽스Eryx가 자기의 한 마리를 그의 소 떼 사이에 넣었다는 것을 알고, 그와 레슬링 시합을 벌인다. 결국 헤라클레스는 세 번을 이기고 에뤽스를 죽인다. 겨우 다시 모은 소 떼는 만을 건널 때 헤라가 보낸 쇠파리로 다시 한 번 흩어진다. 헤라클레스는 천신만고 끝에 소 떼를 모아 에우뤼스테우스에게 넘기고, 에우뤼스테우스는 그것들을 다시 헤라에게 바친다. 이 모든 과업을 수행하는데 8년 1개월이 흘렀다.

⑪ 헤스페리데스들의 사과들

에우뤼스테우스는 휘드라 처치와 아게이아의 가축 떼의 배설물 치우기 과업을 인정하지 않고 두 가지 과업을 더 부여한다. 열한 번째 과업은 헤스페리데스Hesperides[56]와 라돈Ladon, 머리가 백 개인 뱀이 지키고 있는 황금 사과들을 가져오는 것이다. 이 사과나무는 헤라의 결혼선물로 가이아가 준 것으로 아틀라스 산에 있다. 역시 난관과 적들을 만나 무찌르기도 하고 조력자를 만나 도움도 받으면서 헤라클레스는 아틀라스Atlas에게 간다. 아틀라스를 만나기 전에 헤라클레스는 프로메테우스Prometheus의 조언을 듣는다.[57] 프로메테우스는 직접 사과를 구하러 가지 말고 아틀라스를 보내라고 조언을 해 준다. 이 조언대로 헤라클레스는 아틀라스 대신 하늘을 떠맡고티타노마키아가 끝나고 아틀라스가 받은 형벌은 하늘을 떠받치는 일이었다., 아틀라스는 헤라클레스 대신 헤스페리데스들로부터 세 개의 사과를 받아가지고 온다. 사과를 가져온 아틀라스는 다시 하늘을 떠받치는 형벌로 돌아가기가 몹시도 싫었던 모양이다. 아틀라스는 사과를 든 채 자기가 이 사과들을 에우뤼스테우스한테 갖다 주고 올 테니까 그때까지 헤라클레스가 하늘을 떠메고 있으라고 말한다. 하늘을 내던져 버릴 수도 없고, 일 났다. 헤라클레스는 그렇게 하겠다고 약속하고는 머리에 얹을 똬리를 만들 때까지만 하늘을 맡아달라고 한다. 아틀라스가 사과를 내려놓고 하늘을 드는 순간, 헤라클레스는 사과를 들고 줄행랑을 쳤다. 이 사과들은 나

---

56) 헤스페리데스는 네 자매인데, '밤의 여신' 뉙스의 딸들 또는 포르퀴스와 케토의 딸 또는 아틀라스의 딸들이라는 세 가지 전승이 있다.

57) 헤라클레스는 인간에게 불과 밀을 몰래 가져다준 벌로 카우카소스 산에서 독수리에게 간을 쪼아 먹히는 벌을 받고 있던 프로메테우스를 구해준다. 프로메테우스는 보답으로 헤라클레스에게 과업을 수행하는데 도움이 되는 조언을 해주었다.

중에 아테나가 다시 있던 곳에 가져다 놓았다. 신성한 사과를 다른 곳에 두는 것은 불경한 일이기 때문이다.

⑫ 케르베로스의 포획

마지막 과업은 하데스의 입구를 지키는 머리 셋에 용의 꼬리를 갖고 있으며 등에는 뱀이 달린 개, 케르베로스Kerberos를 끌고 오는 것이다. 하데스로 가기 전에 그는 정화 의식을 치르고, 엘레우시스 비의에 입문한다. 저승 입구에 들어서자 헤라클레스를 본 혼령들이 놀라 도망친다. 헤라클레스는 이제 죽은 자들까지도 두렵게 할 정도로 강해진 것이다. 그는 메두사Medusa를 보고 칼을 뽑아 들지만 공허한 환영일 뿐이라는 것을 알아채고 칼을 거둔다. 또한 헤라클레스는 하데스의 몇몇 포로들과 죽은 자들을 돕는다. 하데스는 헤라클레스에게 자신의 무기를 사용하지 않고 케르베로스를 제압할 수 있다면 끌고 가도 좋다고 허락한다. 헤라클레스는 가슴받이를 입고 사자의 가죽으로 몸을 감싼 뒤 두 팔로 케르베로스의 머리를 움켜잡았다. 꼬리에 있는 뱀이 헤라클레스를 물어도 그는 개의 머리를 놓지 않고 마침내 개는 지쳐서 맞서기를 포기한다. 헤라클레스는 에우뤼스테우스에게 케르베로스를 보여준 다음 하데스로 다시 돌려보냈다.

이로써 헤라의 대리인, 에우뤼스테우스가 명한 헤라클레스의 모든 과업이 끝났다. 헤라클레스의 이야기에서 열두 과업의 이야기는 캠벨의 표현대로 하자면 "시련의 길"에 해당한다. 시련의 길에서 헤라클레스는 여러 원형적인 인물들과 관계를 맺게 된다. 헤라클레스는 휘드라의 머리를 자를 때 이올라오스의 도움을 받고, 스튐팔로스의 새들을 죽일 때는 아테나에게서 캐스터네츠를 받는다. 디오메데스의 암말들을 몰때는 압데로스의 도움을 받았다. 이올라오스, 아테나, 압데로스 등은 영웅이 시련을 성공적으로 겪어내도록 도와준다. 이들은 과업을 직접 돕기도 하고 장애물을 돌파하는데 필요한 호부를 주기도 한다.

뿐만 아니라 각 과업에는 헤라클레스의 적대자들도 있다. 네마아의 사자나 레르나의 휘드라는 이들 자신이 헤라클레스의 적대자이자 목표이고, 아우게아스는 헤라클레스가 성취해야 할 것을 막는 적대자이다. 헤라는 최종적인 적대자라 할 수 있다. 이 적대자들은 사생결단하고 헤라클레스의 과업 수행을 방해한다. 당연히 헤라클레스도 최선을 다해 이들과 맞서야 한다. 이런 점에서 적대자들은 그의 또 다른 스승이라 할 수 있겠다. 영웅이 적대자와 맞설 때 그 힘은 영웅 자신으로부터 나온다. 조력자가 있는 경우에도 마찬가지인 것이, 조력자의 역할이란 그가 할 수 있는 것을 거드는 것일 뿐이기 때문이다. 적대자를 물리치는 순간 헤라클레스는 적대자나 조력자로 나타난 자기의 반쪽을 확인하게 된다. 이것이 헤라클레스의 진정한 성공, 성장이다. 캠벨은 이렇게 말한다. "우리는 우리의 용 우리에 갇혀 있어요. 분석심리학은 용을 쳐부수고 무너뜨림으로써 우리를 보다 넓은 마당으로 이끌어 냅니다. 궁극적인 용은 우리 안에 있어요. 우리를 엄중히 감시하고 있는 우리의 자아, 이게 바로 용입니다."58)

각 과업에 따른 각각의 목표를 달성하고 수행 중에 따르는 부수적인 모험들을 하면서 헤라클레스는 점점 더 강해진다. 마지막 과업을 수행하기 위해 헤라클레스는 먼저 엘레우시스 비밀의식에 입문한다. 이 의식은 말 그대로 비밀의식이기 때문에 무엇을, 어떤 목적을 위해

---

58) 『신화의 힘』, p, 281

하는 것인지 비입문자인 우리가 알 수는 없지만, 이전 장에서 보았던 원시 부족의 몇몇 입문 의식과 같은 일반적인 고대의 입문 의식과 그 목적이 완전히 다르지는 않을 것이다. 중요한 것은 마지막 과업의 장소가 하데스라는 것이다. 하데스는 산 사람이 가는 곳이 아니며, 한 번 가면 돌아올 수 없는 곳이다.

준비도 없이 만용을 부리며 하데스로 간 테세우스Theseus와 페이리토오스Peirithos는 어떤가? 이들은 자타공인 영웅호걸들인데, 이들이 하데스에 간 이유인즉 이렇다. 테세우스와 페이리토오스는 맞서 겨루던 끝에 서로가 호적수임을 알아본다. 결국 이들은 친구가 된다. 의기양양, 의기투합하여 그들은 스스로에게 제우스의 딸과 결혼하는 과업을 부여한다. 테세우스는 스파르타의 왕녀 헬레네Helene를 납치하고[59], 페이리토오스는 페르세포네Persephone를 자신의 짝으로 정한다. 이 둘은 페르세포네를 데려 오겠다고 제 발로 하데스로 간다. 페르세포네를 내놓으라는 두 사람에게 하데스가 어떻게 했을까? 어떤 사명을 띠고 자신의 영토에 온 산자들을 하데스가 위협한 경우는 거의 없다. 하데스는 빙그레 미소를 띠며 둘에게 먼 길에 노고가 많았을 테니 일단 쉬라고 의자를 권한다. 둘이 의자에 앉자, 둘은 그대로 모든 기억과 생각을 잊어버린다. 그렇게 하염없이 앉아 있다가 케르베로스를 데리러 헤라클레스가 왔을 때, 헤라클레스에 의해 이 둘은 기회를 얻는다. 헤라클레스는 이 둘을 일으켜 구하려 했으나 테세우스만이 의자에서 일어나 기억을 되찾고 돌아가는데 성공하고, 페이리토스의 구출은 실패하고 만다.

이들에 비하면 헤라클레스는 훨씬 신중하다. 하데스는 살아서는

---

59) 헬레네가 파리스를 만나기 한참 전의 일이다.

나올 수 없는 곳이다. 산 사람은 죽음을 모르고, 죽은 사람은 삶을 잊는다. 죽었지만 삶을 기억하고, 살아서도 죽음을 아는, 죽음과 삶의 경계를 넘나드는, 삶과 죽음이 순환하는 원리를 아는 사람만이 하데스로부터 나올 수 있다. 들어가는 것도 어렵지만 나오는 것도 어렵다. 헤라클레스의 비밀의식 입문은 이러한 원리를 미리 알기 위한 것이었다.

이제 헤라클레스는 메두사의 환영에 속지 않을 정도의 혜안도 갖추었다. 게다가 테세우스를 구하고, 아스칼라포스Askalaphos60)를 누르고 있던 바위도 치워주고, 혼령들에게 먹이기 위해 하데스의 소도 한 마리 잡는 등의 이타적인 행위들을 한다. 과업들 중 후반에 수행한 것들에는 이와 같은 본래의 과업과 별 관계없는 선의에 따른 행동들이 많이 나온다. 헤라클레스는 신체적으로 강해질 뿐만 아니라 이타적이고 자기희생적인 행동을 할 만큼 정신적인 성숙도 한 것이다. 마지막으로 그는 하데스의 명령에 따라 맨 몸으로 무시무시한 괴물을 제압한다. 아폴로도로스는 케르베로스와의 싸움 장면을 간단하게 기술하고 있지만, 이 개는 결코 만만한 개가 아니었을 것이다. 케르베로스와의 싸움은 그가 사력을 다한 마지막 전투였을 것이다.

열 둘이나 되는 과업을 모두 마친 헤라클레스는 이제 자식을 죽인 죄를 씻게 되었다. 정화가 그에게는 영약인 것이다. 그는 이제 이 모험에서 얻은 지혜와 용기로 새로운 삶을 살면 될 것이다. 그러나 헤라클레스의 이야기는 열두 과업을 끝내고 '영원히 행복하게 살았습니

---

60) 아스칼라포스는 스튁스 강의 뉨파이와 아케론 강의 하신 사이에서 태어난 아들이다. 아스칼라포스는 상봉의 기쁨에 겨워있는 데메테르에게 자신이 목격한 것 즉 페르세포네가 석류 한 알을 먹었다는 것을 알려, 데메테르의 노여움을 사서 바위에 깔린 신세가 된다. 헤라클레스에 의해 구출된 후에 아스칼라포스는 올빼미로 변하는 벌을 다시 받는다.

다.'로 마치지는 않는다.

4) 헤라클레스의 신격화

아폴로도로스는 열두 과업 이후의 헤라클레스의 편력을 전해준다. 헤라클레스는 다시금 광기에 사로잡혀 사람을 죽이고 그 죄를 정화받기 위해 옴팔레Omphale에게 팔려가 종살이를 하기도 하고, 기간테스Gigantes와의 전쟁에 참전하여 올륌포스 신들을 돕기도 한다. 데이아네이라와 결혼도 하고 자식들도 낳는다. 아폴로도로스가 헤라클레스를 소개하는 부분에 나오는 것은 아니지만, 헤라클레스는 이아손Iason과 같이 아르고Argo 호를 타는 모험도 했다고 전해진다. 그러나 아르고 호의 모험은 헤라클레스가 죽고 수세기 후의 이야기이므로 그리스 신화에서는 흔한, 연대기적 오류들 중 하나로 보인다.

헤라클레스의 최후로 가보자. 헤라클레스는 에우뤼토스를 응징하는 전쟁을 치르고 돌아온다.[61] 헤라클레스는 에우뤼토스의 딸 이올레Iole를 자기 아들과 결혼시키려고 데리고 돌아오는데, 이러한 의도를 알지 못한 데이아네이라는 남편의 마음을 의심하며 위기감을 느낀다. 데이아네이라는 자신에게 헤라클레스의 마음을 붙들어 두기 위해 넷소스Nessos의 피를 헤라클레스가 신들께 제사를 지내기 위해 입는 예복에 바른다.[62] 그러나 그 피에는 히드라의 독도 들어가 있었다.

---

61) 에우뤼토스는 오이칼리아의 왕인데, 헤라클레스는 에우뤼토스의 딸 이올레에게 청혼을 했다가 실패한 적이 있었다. 게다가 헤라클레스는 에우뤼토스로부터 소도둑이라는 혐의를 받은 적도 있다.

62) 넷소스는 켄타우로스이다. 넷소스는 헤라클레스와 싸우다가 추방된 적도 있고, 데이아네이라를 겁탈하려다가 마침내 헤라클레스에 의해 죽임을 당한다. 그는 죽어가면서 데이아네이라에게 자신의 피를 남편의 옷에 적셔 입히면, 식어가는 사랑이 돌아올 것이라는 비밀을 말해 준다. 그러나 이는 넷소스의 복수였다.

넷소스를 죽인 화살은 이전에 히드라의 독을 묻혀둔 화살이었던 것이다. 히드라의 독은 헤라클레스의 살 속으로 파고들었고, 헤라클레스가 괴로워하며 옷을 벗으려 하자 살점도 함께 떨어져 나간다. 그는 고통을 이기지 못하고 스스로 장작더미에 올라가 불을 지르게 한다.[63] 장작더미가 타는 동안 한 조각의 구름이 지나가면서 천둥소리가 울리고, 그는 하늘로 들어 올려졌다. 헤라클레스는 이제 불사의 몸이 되었고 헤라의 인정을 받게 되었다. 올림푸스에서 헤라클레스는 헤라의 딸 헤베Hebe와 결혼을 한다.

헤라클레스가 인간의 삶을 끝내고 신이 되면서 헤베와 결혼한다는 것이 흥미롭다. 헤베라는 이름은 '청춘의 꽃'을 의미하고, 젊은 처녀 시절의 헤라와 동일시된다. 다시 말해 헤라클레스가 헤베와 결혼을 했다는 것은 간접적으로 말하면 헤라와 화해했다는 것을 의미하고 직접적으로 말하면 헤라의 배필이 되었다는 것을 의미한다. 헤라클레스는 아버지 제우스의 자리에 있게 된 것이다. 헤라클레스의 적이었던 헤라는 헤라클레스의 배필이 되었다.

헤라클레스는 헤라의 뜻에 따라 괴물들과 싸운다. 이 괴물들은 캠벨의 말대로 이 세상에 속하지 않은, 무의식의 심연에서 온 존재들이다. 또한 의식적 자아로서는 알지 못하는 내 안의 용이기도 하다. 이러한 괴물들이 헤라의 편이라는 것이 중요하다. 즉 괴물들은 모성의 영역에 속한 존재들이다. 영웅 신화에서 영웅은 반드시 어둠의 극복이라는 시험의 단계를 치르는데, 보통 괴물과의 싸움으로 표현된다. 상대가 되는 괴물은 모성 영역에서 비롯된다. 헤라클레스의 모험담은

63) 소포클레스의 『필록테테스』에 따르면, 이 때 헤라클레스의 장작더미에 불을 붙인 것은 필록테테스이다. 그는 보답으로 헤라클레스의 활을 받았고, 헤라클레스의 활을 가진 필록테테스는 트로이 전쟁에서 결정적인 활약을 하게 된다.

전형적인 영웅 신화라 할 수 있다. 헤라클레스는 개별적 자아의 의지를 마음대로 발휘하는 인물이 아니다. 그는 "고유한 자기의 과제에 부합되게 발탁되고 그에 따라 철저히 본능적인 힘으로 수행하는 인물상"이다.[64] 분석심리학적 관점으로 보자면 영웅은 "정신의 내재적 목적에 따라 주어진 임무를 수행하기 때문에 일종의 '머슴'의 특징"을 보인다.[65]

결국 신화에서 영웅을 움직이는 것은 영웅 밖의 힘 즉 모성이다. 그리고 모성은 바로 영웅을 탄생시킨 근원적 정신이다. 헤라는 헤라클레스를 낳지는 않았지만 어머니이며, 보다 정확히 말해서 "모성 원형상"이다. 모성 원형상이라 함은 새로운 세상의 지배원리를 생산할 뿐만 아니라 지배원리가 영향력을 상실하면 가차 없이 거두어들이는 파괴자이며, 창조와 소멸이라는 거대한 순환의 주체, 자연력을 의미한다.[66] 모성은 영웅의 근원이다. 모성의 영향력으로 인해 영웅은 계속 행동할 수 있는 것이다.

'괴물과의 싸움'이라는 모티브는 그러므로 모성 영역과의 싸움이라고 할 수 있다. 자아의식은 유약하여 능력을 발휘하지 못하는 한편, 무의식은 의식을 침범하기도 하고 은근히 좌지우지 하는 힘으로 작용하여 자아를 더더욱 무력하게 한다. 이렇게 부정적으로 영향력을 행사하는 모성에 대한 영웅의 투쟁이 괴물과의 싸움이다. 다시 말해서 영웅의 괴물과의 싸움은 의식이 무의식적 충동에 사로잡히지 않으려고 하는 싸움이다. 싸움이 성공적으로 이루어지면 영웅은 성숙해져 자아의 힘을 드러낼 수 있게 되고, 더 이상 괴물과 싸울 필요가

---

64) 이유경, 『원형과 신화』, 서울: 분석심리학연구소, 2008, p. 211.
65) 위의 책, 같은 곳.
66) 위의 책, p. 168.

없게 된다. 이제 여성적 요소는 용이라는 형태로 나타나지 않고 여인으로 나타난다.

신화에서 이 단계는 "여신과의 만남" 또는 "신성한 결혼"의 모티브로 표현된다. 신성한 결혼은 "대극의 합일", "융합"의 전형적인 표현이다. 융에 따르면 융합의 상징은 심리학적으로 대극의 합일에 관한 것이며 연금술에서는 이를 왕과 왕비의 결혼에 비유한다. 왕과 왕비의 근친상간적 결합이나 금속의 결합은 대극의 합일이자 인간의 내부에서 일어난 의식과 무의식의 분열 상태의 통합이다.[67] 신화에서 신성한 결혼이 근친상간적 결합으로 나타나는 경우는 무수하다. 그 이유는 영웅의 여신과의 결합이 원래 서로 하나였던 관계를 회복하는 것이기 때문이다. 의식을 획득하여 근원적인 정신으로부터 멀어져 버렸다가 다시 근원적 상태로 회복하는 것이 모험의 끝이자 목표이다. 그러므로 서로 동족이었음을 확인하는 것은 근친상간적 관계로 나타나는 것이다.[68] 헤라클레스가 헤베와 결혼함으로 모험담이 종결되는 것은 이와 같이 해석할 수 있다.

헤라클레스는 이제 신이 되었다. 그는 무의식에 함몰되지 않았고, 의식을 성장시키면서 성숙함으로써 근원적인 정신으로부터 떨어져 나왔다. 그러나 이 과정은 동시에 자신이 분리되었음을 인식하는 과정이기도 하다. 성숙하였으며 완전해질 준비가 된 그는 여신과 결합함으로써 "전체 정신의 조절자에게 인격의 중심을 넘기면서 통합된 인격의 탄생"[69]을 실현시킨다. 이것이 신격화의 의미이다.

헤라클레스의 이야기에서 당신이 제일 흥미롭게 읽은 부분은 어떤

---

67) C. G. 융, 『인격과 전이』, 한국융연구원 C. G. 융 저작 번역위원회 옮김, 서울: 솔, 2004, p. 222~241 참조

68) 이유경, 앞의 책, p. 218.

69) 위의 책, p. 220.

부분인가? 모험을 떠나는 부분인가, 아니면 괴물과의 싸우는 부분인가, 아니면 천계에 드는 부분인가? 읽는 사람마다 다를 것으로 보인다. 바로 당신에게 와 닿은 그 부분이 당신이 인생의 전체 여정에서 어느 단계에 서있는지를 알려준다. 젊어서는 의식적 자기 정립과 분화가 중요하고, 인생의 후반부에서는 젊어서 얻은 개별적 가치를 보편적 가치로 확장해야 한다. 우리는 신화를 읽음으로써 급급한 사회적 요구에 답하는 삶으로는 배울 수 없는 인간성의 실현에 대해 배울 수 있다.

11. 아가멤논 가문의 비극

뮈케네Mycenae의 왕 아가멤논Agamemnon의 가문은 그리스 비극 중 가장 인기 있는 소재였다. 이 가문은 비극으로 점철된 역사를 지닌다. 이 이야기를 전해주는 문헌은 많이 있다. 호메로스Homeros의 『오뒷세이아』 3권에는 아가멤논의 아들이 살부지수인 아이기스토스Aegisthos를 응징했다는 이야기가 나온다. 11권에서 오뒷세우스Odysseus는 하데스로 내려가게 되는데, 거기서 그는 아가멤논의 혼백을 만난다. 오뒷세우스는 전쟁이 끝나고 귀향을 하면서 아가멤논과 헤어졌었기 때문에, 대체 어떤 일이 있었기에 고향이 아니라 하데스에 있느냐고 아가멤논의 혼백에게 묻는다. 이에 아가멤논은 자신이 클뤼타이메스트라Klytaimestra70)와 결탁한 아이기스토스에 의해 살해되었다는 이야기를 들려준다. 우리는 이 장에서 기원전 5세기경 쓰인 비극을 주요 텍스

70) 이 책의 4장에서는 클뤼타임네스트라Klytaimnestra로 표기했었다. 여기에서는 아이스퀼로스의 표기를 따라 클뤼타이메스트라로 표기한다.

트로 삼을 것이지만, 호메로스가 전하는 것처럼 이 이야기는 훨씬 이전부터 구전되던 영웅 전설 중 하나이다. 그리스의 비극은 대부분 영웅 전설이다.[71] 즉 전승된 신화에 등장하는 영웅에 대한 찬양이 주된 내용이다. 비극의 시대[72]에 아가멤논의 가족은 트로이 전쟁과 더불어 비극의 단골 소재가 된다. 소포클레스Sophokles의 『엘렉트라』, 에우리피데스Euripides의 『타우리케의 이피게네이아』, 『오레스테스』, 『아울리스의 이피게네이아』 그리고 아이스퀼로스Aeschylos의 『아가멤논』, 『제주를 바치는 여인들』, 『자비로운 여신들』[73]은 모두 아가멤논 가족의 비극을 소재로 한 비극 작품이다. 세 작가는 모두 조금씩은 다른 이야기를 한다. 즉 인물의 의도나 성격, 사건의 원인과 결과에 대한 관점이 조금씩 다르다. 이 작품들을 읽는 우리에게도 인물이나 사건을 자유롭게 해석할 여지가 있는 것처럼 말이다. 우선 사건을 중심으로 이야기의 줄거리를 소개하겠다. 그런 다음 주요 인물 즉 아가멤논, 클뤼타이메스트라, 엘렉트라Elektra 그리고 오레스테스Orestes의 행동의 의미를 생각해 보자.

1) 아트레우스 가문의 저주

아가멤논 집안의 저주는 더 윗대로부터 내려온 것이다. 탄탈로스

71) 참조. 천병희, 『그리스 비극의 이해』, 서울: 문예출판사, 2002, p. 21~25.

72) 페르시아 전쟁은 기원전 480년에 승리로 끝난 후 각종 선진적인 정책과 제도를 실행한 참주 페이시스트라토스가 디오뉘소스 축제를 연중행사로 만든 것은 기원전 539년이다. 오늘날의 우리가 찬란한 문명의 그리스로 기억하는, 기원전 5세기, 고전주의 시대에 아테나에는 매년 3월에 디오뉘소스에게 바쳐진 '디오뉘시아'라는 축제가 열렸는데(겨울에 열린 디오니소스 축제는 '레나이나'라고 부른다.) 이 축제의 가장 중요한 행사가 바로 비극경연대회였다. 이때 3인의 비극작가가 각각 3편의 비극과 한 편의 사튀로스극을 완성해 총 12편의 작품을 관객과 심판관 앞에서 상연했다고 한다. 우리가 잘 아는 디오뉘소스 야외극장이 이 상연의 무대이다.

73) 이 세 작품은 연작이기 때문에 『오레스테이아』라고 통칭한다.

Tantalos는 리디아의 왕이자 제우스의 아들이었고, 올림푸스에서 열리는 신들의 향연에 초대받을 정도로 신들의 총애를 받는 인간이었다. 어느 날 그는 자신의 집에 신들을 초대한다. 그런데 그는 음식을 부족하게 준비해 버렸다. 지금처럼 음식이 모자라면 어디든 전화해서 주문을 할 수도 없으니, 아주 난감해져 버렸다. 탄탈로스는 이에 엉뚱한 생각을 떠올려 버린다. '신이라 해도 아마 모를 것이다.'라는 안일하고 오만한 마음으로 그는 자기의 아들 펠롭스Pelops를 죽여 신들 앞에 요리로 내놓는다. 그러나 그의 짐작과는 달리 신들은 자신들의 앞에 놓인 요리의 정체를 알아챘다. 신들은 탄탈로스의 만행에 노여워하며 그를 하데스로 추방시켜버린다. 탄탈로스는 하데스에서 그의 행위에 상응하는 벌을 받는다. 그의 머리 위에는 온갖 과일이 주렁주렁 열려 있고, 턱 아래에는 물이 흐르고 있지만, 그가 과일을 향해 손을 뻗으면 과일이 위로 올라가고, 물을 마시려고 허리를 굽히면 물 역시 내려가 버리고 만다. 그는 보고도 못 먹고 못 마시는 무서운 형벌을 영원히 받고 있다. '감질나게 하다'라는 의미의 영어 단어 'tantalize'는 탄탈로스로부터 비롯되었다고 한다.

한편 신들은 아비의 손에 죽은 펠롭스를 다시 살려낸다. 이렇게 다시 살아난 펠롭스는 성장하여, 피사의 왕 오이노마오스Oinomaos의 딸 힙포다메이아Hippodameia에게 청혼을 한다. 힙포다메이아는 워낙 미인이라 많은 젊은이들의 구애를 받았는데, 그들은 모두 오이노마오스로부터 전차 경주를 하여 이겨야만 딸과 결혼시켜주겠다는 조건을 제안 받았다. 그리고 지금까지 아무도 성공하지 못했다. 아무도 성공할 수 없었던 것이 오이노마오스의 말은 아레스로부터 받은 말이라서 사람의 실력이 문제가 되지 않았던 것이다. 펠롭스는 뜻하지 않은 도움을 받게 된다. 청혼을 하기 위해 찾아온 그에게 반한 힙포다메이아가 아버지의 마부 뮈르틸로스Myrtilos를 설득했고, 그녀에게 연정을 품고 있던 뮈르틸로스가 오이노마오스의 마차의 바퀴에 굴대 못을 끼우지 않았다.

고장 난 마차를 탄 오이노마노스는 시합에서 졌을 뿐만 아니라 목숨을 잃었고, 펠롭스는 고향으로 돌아가 힙포다메이아와 혼인을 할 수 있게 되었다. 그런데 펠롭스가 물을 찾으러간 사이에 뮈르틸로스는 힙포다메이아를 겁탈하려 했다. 이를 안 펠롭스가 뮈르틸로스를 바다에 던져버림으로써 해피엔딩을 맞이하는 듯 보이지만, 여기에서 반전이 일어난다. 뮈르틸로스는 바다에 떨어지면서 펠롭스 집안에 저주의 말을 뱉었는데, 문제는 그의 아버지가 헤르메스였고, 이 저주는 가납되었던 것이다.

이 때문이었을까? 펠롭스의 두 아들 아트레우스Atreus와 튀에스테스Thyestes는 서로를 극히 싫어했다. 그런데 이 둘이 본격적으로 경쟁하게 될 일이 생겼는데, 그것은 뮈케네인들이 이 둘 중 하나를 자신들의 왕으로 추대하겠다고 온 것이다. 아트레우스는 동생에게 황금 양털을 가진 자가 뮈케네의 왕이 되는 것이 좋겠다고 제안을 한다. 튀에스테스도 이 제안을 수락한다. 그런데 아트레우스는 일찍이 자신의 양들 중에서 황금 털을 가진 양이 있어 그 털을 잘 간수해둔 터였다. 그는 회심의 미소를 지으며 간수해둔 양털을 찾았지만, 그가 찾은 것은 어처구니없게도 배신당했다는 사실이었다. 튀에스테스와 정분이 난 아트레우스의 아내 아에로페Aerope가 그것을 이미 빼돌려 튀에스테스에게 건네 준 후였던 것이다. 아트레우스는 이중의 배신을 당한 것을 알고 분노에 사로잡혔다. 그런 그에게 제우스가 계시를 내린다. 해가 동쪽으로 지게 하는 자가 뮈케네의 왕이 되도록 새로운 협약을 맺으라고 말이다. 튀에스테스는 코웃음을 치며 협약을 맺는다. 어떤 자가 해를 동쪽으로 지게 할 수 있겠냐고, 형이 최후의 발악을 하는 것이라고 여긴 것이다. 그러나 아트레우스의 명령에 따라 해가 동쪽으로 지는 일이 실제로 일어나자, 튀에스테스는 아트레우스가 신의 가호를 받는 자라는 것을 인정할 수밖에 없었다. 튀에스테스는 쫓겨나 버린다.

세월이 지나 어느 날, 아트레우스는 튀에스테스를 자신의 집에 초대한다. 이제 화해를 하자는 것이었다. 튀에스테스는 곧이 믿고 초대에 응한다. 그에게 제공된 만찬에서 튀에스테스는 처음 맛보는 맛난 고기 요리에 흡족해 하며 대체 이게 무슨 고기인지를 물었다. 아트레우스의 대답인즉, "당연히 처음 맛보겠지, 그건 네 아들들이니까."라는 것이었다! 튀에스테스는 격한 고통을 느꼈을 것이다. 그는 형제의 집에서 뛰쳐나와 복수를 칼날을 마음에 품는다. 튀에스테스에게 남은 것은 하나 뿐인 딸, 펠로피아Pelopia 뿐이었다. 그는 딸을 속이고 동침한다. 펠로피아는 아버지를 모르는 아들을 낳는데, 그가 아이기스토스Aegisthos이다. 아이기스토스는 훗날 클뤼타이메스트라의 연인이 된다. 남편 없는 펠로피아와 아비 없는 아이기스토스는 이들의 정체를 모르는 아트레우스에 의해 거두어진다. 아트레우스는 아이기스토스를 아들처럼 키웠다. 장성한 아이기스토스는 자신의 정체를 알고 정해진 운명대로 아트레우스를 살해한다. 묘하고 잔인한 운명이다.

애드거 앨런 포Edgar Allan Poe의 『도둑맞은 편지』의 제일 마지막은 이렇다. 편지를 바꿔진 뒤팽은 빈 편지지를 남기고 오기 아쉬워서 "이러한 무참한 계획은 아트레에게는 알맞지 않을지라도 티에스트에게는 어울리리라"이라고 쓴 종이를 남겨두고 온다. 그는 이 말이 크레비용Crébillon의 『아트레와 티에스트』에 나온 대사라고 말하는데, 크레비용의 작품은 이 오래된 신화를 각색한 것이다.

한편 아트레우스의 두 아들의 운명은 어떻게 되었나? 아가멤논은 아버지로부터 왕위를 물려받아 뮈케네의 왕의 되었고, 메넬라오스Menelaos는 스파르타의 왕녀 헬레네Helene와 결혼을 했다. 아가멤논과 클뤼타이메스트라가 결혼을 하기 전에 클뤼타이메스트라는 이미 다른 남자와 결혼을 하여 아이도 있었다. 그런데 불쑥 나타난 아가멤논이 클뤼타이메스트라에게 반하여 스파르타의 튄다레오스Tyndareos 왕에게 딸과의 결혼을 허락해달라고 청하는 것이다. 당연히 튄다레오스는 이미 남편이 있는 여자에게 청혼은 말이 되지 않는다고 거절하였다. 이에 아가멤논은 칼을 휘둘러 클뤼타이메스트라의 남편과 아이를 죽여버린다. 아가멤논은 피 묻은 칼을 들고 이제 남편이 없는 여자가 되었으니 결혼을 허락해달라고 다시 한 번 청한다. 이건 청혼이라기보다는 협박에 가깝다. 이렇게 아가멤논은 클뤼타이메스트라와 결혼을 했다. 결혼의 과정은 험했지만, 결혼 생활은 순탄한 편이었다. 아가멤논과 클뤼타이메스트라는 딸 셋과 아들 하나를 낳았고, 아이들은 잘 컸다. 그러던 어느 날 파리스Paris가 데려간 헬레네Helene를 찾기 위한 트로이전쟁이 발발한다. 그리고 이 전쟁에서 부부의 비극이 싹튼다.

출정을 위해 그리스군은 아울리스 항구에 모여 있었다. 그러나 바람이 불지 않아 그들은 배를 띄울 수 없었다. 그리스의 예언자 칼카스가 점을 쳐본 결과, 이 중에 신에게 죄지은 자가 있어서 신이 바람을 거두었으니, 속죄를 하여 신의 분노를 풀어야만 바람이 분다는 예언을 얻는다. 신에게 죄를 지은 사람은 뜨끔했으리라. 이제 신의 분노 앞에서 아가멤논은 갈등한다. 일찍이 아가멤논은 사냥을 하다가 아르테미스Artemis의 신전으로 도망간 사슴을 신전 안까지 쫓아가서 죽인 적이 있었다. 아르테미스의 사슴을 죽이고서야 정신이 든 그는 여신에게 올해 태어난 것 중 가장 아름다운 것을 바치겠노라 약속을 했다.

집으로 돌아간 그는 다시 한 번 정신이 아득해 졌는데, 마침 그의 아내 클뤼타이메스트라가 첫 딸 이피게네이아Iphigeneia를 출산했다는 것을 알았기 때문이다. 그는 자신의 딸을 제물로 바칠 수 없어서 약속을 지키지 않고 미루고 있었다. 그러나 아르테미스는 그의 약속을 잊지 않고 있었고, 이제야, 이 결정적인 순간에 빚을 받고자 한다. 에우리피데스의 『아울리스의 이피게네이아』에서 아가멤논은 번민 끝에 딸을 제물로 삼기로 결정하고 클뤼타이메스트라에게 전쟁 전에 이피게네이아와 아킬레우스의 혼인을 치르려 하니 속히 이피게네이아를 아울리스로 보내라는 편지를 보낸다. 클뤼타이메스트라는 크게 기뻐하면서 딸을 데리고 아울리스로 향한다. 그러나 아울리스에 도착하자, 클뤼타이메스트라는 기쁨에서 절망으로 추락해 버리게 된다. 클뤼타이메스트라가 이피게네이아는 결혼을 하는 것이 아니라 죽임을 당하게 되리라는 것을 알게 되고, 아가멤논에게 절규하는 대목을 읽어 보자.

> 먼저 당신에게 비난하고 싶은 것은, 당신이 내 전남편 탄탈로스를 죽인 뒤 내 의사에 반하여 나와 결혼하여 억지로 나를 데려갔다는 거예요. 그리고 내 어린아이를 내 가슴에서 억지로 빼앗아가 땅바닥에 내동댕이쳤어요. 그래서 내 오라비들인, 제우스의 두 아드님이 눈부신 백마를 타고 당신과 전쟁하러 왔으나, 당신이 애원하자 연로하신 내 아버지 튄다레오스께서 당신을 구해주셨고, 그대는 나를 아내로 돌려받았어요. 일단 당신과 화해하자, 당신도 시인하겠지만, 나는 당신과 당신 집에 나무랄 데 없는 아내였어요. 나는 행실이 바르고 당신의 가산을 늘일 생각만 했으니, 집 안에 들 때 당신은 마음이 흐뭇했고 집에서 나갈 때는 행복했었지요.(중략) 나는 당신에게 세 딸에 이어 여기 이 아들을 낳아주었는데, 당신은 그 가운데 딸 하나를 인정사정없이 빼앗으려 하고 있어요. 누군가 당신에게 왜 딸을 죽이려 하는지 물으면 뭐하고 답할 것인지 말해보세요. 아니면 내가 대신 말해줄까요? '메넬라오스가 헬레네를 돌려받기 위해서죠.' 제 자식의 목숨을 주고 나쁜 여자를 사다니, 이 얼마나 멋

진 흥정인가![74]

아가멤논이 전장에 나가있는 사이에 클뤼타이메스트라는 아이기스토스와 정을 통한다. 그리고 아가멤논이 돌아온 날, 둘은 아가멤논을 살해한다. 아가멤논이 전리품으로 데려온 카산드라도 이 때 같이 죽임을 당한다. 아가멤논을 내려친 손이 아이기스토스의 손이었는지, 클뤼타이메스트라의 손이었는지는 중요해 보인다. 또한 이 살인의 이유가 무엇이었는지도 중요해 보인다. 아이스퀼로스의 작품에서는 클뤼타이메스트라가 살인을 직접 저지른 것으로 묘사된다. 또한 클뤼타이메스트라는 『제주를 바치는 여인들』에서 아가멤논의 죽음은 집안의 저주 때문이었다고 변명한다. 한편 코러스는 아이기스토스와의 불륜 때문에 저지른 것이라고 클뤼타이메스트라의 악행을 비난한다. 에우리피데스의 『아울리스의 이피게네이아』에서 대로라면 클뤼타이메스트라는 딸을 제물로 바친 아가멤논에게 복수하겠다는 의도로 그를 죽인 것이다. 이처럼 사건은 여러 관점에서 재구성될 수 있다. 클뤼타이메스트라의 의도와 행위에 대한 심층적인 분석은 뒤로 미루고, 다른 인물들의 행위와 사건들을 좀 더 살펴보자.

아가멤논은 살해당했고 뮈케네는 클뤼타이메스트라와 아이기스토스의 수중에 떨어졌다. 아이기스토스는 어린 오레스테스를 없애버리고 싶었지만, 클뤼타이메스트라가 그를 시골로 보내버려 오레스테스는 살아남는다. 오레스테스는 죽음은 피했지만, 그에게 이 피난살이가 합당한 삶은 아니었을 것이다. 한편 엘렉트라는 자신의 처지에 강한 불만을 적극적으로 표출한다. 엘렉트라에게 어머니는 다른 남자와

---

74) Euripides, *Iphigeneia he en Taulidi*, 1148~1169, 「아울리스의 이피게네이아」, 『에우리피데스 비극 전집』 2, 천병희 옮김, 고양, 숲, 2009

정분이 나, 전쟁 영웅이자 왕인 아버지를 살해하고, 왕위를 찬탈한 나쁜 여자이다. 엘렉트라에게 사는 이유란 복수뿐이다. 아버지의 무덤에 제주를 부으며 복수를 다짐하며 이 복수를 실현하기 위해 동생을 애타게 기다리는 그녀 앞에 마침내 동생 오레스테스가 성장하여 나타난다. 엘렉트라는 오레스테스를 설득하고 자신이 오랫동안 세워 온 계획을 전한다.

오레스테스는 그 계획을 실현하여, 클뤼타이메스트라는 아들 손에 죽임을 당하고, 아이기스토스 역시 오레스테스에 의해 죽는다. 거사를 치른 직후, 오레스테스는 다른 사람의 눈에는 보이지 않는 '복수의 여신들' 에리뉘에스Erynyes의 사나운 추격을 받는다. 여기까지가 전래되어온 이야기이고 각 비극 작품이 공유하는 이야기이다. 그런데 아이스퀼로스의 작품에서는 새로운 부분이 추가되어 있다. 오레스테스는 에리뉘에스에게 쫓기면서 델포이의 아폴론 신전으로 몸을 피한다. 아폴론은 오레스테스에게 정화를 약속하며 아테나로 가서 아테나의 재판장으로 가기를 명한다. 마침내 오레스테스는 그의 죄를 고발하는 에리뉘에스와 그를 변호하는 아폴론 그리고 그의 죄의 유무를 심판할 아테나 시민 11인의 배심원단으로 구성된 아테나의 재판장에서 정당화되고 정화된다.

자, 이제 우리가 알아야할 사건들이 모두 일어났다. 하지만 이 다음의 이야기도 있긴 하다. 에우리피데스의 『타우리케의 이피게네이아』에서 오레스테스는 타우리케라는 곳에 우연히 가게 되는데, 거기에서 아르테미스의 제물로 바쳐질 위기에 처해진다. 그런데 타우리케의 아르테미스 신전의 여사제는 이피게네이아였다. 이피게네이아는 모두가 알고 있는 것처럼 죽은 것이 아니라, 순수한 그녀의 죽음을 애석히 여긴 아르테미스에 의해 살아남아, 타우리케라는 낯선 곳에서 여신의 사제가 되어 있었던 것이다. 누나가 남동생을 직접 제물로 바쳐야할 위기에서, 둘은 결국 서로가 자신의 가족임을 확인하고 무사히 탈출한다. 여기까지가 아가멤논 가족의 비극적인 이야기이다. 오레스테스의 정화와 오레스테스와 이피게네이아의 재회와 같이 비극이라고 단정할 수 없는 요소들이 있지만, 전반적으로는 분명 비극이다.

지금까지 각 인물이 어떤 일을 했고, 그 일이 어떤 다른 일을 야기했는지를 대략적으로 보았다. 이제 각 인물별로 그의 의도와 행위가 어떻게 해석될 수 있는지 생각해 보자. 각기 다른 입장은 각기 다른 관점을 지니기 때문에 사건은 하나더라도 그 해석은 여럿일 수 있다. 우리는 이미 TV 드라마를 통해 시어머니와 며느리와 아들이 서로 다르게 사건을 해석하는 것을 저녁마다 목격할 수 있다. 그런데 우리가 지금 상대하는 것은 문화적 맥락마저 상이한 서양 고대인의 이야기이다. 어쨌든 우리는 현대인이고, 현대인으로서 이 인물들과 행위들에 접근할 수밖에 없다. 고대의 사유 내지는 작품으로부터 현대인인 우리가 어떤 메시지를 받을 수 있다면 그것이야 말로 보편적인 가르침이 아닐까 싶다.

자, 그럼 아가멤논부터 시작해볼까? 그는 무엇을, 어떤 생각으로 했을까?

2) 아가멤논의 선택

우리는 아가멤논이 무엇을 선택했는지 이미 알고 있다. 그는 자신의 딸을 희생시키고 출항을 가능케 할지 아니면 딸을 살리고 전쟁을 포기할지, 택일해야만 했다. 그는 전자를 선택했다. 헤겔Georg Wilhelm Fredrich Hegel이라면 이 선택을 지지했을 것으로 보인다. 헤겔은 국가의 법이 친족의 법보다 더 보편성을 갖는 윤리에 입각해 있다고 여긴다. 헤겔의 생각이 옳다면 우리도 아가멤논의 선택을 지지해야 할 것이다. 헤겔의 국가의 법에 대한 옹호와 그에 대해 제기되는 비판은 나중에 안티고네Antigone 이야기를 다룬 장에서 본격적으로 검토할 예정이니, 여기서는 아가멤논이 다른 것을 선택할 수는 없었는지를 생각해 보자.

만일 아가멤논이 딸의 생존을 택하고 전쟁을 포기했다면 어떻게 되었을까? 비극 작가도 이런 생각을 해 보았다. 『아울리스의 이피게네이아』에는 이 결정을 할 때, 아가멤논의 심정이 어땠는지가 잘 묘사되어 있다. 아가멤논은 딸을 불러오도록 전령을 보내고 막사에서 홀로 다음과 같이 독백한다.

> 아아, 불쌍한 내 신세! 무슨 말을 하지? 대체 어디서 시작하지? 이 무슨 필연의 멍에가 나를 짓누르는가! 어떤 신이 내 허를 찔렀고, 그 분의 지략은 내 지략보다 월등하다는 것이 밝혀졌어. 미천한 집안에서 태어났다는 것은 유리한 점도 있어. 그런 사람은 마음대로 울 수 있고, 무엇이든 말할 수 있으니까. 고귀한 집안에서 태어난 사람은 불행해도 탈출구가 없어.[75]

아가멤논은 자신이 왕이라는 것을 잘 알고 있고, 왕으로서 해야 할 결정도 잘 알고 행동한 것이다. 그러나 왕이기 때문에 해야 하는 일을 분명 달갑게 여기지는 않는다. 그리고 그는 "그건 그렇고, 내 아내에게 뭐라고 말하지? 그녀를 어떻게 맞이하며, 만나서 어떤 표정을 짓지?"[76]라고 걱정도 한다. 메넬라오스는 그의 막사에 찾아와, 아무도

---

75) Euripides, *Iphigeneia he en Aulidi*, 442~449, 「아울리스의 이피게네이아」, 『에우리피데스 비극 전집』 2, 천병희 옮김, 고양: 숲, 2009.
76) 위의 책, 454~455.

딸을 죽이라고 강요할 수 없을 것이라고, 자기는 아내를 못 찾아도 할 수 없다고, 결정을 번복하라고 조언한다. 이에 아가멤논은 대답한다. 예상컨대, 만일 자기가 딸을 바치지 않는다면 모든 것을 알고 있는 오뒷세우스가 군대를 휘어잡고 아르고스까지 쫓아와 성을 부수고, 나라를 쑥대밭으로 만들어버릴 것이라고 말이다.[77)]

클뤼타이메스트라는 아가멤논의 결정을 뒤집기 위해 갖은 애를 다 쓴다. 아킬레우스에게 도움을 청하고, 아가멤논에게 항변을 하는 등 할 수 있는 것은 다 한다. 그리고 우리가 이미 알고 있듯, 이피게네이아의 죽음을 막지는 못하고 대신 아가멤논에게 복수를 하기로 마음먹는다. 클뤼타임네스트라는 철저하게 자신과 딸의 관계만 보고 있는데 반해, 아가멤논은 자신의 나라까지 생각하고 있다. 딸을 살리려다가 나라가 내전으로 망하게 될 것이라는 생각은 역시 왕다운 생각이다.

아가멤논의 예상이 맞을지도 모른다. 하지만 무릇 신화가 전하는 바, 인간은 신의 섭리를 예상하지는 못하고 자신의 자유의지대로 행동한다. 아가멤논은 딸을 택하고 전쟁을 포기할 수도 있었다. 오뒷세우스는 군대의 창끝을 안으로 돌리는 대신, 창을 내리기를 택하고 자신의 부인과 어린 아들이 있는 고향으로 돌아가기로 선택할 지도 모른다. 그랬다면, 아가멤논 자신을 포함하여 이피게네이아, 아킬레우스, 파리스, 헥토르Hektor는 자연사할 때까지 삶을 이어나갔을 수도 있을 것이다. 전쟁도 없고, 영웅도 없고, 수많은 희생자도 없이 말이다. 이렇게 평화와 안녕을 만들어낸 지도자, 지지할 만하지 않은가? 아르테미스의 준엄한 분노는 전쟁을 시작하길 단념하라는 경고로 해석할 수도 있지 않을까?[78)]

---

77) 위의 책, 528~535.

78) 참조. Victoria Wohl, *Intimate Commerce: Exchange, Gender and Subjectivity in*

아가멤논이 딸보다 전쟁이 좋아서 전쟁을 선택한 것이라고 보이지는 않는다. 아가멤논이 전쟁을 선택한 것은 그에게는 동맹국들과의 관계가 중요했기 때문이다. 다시 말하면 그가 복종한 것은 신이나 국가라는 보편적인 도덕 원리가 아니라, 왕이라는 권력자가 갖는 권력을 유지하고자 하는 욕망이었던 것이다. 동서고금을 막론하고 권력자의 권력욕이 평화를 유지하는데 쓰이기보다는 평화를 깨뜨리는데 쓰였던 경우가 많다. 저 오래된 이야기에 나오는 아가멤논은 평화 파괴자로서의 권력자 1.0이었던 것.

3) 헤스티아를 둘러싼 클뤼타이메스트라와 엘렉트라의 투쟁

클뤼타이메스트라와 엘렉트라에게 투쟁이란 단어는 결코 지나친 단어가 아니다. 이들의 성격은 일관되게 단호하고 이들이 성취하고자 하는 것은 허용된 것이 아니었다. 그래서 이들은 원하는 것을 얻기 위해 투쟁을 할 수 밖에 없었다. 이들의 단호함은 특히 오레스테스와 비교하면 부각된다. 오레스테스는 그래도 어머니인데 클뤼타이메스트라를 정말 죽여야 하는지 회의하는 반면, 엘렉트라는 이런 오레스테스의 우유부단함을 단호함으로 바꾸려고 일관되게 노력하여 결국 자신의 뜻을 이룬다. 엘렉트라는 어머니를 몰아내기 위해 최선을 다한다. 클뤼타이메스트라 역시 아가멤논을 죽일 때 망설이는 모습을 보이지 않는다. 자신이 택한 것에 확신을 갖고 진행하는 전형적인 사람이다. 엘렉트라의 적은 클뤼타이메스트라이고 클뤼타이메스트라의 적은 아가멤논이었는데도 이 둘에게는 묘한 공통점이 있다. 베르낭 Jean-Pierre Vernant에 따르면 이 공통점은 무엇보다도 이들이 쟁취하고

Greek Tragedy, Austin: U of Texas Press, 1998.

자 했던 목표가 같다는데 있다.[79]

그 공통의 목표란 바로 헤스티아Hestia이다. 헤스티아는 여신의 이름이기도 하지만, 일반명사로는 '화덕'을 의미한다. 뮈케네식 화덕은 사각형의 대형 거실의 한 가운데에 둥근 형태로 자리 잡고 있는데, 그 위치 상 말 그대로 가정의 중심을 차지한다. 게다가 화덕은 한 가족의 일상에서 중심적인 역할을 한다. 가족은 화덕을 가운데 두고 밥을 먹고 대화를 나눈다. 이 화덕은 가족이라는 공동체를 유지시킨다. 이렇게 화덕은 가족의 일상적이고 세속적인 삶의 중심이다.

뿐만 아니라 대문자 화덕 즉 헤스티아는 가족의 종교적이고 성스러운 영역의 중심이다. 조상신에 대한 제사, 가족의 공동 식사, 결혼식, 아기가 태어났을 때 하는 암피드로미아 의식 등등은 화덕 주위에서 치러진다. 헤스티아 즉 신성한 불은 한 가정의 생명과 재산을 물리적 위험으로부터 지켜주는 물리적 수호신이자, 그 가정의 단일성과 영속성을 확보해 주는 정신적 지주 그리고 모든 행위를 지배하는 도덕적 안내자이다.[80] 고대 그리스인들과 같은 종교적 인간들은 흔히 불의 신성한 힘이 생명을 수호한다고 여긴다. 따라서 신생아는 불에 의한 통과의례를 치러야만 했다. "헤스티아는 한 집안의 혈통을 영원히 존속시키는 기능"을 하는 것이다.[81]

가부장제가 공고했던 사회에서 한 집안의 혈통이라는 것이 아버지의 혈통으로 이루어진 것이라는 점, 헤스티아가 수호한 것이 가부장

---

79) 장 피에르 베르낭, 『그리스인들의 신화와 사유』, 서울: 아카넷, 2005, p. 195~196.

80) 박희영, 「서구 정신의 기원(1) ; 헤스티아 의식을 통해서 본 그리스 종교의 이성주의적 측면에 대한 고찰」, 한국서양고전학회, 『서양고전학연구』 24권, 2005, p. 74.

81) 장영란, 「불의 상징과 형이상학」, 한국현상학회, 『철학과 현상학 연구』 38집, 2008, p. 135.

과 그의 가솔이라는 도식을 갖는다는 점은 새삼스레 지적할 필요도 없겠다. 레비스트로스Claud Levi Strauss가 밝히듯, 가부장제가 유지되려면 족외혼과 여성 교환이 필수적이다.[82] 여자는 결혼을 하게 되면 아버지의 화덕을 떠나 남편 가문의 화덕에 고정된다. 여자는 화덕의 불이 꺼지지 않게 간수하고, 불을 이용하여 음식을 짓고, 가정을 돌보지만, 결코 자기의 화덕이나 가정을 가질 수는 없다. 다시 말해, 여자는 화덕과 가정에 소속되지만 여자에게 소속된 화덕이나 가정은 없다.

그런데 클뤼타이메스트라와 엘렉트라는 자신의 화덕을 가지려고 투쟁을 했다는 것이 베르낭의 해석이다. 아이스퀼로스의 『아가멤논』과 『제주를 바치는 여인』 그리고 소포클레스의 『엘렉트라』 등에는 클뤼타이메스트라가 신중하고, 대담하고, 독선적이고, 지배적인 성격 즉 남성적인 성격을 지닌 것으로 묘사된다. 반면 아이기스토스는 참전을 피한 나약한 자, 여자 같은 남자, "암탉 옆의 큰소리치는 수탉"[83] 등으로 묘사된다. 클뤼타이메스트라와 아이기스토스는 사회적으로나 심리적으로나 그 위상이 전도되어 있다. 요컨대 아이기스토스는 뮈케네의 왕실 화덕과 관련하여 정상적으로는 자기 남편의 오이코스집, 가정 안에서 부인이 처하는 상황에 있는 것이며, 클뤼타이메스트라는 남편이 처한 상황에 있는 것이다.[84] 그녀가 아가멤논을 죽이기로 했을 때 그녀가 도모했던 것은 "남성적 지배에 대한 거부와 가정 안에서 남성의 자리를 차지하는 것"[85]이었다. 클뤼타이메스트라

---

82) 레비스트로스에 따르면 인류가 야생에서 문명으로 이행하는 지점에는 족외혼이 있는데, 이 족외혼은 여성의 교환으로 실행된다. 즉 한 가문의 여자는 다른 가문으로 보내고, 다른 가문의 여자를 자기 가문으로 받아들이는 것이다. 이러한 여성 교환은 가부장제를 유지시킨다.

83) Aeschylos, *Agamemnon*, 183, 『아이스퀼로스 비극 전집』, 천병희 옮김, 고양: 숲, 2008.

84) 베르낭, 앞의 책, p. 183.

는 아가멤논을 죽이고, 아가멤논을 대신하여 왕좌에 앉아 권력을 쥐었고, 화덕이 자기의 것에 속한다고 주장하고, 남편으로 삼기로 스스로 결정한 남자를 불러들였다. 국가를 통치하는 것에서부터 결혼까지 능동적으로 해낸 것이다. 또한 그녀는 아가멤논 사이에서 태어난 부계를 잇는 아이들을 자기 자식으로 인정치 않고, '집안의 남자oikouros'인 아이기스토스와의 사이에서 낳은 아이들에게 자기의 성姓을 물려준다. 즉 클뤼타이메스트라는 출산과 혈통 잇기 역시 능동적으로 한 것이다.86)

이러한 모든 일들은 클뤼타이메스트라가 아가멤논으로부터 그의 화덕을 탈취해낸 과정이다. 가부장제 하에서 여자는 화덕을 소유한 적이 없고, 소유할 수도 없다. 만일 이것이 허용된다면 가부장제는 유지될 수 없을 것이다. 그렇다면 클뤼타이메스트라의 화덕 탈취는 가부장제에 대한 도전이라고 할 수 있다. 아들의 손에 죽음을 당할 정도로 질 나쁜 범죄의 실체는 이것이다.

클뤼타이메스트라는 아가멤논이라는 한 남자와 결혼을 하고서 그의 화덕을 빼앗음으로써 그것을 자기 것으로 소유하고자 했다. 그렇다면 엘렉트라는 아버지의 화덕을 되찾고, 부계 혈통의 것을 회복해, 한 때 금이 간 가부장제를 공고히 하려 했던 것일까? 엘렉트라는 어머니가 빼앗은 아버지의 화덕을 되찾으려 했다. 그러나 그녀는 그것을 아버지의 것으로 복원하는 대신 자기의 것으로 취하려고 했다고 베르낭은 해석한다. 엘렉트라와 그녀의 동생 오레스테스와의 관계에 주목하면 이러한 해석이 가능하다. 엘렉트라에게 오레스테스는 동생이라기보다는 오히려 아들에 가깝다. 엘렉트라는 오레스테스가 죽은

85) 위의 책, 같은 곳.
86) 위의 책, p. 195.

것으로 알고 이렇게 부르짖는다. "너는 내 어머니의 귀염둥이가 아니라, 내 귀염둥이였고, 집 안에는 나 말고는 너를 길러주는 사람이 아무도 없었다."[87] 그러나 오레스테스가 죽었다는 소식은 거짓이었다. 오레스테스가 엘렉트라 앞에 자신을 드러냈을 때, 엘렉트라는 그에게 복수의 계획을 알려주고, 독려한다.

엘렉트라는 묘하게 자신이 거역하고자 하는 어머니와 닮았다. "자신의 남동생 옆에서 이러한 어머니 — 엘렉트라는 어머니의 남성적이고 지배적인 기질을 이어받았다 — 의 자리를 차지하기 때문에, 클뤼타이메스트라의 '복사물'인 엘렉트라는 동시에 그녀에 대한 대립자가 된다."[88] 엘렉트라는 어머니가 방탕하고 관능적인 만큼 정숙하고, 클뤼타이메스트라가 아가멤논을 증오하는 만큼 그를 사랑한다. 그럼에도 불구하고 둘은 상반된 이유지만 결혼의 영역 밖에 있다는 공통점을 갖는다. "한 여인은 결혼의 영역 이쪽에 머물고, 다른 한 여인은 그 영역을 넘어 저쪽으로 간다."[89] 아가멤논을 지지하는 엘렉트라는 아버지의 화덕을 고수한 나머지 결혼을 거부하고 남동생만을 인정한다. 오레스테스는 아가멤논의 혈통을 잇기 때문에, 엘렉트라에게 그는 아들이자 아버지이자 남편의 역할을 모두 하는 것이고, 이런 이유로 그녀는 동생의 귀환과 복수를 학수고대했던 것이다. 그녀는 자신의 결혼 및 남편과 자식을 갖지 않음으로써 아가멤논의 화덕을 포기하지 않고, 오레스테스의 어머니 역할을 자임함으로써 그리고 어머니를 죽이고 화덕을 뺏음으로써 자기의 화덕을 능동적으로 취한 것이다. 이러한 엘렉트라의 계획에 가문 밖의 남자는 무의미하며 들

87) Sophokles, *Elektra*, 1145~1148, 『소포클레스 비극 전집』, 천병희 옮김, 고양: 숲, 2008.

88) 베르낭, 앞의 책, p. 196.

89) 위의 책, p. 196~197.

어설 여지가 없다. 엘렉트라 역시 교환대상이길 거부한 것이다.

두 여인의 투쟁은 가부장제와의 투쟁이라고 결론지어도 무방할 듯하다. 자신이 실현하고자 하는 것과 사회가 허용하고자 하는 것이 상충하는 일은 어느 사회에나 있었고, 여자들은 특히 이러한 긴장관계에 자주 놓이는데, 역사적으로 여자들의 자율의 범위가 훨씬 더 좁았기 때문에 크고 작은 반란은 언제나 문학 안팎에서 있기 마련이다. 그런데 클뤼타이메스트라는 아들의 손에 죽임을 당함으로 응징되고, 엘렉트라는 평범하게 결혼을 하는 것으로 끝난다. 비극 작품들은 이 여인들의 반란을 진압해 버린다. 둘 다 자신의 욕망을 끝까지 실현하지 못했다. 둘 중 하나가 뜻을 이루고 행복하게 오래오래 살았다고 한다면, 과연 이 비극이 불러온 여파는 무엇일까?

4) 도덕적 인간, 오레스테스

오레스테스는 아버지가 살해된 지 8년이 지나, 친구 필라데스를 동반하고 뮈케네로 돌아온다. 소포클레스의 『엘렉트라』에는 오레스테스가 어머니를 살해한 사건이 묘사되어 있지만, 작품의 주인공이 엘렉트라이기에 엘렉트라가 얼마나 오레스테스의 귀환과 복수를 고대했는지, 기회가 왔을 때 얼마나 단호하게 복수를 실행했는지에 대해서는 충분히 묘사되었는데, 반면 오레스테스의 성격이나 의중에 대한 묘사는 충분치 않다. 사실 엘렉트라가 분노하면 할수록, 치밀하게 계획을 짜면 짤수록 그리고 복수에 대해 단호한 태도로 동생을 독려하면 할수록 오레스테스의 입장은 수동적이 될 수밖에 없다. 소포클레스의 작품에서 엘렉트라의 능동적인 성격은 오레스테스의 수동적인 성격에 대비된다. 그래서 오레스테스의 행동은 해석할 여지도 별로 없다.

아이스퀼로스의 『제주를 붓는 여인들』에는 같은 내용이 나오지만, 엘렉트라의 심정뿐만이 아니라 오레스테스의 심정도 잘 표현되어 있다. 엘렉트라는 남편을 살해할 때의 클뤼타이메스트라 못지않게 단호하다. 엘렉트라는 한결같이 동생의 귀환을 바랬고, 동생을 만나자 그에게 살인을 독려한다. 반면 오레스테스는 여러 번 우유부단한 모습을 보인다. 그는 어머니를 살해하겠다는 결심을 한 후 신분을 속이고 궁에 들어가지만, 막상 클뤼타이메스트라를 죽이기 직전, "어떻게 할까, 퓔라데스? 어머니를 죽이기가 두렵구나."[90]라고 망설인다. 그리고 죽일 사람인 클뤼타이메스트라에게 죽이겠다는 뜻을 밝히면서 대화를 나눈다. 그는 아버지의 복수라는 명분과 어머니를 살해한다는 죄책감 사이에서 우유부단하게 서성인다. 살해 후에도 그는 후회하지도 않지만 기뻐하지도 않는다. 코러스장이 그에게 정당한 행위였다고 말하지만 그는 고통스러워할 뿐이다.

고통을 호소하는 그의 앞에 '복수의 여신들'인 에리뉘에스가 출현하여 그를 더욱 괴롭게 하지만, 에리뉘에스는 그의 내적 고뇌를 가중시켰을 뿐이다. 이처럼 망설이는 인물은 그리스의 신화와 비극에서 유래가 없다.[91] 예를 들어 호메로스의 『일리아스』에 나오는 아킬레우스가 헥토르를 죽이기 전에, '이렇게 죽여도 되는 것인가?'라는 물음을 던지는 일은 없다. 다른 작가의 비극 작품에서도 클뤼타이메스트라나 엘렉트라가 망설이는 경우는 없다. 에우리피데스의 『오레스

---

90) Aeschylos, *Choephoroi*, 899, 「제주를 붓는 여인들」, 『아이스퀼로스 비극 전집』, 천병희 옮김, 고양: 숲, 2008.

91) 김상봉, <(김상봉의) 그리스 비극론 2, 현대시선으로 조명한 그리스 비극의 세계>, 서울: 동방미디어, 2008, v6 - 아이스퀼로스의 <코에포로이> Ⅱ: 임철규, 『그리스 비극』, 파주: 한길사, 2007, p. 140~141.

그림 14. 부그로, 〈오레스테스의 회한〉

테스』에서 오레스테스는 무척 괴로워하지만 이는 에리뉘에스가 괴롭혔기 때문이다. 이 작품에서 고통은 외적인 것이고, 공중에서 나타난 아폴론에 의해 에리뉘에스가 사라짐으로써 평화는 찾아온다. 이 작품에서는 내적 고뇌도 없고, 공감할 수 있는 정당화도 없다.

요컨대 오레스테스라는 자기 행위에서 정당성을 찾으려는 인물이 그리스 신화 및 비극에서 처음으로 나타난 것이다. 오레스테스는 두 가지 면으로 자기 행위의 정당성을 내세운다.[92] 하나는 신의 명령이다. 그는 "록시아스아폴론의 강력한 신탁은 결코 나를 저버리지 않을 것"[93]이라 말하면서 자신이 신탁에 따르고 있음을 명시한다. 만일 그가 신의 명령을 따르지 않는다면 가혹한 고통이 뒤따를 것이다.[94] 다른 하나는 "본질적으로 순수한 인간적 동기, 즉 아버지의 죽음에 대한 자식으로서의 비통한 감정과 사악한 강탈자들에게 오염된 자신의 '집'을 회복하려는 의무감" 이다.[95] 클뤼타이메스트라는 불륜을 저질렀다. 아들이자 왕자의 입장에서, 이는 혼인에 대한 배반 그 이상이다. 그것은 가부장적 권위에 대한 위반이며 나아가 폴리스의 소우주인 집 자체에 대한 위반이다.[96] 어머니를 살해하는 것은 사적인 복수

92) 임철규, 앞의 책, p. 137~140.
93) Aeschylos, *Choephoroi*, 269~270.
94) 위의 책, 278~290
95) 임철규, 앞의 책, p. 137.
96) Cynthia B. Patterson, *The Family in Greek History*, Cambridge/M.A.: Harvard UP, 1998, p. 145.

이자 공적인 정의 회복이다. 다음과 같은 오레스테스의 대사가 이를 확인시켜 준다.

> 이런 신탁을 어찌 믿지 않을 수 있겠어요? 설사 믿지 않는다 하더라도 이 일은 해치워야 해요. 여러 가지 요구들이 한데 뭉쳐서 나를 재촉하니까요. 신의 명령도 있고, 아버지에 대한 깊은 애도의 마음도 있는 데다 재산을 잃어 고생이 막심하니까 말예요. 그래서 나는 트로이아를 함락하여 용맹을 떨친 아르고스의 시민들이 그토록 고매한 마음을 가졌음에도, 두 여자에게 머리를 조아리는 꼴을 더는 보고 싶지 않아요.[97)]

그러나 이러한 확고한 의지와 자기 정당화에도 불구하고 그는 살려달라고 간청하는 어머니 앞에서 흔들리면서 친구 퓔라데스Pylades에게 어떻게 해야 할지를 묻는다. 바로 이러한 태도가 이전의 그리스의 신화와 비극에서 볼 수 없었던 태도인 것이다. 그는 갈등하고 의심하는 모습을 보이는데, 이는 오레스테스 자신도 알고 있다시피 내키지 않지만 피할 수도 없는 상황에 처해있기 때문이다. 이러한 순간에 오레스테스는 "자신에게 부여된 의무의 필연성이 아니라 자신의 양심에 호소"하며, 바로 이러한 태도가 "그의 인간됨과 성격을 규정"해 준다.[98)]

호메로스Homeros의 시대에는 불행이 덕이나 용기라는 미덕과 연관되어 있었다. 즉 살면서 불가피한 운명에 마주치게 될 때 덕을 포기하고 행복을 택하는 것은 비겁한 일이고 용기를 가지고 덕을 선택하는 것이 고귀한 행동이라 여겨졌다. 이러한 관점은 상대적으로 영웅적·귀족적인 입장이라 할 수 있다. 그러나 시민사회가 발달한 기원전 5

97) Aeschylos, *Choephoroi*, 298~304.
98) 임철규, 앞의 책, p. 141.

세기 경, 개인의 덕성뿐만이 아니라 사회 전체의 차원에서의 정의의 문제가 대두되기 시작한다. 이제 한 개인의 영웅적 선택에서 나아가 공동체 즉 가문과 폴리스의 차원에서 행위의 옳고 그름이 문제시되기 시작한다.[99] 아이스퀼로스는 하늘에서 뚝 떨어진 신으로 하여금 오레스테스의 죄를 사해주는 방식이 아닌, 시민들에 의한 재판을 받게 한다. 그는 도덕이 개인적인 차원이 아니라 공적이고 보편적인 차원을 갖는다는 생각을 처음으로 해낸 것이다.

아가멤논이나 클뤼타이메스트라는 가족을 죽음에 몰아넣고 회한에 잠기기는커녕 기뻐하는데 이와는 대조적으로 오레스테스는 불안해한다. 어머니를 살해한 직후 그는 이렇게 말한다. "이 일이 어떻게 끝날지 모르겠소. 내 비록 고삐를 잡고 있기는 하나 말들은 이미 주로 밖으로 멀리 벗어난 느낌이오."[100] 이러한 불안감은 그가 처한 상황이 그만의 것이 아니라는 예감 때문이다. 도덕의 문제는 실상인즉 세상에 혼자 살지 않기 때문에 생기는 것이다. 다른 사람과 살고 있기 때문에 자신의 행위의 결과가 다른 사람에게 영향을 미치고, 그 때문에 옳은 행위나 그른 행위가 있는 것이다. 오레스테스가 해결했던 문제 즉 아버지의 복수는 오레스테스가 원인을 제공한 문제가 아니다. 그리고 나아가 오레스테스의 행위는 또한 다른 사람들에게 어떤 결과로 출현할 것이다. 내가 하지 않은 많은 일들 속에서 나는 무언가를 해야 한다는 것이 오레스테스뿐만이 아니라 우리 모두가 처한 상황이 아니겠는가? 그러므로 우리는 오레스테스처럼 "어떻게 해야 하지?"를 물을 수밖에 없다. 융은 자서전에서 자신의 삶이 하나의 역사적 단편, 앞서거나 뒤따르는 본문도 없이 책에서 잘려진 장章 같다는

---

99) 김상봉, 앞의 자료, v.8 - 아이스퀼로스의 〈자비로운 여신들Eumenides〉 II.
100) Aeschylos, *Choephoroi*, 1021~1023.

느낌을 받았다는 이야기를 한다. 공감할 수 있는 이야기이다. "나의 인생은 긴 사슬에서 가위로 잘려진 것처럼 보였고, 많은 물음들은 해답이 없는 채로 남았다. 무슨 이유로 그와 같이 진행되었을까?…(중략) 그 결과가 무엇인가?"[101] 융과 같이 생각이 많은 사람이 죽기 직전에 여전히 생각하는 것이 이러하니, 대부분의 생각 적은 이들이 이 답을 알 것 같지는 않다. 그러므로 이 무량한 인과의 연쇄 속에 있는 지금 나는 "어떻게 해야 하지?"를 묻는 수밖에 없다. 도덕이란 이처럼 유한한 인간이 자기 밖의 무한한 다른 것과 상대하면서 자문하게 되는 물음에서 시작한다. 도덕적으로 사는 것은 흔히 여기듯 규범에 충실하거나, 착한 마음으로 사는 것이 아니다. 그것은 무한한 미지의 것과 미력한 자아를 진지하게 받아들이면서 "어떻게 해야 하지?"라는 물음을 스스로 던지고 답하는 것이다.

12. 오이디푸스의 비극

소포클레스Sophokles의 『오이디푸스 왕』은 오이디푸스Oidipous 이야기의 가장 유명한 전승이며, 가장 위대한 그리스 비극이다. 소포클레스는 기원전 496년에 태어나 406년에 작고했고, 그의 대표작 『오이디푸스 왕』은 429년~425년 즈음에 상연되었다고 추정된다. 그러니 이 작품은 소포클레스의 필력이 무르익은 완숙한 시기의 작품이라 할 수 있다. 소포클레스의 작품이 가장 유명한 전승이기는 하지만, 소포클레스가 이 이야기를 창작한 것은 아니다. 그 증거로 한 예를 들자면

---

101) 카를 구스타프 융, 『카를 융 : 기억 꿈 사상』, A. 야페 편집, 조성기 옮김, 파주: 김영사, 2007, p. 517.

『오뒷세이아』에는 "나는 오이디포테스의 어머니 아리따운 에피카스테도 보았소. 그녀는 자기 아들과 결혼하여 영문도 모르고 엄청난 짓을 저질렀고, 오이디포테스는 자기 아버지를 죽이고 자기 어머니와 결혼했소."[102]라는 구절이 나온다. 오이디푸스와 이오카스테는 한 때 오이디포테스와 에피카스테라고 불린 것이다. 『오뒷세이아』는 기원전 8세기에 쓰였으니 오이디푸스 이야기는 적어도 그 이전부터 구전되어 왔던 것이 틀림없다. 이 외에도 오이디푸스가 언급된 전승들은 있지만, 짧은 구절들이고, 오이디푸스를 중심으로 하여 본격적인 이야기를 구성하고, 지금까지 전해져 내려온 것은 소포클레스의 작품이 유일하다.

그러나 이런 이유들만으로 소포클레스의 『오이디푸스 왕』이 위대하다고 말하는 것은 아니다. 일찍이 아리스토텔레스Aristoteles는 이 작품을 전형적인 비극으로 규정했고, 세익스피어에 의해 오이디푸스는 햄릿으로 다시 태어나기도 했다. 또 17~18세기 코르네유, 라신, 볼테르 그리고 언급할 수도 없는 많은 극작가가 이 작품을 각색 했다. 또한 앵그르, 밀레, 모로 등등 많은 화가들은 오이디푸스를 주제로 한 무수한 회화를 남겼다. 까다로운 니체마저 이 작품을 아폴론적 명료함과 디오니소스적 신비가 결합된 최고의 작품으로 평가했다. 또한 프로이트가 오이디푸스 콤플렉스라는 개념을 만들어 낸 이후, 이 개념은 정신분석학의 핵심 개념이 되어 숱한 해석과 논란을 불러일으켰다. 나아가 이 개념은 정신분석학의 틀을 넘어 인문학 전반에 영향을 미치면서, '대체 인간이란 어떤 존재인가?'라는 근본적인 물음의 답에 새로운 지평이 되었다. 소포클레스의 『오이디푸스 왕』은 이처럼

102) Homeros, *Odysseia*, 11.271~273, 『오뒷세이아』, 천병희 옮김, 고양: 숲, 2006.

많은 해석과 리메이크의 원작이라 할 수 있다. 소포클레스의 작품은 과연 무엇을 품고 있기에 숱한 천재들이 매혹되어 오이디푸스를 전유하려 들었을까? 이 물음에 대한 답은 소포클레스의 『오이디푸스 왕』을 중심으로 하여 오이디푸스 이야기의 줄거리를 잠깐 살핀 후 본격적으로 구해보자.

1) 오이디푸스 이야기

이야기는 오이디푸스의 아버지 라이오스Laios의 젊은 날로 거슬러 올라간다. 라이오스는 테베Thebe의 왕자였는데, 테베가 정치적 혼란에 휩싸이게 되었을 때, 몸을 피해 펠롭스Pelops에게로 갔다. 그곳에서 라이오스는 펠롭스의 아들을 겁탈하는 바람에 펠롭스의 저주를 받았다고 한다. 저주인즉, 라이오스는 아들에 의해 죽게 되리라는 것이었는데, 어쨌든 라이오스는 이 저주를 무시하고 이오카스테Iokaste와 결혼을 했을 뿐만 아니라 자식까지 낳는다. 그런 라이오스도 저주가 실현되는 것은 두려웠던지, 그는 아이의 발목을 뚫어 가죽 끈으로 묶어 하인에게 건네면서 죽이라는 명령을 내린다. 이 하인은 아이를 죽이려고 산에 올라갔지만, 마음이 약해져 거기에서 아이를 죽이는 대신 코린토스Korinthos에서 온 목동에게 넘긴다. 코린토스의 목동은 코린토스 왕 폴리보스의 가축을 치는 중이었고, 그는 이 아이를 자식이 없는 폴리보스Polybos 왕 부부에게 바친다. 폴리보스 왕 부부 슬하에서 오이디푸스는 무럭무럭 자라 어느덧 청년이 되었다.

그러던 어느 날 오이디푸스는 어떤 사람과 말다툼을 벌이게 되었는데, 화가 난 상대에게서 주워 온 아이라는 말을 듣는다. 이 말 때문에 오이디푸스는 회의에 휩싸였고, 의문을 풀기 위해 자신의 근원, 정체를 알기 위해 델포이의 아폴론 신전으로 간다. "내가 누구입니까?" 라는 의문을 품은 그에게 내려진 신탁은 엉뚱하다. "너는 네 아비를 죽일 자, 그리고 네 어미와 교합할 자다." 청천벽력! 이제 혼란에 빠진 오이디푸스는 코린토스로 돌아가서는 안 된다는 생각만으로 정처 없는 걸음을 옮긴다. 그가 바위 사이로 난 좁은 길에 이르렀을 때 그의 앞에 마차가 나타나 그의 길을 막는 일이 닥쳤다. 심지어 마차에 탄 이들은 그에게 비키라고 성마르게 고함을 질러대고 위협까지 한다. 몸으로 가리는 시비 끝에 오이디푸스는 그 일행 중 한 명만 살아 도망가게 한다. 모두 알다시피 이제 예언 중 하나가 실현이 된 것이다. 오이디푸스는 운명이 이끄는 대로 계속 길을 가 테베 입구에 도착했다. 그리고 거기서 스핑크스Sphinx의 수수께끼, "목소리는 하나뿐이지만 처음에는 발이 네 개인데 그 다음에는 두 개가 되었다가 그 다음에는 세 개가 되는 것이 무엇이냐?"[103]는 수수께끼를 푼다. 패배한 스핑크스는 성채에서 몸을 던져 자살해 버렸다. 테베를 임시로 다스리던 이오카스테의 오빠 크레온Creon은 수수께끼를 푸는 자에게 라이오스가 가졌던 두 가지 것 즉 왕위와 라이오스의 아내를 주겠다고 공표를 했던 터였다. 이제 테베를 구한 영웅 오이디푸스가 이 공표에 의해 왕이 되고 이오카스테와 결혼을 하니, 두 번째 예언도 실현이 되었다. 오이디푸스는 이오카스테와의 사이에서 아들 둘과 딸 둘을 낳고 선정을 펼치며 행복하게 살고 있었다. 여기까지 이야기는 이전에 이런 일이 있었다고 나중에 대화 중에 등장하기는 하지만, 소포클레스의 작품에 나오지는 않는다.

소포클레스의 『오이디푸스 왕』은 그러던 어느 날, 테베에 역병이

103) Apollodoros, *Biblotheke*, 3.8, 『원전으로 읽는 그리스 신화』, 천병희 옮김, 고양: 숲, 2004.

돌면서 온 도시가 불행에 휩싸이게 된 어느 날로부터 시작한다. 오이디푸스는 역병에 대처할 길을 찾기 위해 크레온을 델포이로 보냈었는데, 그가 돌아와 하는 말이 라이오스의 살해자를 추방하거나 살해하여 정화하라는 것이 신의 뜻이라는 것이다. 이 말을 들은 오이디푸스는 반드시 자기가 그 일을 해내리라 결심하고 수사를 진행한다. 오이디푸스는 장님 예언자 테이레시아스Teireias로부터 당신이 찾는 자는 바로 당신이라는 말을 듣지만, 크레온과 짜고 왕위를 찬탈하려는 정치적 음모로 여겨 분노한다. 이 분노를 달래기 위해 이오카스테는 예언이란 믿을 것이 못 된다고, 라이오스도 자식에 의해 죽음을 맞게 된다는 예언을 들었지만 강도들에 의해 삼거리에서 죽었다고, 그리고 아이는 버림받아 죽임을 당했다고 이야기를 해 준다. 이 말을 들은 오이디푸스는 동요하여 라이오스의 생김새며 죽을 때의 상황을 자세히 묻는다. 그리고 현장에서 살아남은 사람이 있다는 것을 알아내고 그를 찾아오게 한다. 그는 불길한 예감에 휩싸였으면서도 진실을 알아내려 집착한다. 특히 그는 라이오스가 강도'들'에 의해 죽임을 당했다는 것을 분명히 확인하고 싶어 한다. 그런데 이 와중에 코린토스에서 사자가 도착하여 폴뤼보스의 죽음을 알린다. 오이디푸스는 아버지를 죽일 것이라는 예언이 빗나갔다는 점에 안도하며, 아직 어머니가 살아 있기 때문에 고향으로 갈 수 없다고 말하는데, 이에 사자는 걱정하지 말라고, 당신은 그들의 자식이 아니고 내가 폴뤼보스 부부에게 당신을 데려다 주었다고 이야기를 해준다. 자, 이제 이오카스테는 오이디푸스를 말리기 시작한다. 그러나 오이디푸스의 고집은 점점 더 세질 뿐이다. 자세한 이야기를 하라고 재촉하는 오이디푸스를 남겨두고 이오카스테는 퇴장해 버렸고, 무대에는 라이오스 살해 현장에 있었던 하인이 나타난다. 이 하인은 못 알아 본 채 하지만 코린토스의 사자는 그가 먼 옛날 아이를 자신에게 넘긴 사람이라는 것을 알아본다. 오이디푸스의 집요한 물음은 계속된다. 아이를 넘겼느냐? 그 아이는 누구의 아이였느냐? 마침내 진실은 밝혀졌다. 오이디푸스는 이오카스테를 찾아갔지만 그녀는 이미 목을 맨 후였고 오이디푸스는 이오카스테의 브로치로 자신의 눈을 찌른다. 그리고 그는 손가락질 받으며 살아갈 딸들을 걱정하며 테베를 떠난다.

요약 탓에 그 정조가 희석되었지만, 비극이라는 점을 이해하는 데는 충분할 것이다. 한 번 더, 보다 짧게 요약을 하자면 결국 이 이야기는 알지 못하는 사이에 아버지를 죽이고 어머니와 결혼했다는 것을 나중에 알아 버린 한 남자의 이야기이다. 그러나 신문의 타이틀마냥 "아버지를 죽이고 어머니와 결혼한 테베 왕, 결국 자기 눈을 찌르고 국외 추방"이라고 말해 버린다면, 이 이야기는 그저 스캔들일 뿐일 것이다. 허나 우리는 이 비극을 읽고 디오뉘소스 극장에 모인 아테네 시민들처럼 이런 선정적인 단죄 이상의 무언가를 느낀다. 오이디푸스의 비극은 과연 무엇이었을까? 왜 이런 일이 일어난 것일까? 선대의 저주나 신이 예비한 운명인가? 아니면 오이디푸스의 모자란 아니면 과한 지성 때문이었을까? 앵그르의 그림에 표현된 똑똑하고 의지 굳은 오이디푸스는 사실은 바보에 불과한 것일까? 그렇다면 우리는 알 수 없으나

그림 15. 앵그르, 〈오이디푸스와 스핑크스〉

예정되어 있다는 운명에 어떻게 대처해야 할까? 결국 이 모든 물음은 '이 비극의 본질은 과연 무엇인가?'라는 물음으로 수렴된다. 그리고 이것이 꿀 향기를 발산하면서 숱한 천재들과 우리들을 유혹하는 문제이기도 할 것이다.

오이디푸스의 비극에 대한 분석은 너무나 많은 반면 이 분석사를 제대로 훑기엔 지면과 역량이 너무나 제한적이다. 따라서 네 꼭지 정도로 한정하려고 하는데, 우선 가장 고전적인 분석인 아리스토텔레스의 분석을 살피고, 다음으로 정신분석학적 분석과 심층심리학적 이해를 살피고자 한다. 마지막으로 철학적인 이해를 시도해 보기로 하다. 자, 그럼 아리스토텔레스부터 시작해 보자.

2) 아리스토텔레스 - 연민과 공포를 주는 오이디푸스

아리스토텔레스가 『시학』에서 주요하게 다루는 시는 보통 비극의 반 이상의 분량을 차지하는 코러스의 시이다. 현대적인 관점에서 보자면 『시학』은 시보다는 드라마 특히 비극에 대한 이론을 다룬 문헌이라 할 수 있다. 아리스토텔레스에 따르면 비극은 보편적인 것을 다루어야 하고,[104] 드라마적 형식을 취하며, 연민과 공포를 환기시키는 사건에 의해 감정의 카타르시스를 행한다. 이런 정의에 보다 부합할수록 훌륭한 비극이라고 평가할 수 있다. 아리스토텔레스가 보다 구체적으로 제시하는 훌륭한 비극의 조건이 무엇이며, 소포클레스의 『오이디푸스 왕』은 이러한 조건을 만족시키는 작품인지 살펴보다.

아리스토텔레스가 제시하는 조건들 중 언어에 관한 것 조사, 운율

104) Aristoteles, *De arte poetica,* 9.1455b, 『시학』, 천병희 옮김, 서울: 문예출판사, 2002. 여기서 보편적인 것이라 함은 "이러이러한 성질의 인간은 개연적으로 또는 필연적으로 이러이러한 것을 말하거나 행하게 될 것"(9.1455)을 의미한다.

등이나 형식 등을 제외하면 세 가지 조건 즉, 플롯, 비극적인 사건, 등장인물의 성격이 비극의 중요한 요소로 남는다. 첫째, 플롯은 복잡해야 하고 공포와 연민의 감정을 불러일으켜야 한다. 연민이란 부당하게 불행을 당하는 것을 볼 때 환기되는 감정이고, 공포는 우리 자신과 유사한 자가 불행을 당하는 것을 볼 때 환기되는 감정이다.[105] 만일 악한 자가 주인공이 된다면 그가 불행에 빠지는 것은 부당하지 않으니까 연민을 느끼지 않게 될 것이고 그가 행복해 진다면 그것은 비극이 아니게 될 것이다. 그러므로 주인공은 우리 자신과 유사한 자거나 혹은 훌륭한 인물이어야 한다. 그래야 우리는 그와 동일시하면서 공포를 느낄 수 있다. 또 그의 운명은 비행이라기보다는 중대한 과실에 의해 행복에서 불행으로 바뀌어야 한다. 그래야 우리는 연민을 느끼게 된다는 것이다. '나라면 저러지 않겠어.'라는 생각은 나보다 어리석어 보이는 사람을 보고 할 수 있는 생각이니 말이다. 오이디푸스는 어떤가? 오이디푸스는 비극의 관객보다 높은 위치에 있고, 지성도 갖춘 인물이기에 관객은 그에게 공감할 수 있다. 그리고 그는 악의나 고의에 의한 것이 아니었다 해도 몇 가지 중대한 과실을 분명 저지르기도 했다.

그러면 어떤 사건이 공포와 연민을 불러일으키기에 적당할까? 사건의 당사자들이 적대 관계에 있다면 연민은 일어나지 않는다. 당사자들이 친할수록 연민은 깊어진다. 형제나 부모 자식 간에 살인 같은 행위가 일어난다면? 깊은 연민이 생길 것이 보다 확실하다. 오이디푸스는 아버지를 죽이고 어머니와 결혼하여 두 가지나 되는 금기를 어긴 만큼 비극성이 강하다. 아리스토텔레스는 "자기 행위가 얼마나 무

105) 위의 책, 13.1455a.

서운 행위인지 알지 못하고 행한 뒤에 나중에 가서야 친근 관계를 발견할 수도 있다. 예컨대 소포클레스의 오이디푸스의 경우가 그렇다"[106]라고 말한다.

마지막 조건은 주인공의 성격이다. 비극의 주인공의 성격은 선량해야 하고, 전형적이어야 한다. 성격의 전형성은 말하자면 여자다운 여자, 왕다운 왕을 의미한다. 그리고 전래하는 이야기에 나오는 성격과 유사해야 하며 일관성이 있어야 함을 의미한다. 오이디푸스는 성급한 면은 있지만 선량하고, 왕다운 책임감과 의지도 있고, 일관성도 있어 보인다. 그의 성격이 전래하는 이야기에 나오는 성격과 유사한지는 우리가 확인할 길이 없지만 말이다.

아리스토텔레스의 비극론에 따른 『오이디푸스 왕』 분석을 정리해 보자. 오이디푸스는 특별히 악의에 가득 찬 인물이 아니다. 때로 그가 성급하거나 고집스런 태도를 보이긴 하지만 우리 모두 그 정도의 약점은 있지 않은가? 우리는 그의 행동에 안타까워 할 수 있는데, 이는 우리가 그에게 공감을 한다는 것을 의미한다. 따라서 우리는 그의 행적을 따라가면서 공포와 연민을 느끼게 된다. 오이디푸스가 "그것은 아폴론이었소, 아폴론이요. 친구여. 나의 불행을, 불행을, 나의 고통을 완성한 것은. 하지만 눈을 직접 찌른 것은 다른 누구도 아니고 가련한 나 자신이었소."[107]라고 절규할 때, 알지 못한 채 저질렀다고 해도 돌이킬 수 없는 짓을 자기 손으로 저지르고 만 운명에 우리는 같이 절망을 느끼게 된다.

그러나 절망을 느끼는 것이 비극을 보고 느끼는 유일한 감정은 아

106) 위의 책, 14.30.

107) Sophokles, *Oidipous Tyrannos*, 1329~1332, 「오이디푸스 왕」, 『오이디푸스 왕』, 강대진 옮김, 서울: 민음사, 2009.

닐 것이다. 아리스토텔레스는 비극의 효용을 감정의 카타르시스라고 말했는데, 유감스럽게도 그 자신이 이 용어에 대해서 설명을 남기지는 않았다. 본래 의학 용어인 카타르시스는 배설이나 정화로 번역된다. 즉 공연을 보는 중에 관객은 연민과 공포를 느끼지만, 극이 끝나고 그 감정에서 나오면서 억눌렀던 감정을 분출하고 정신적 고양을 느끼게 된다는 것이다. 카타르시스라는 용어는 20세기 초부터는 정신분석에서 무의식 속에 있던 마음의 상처나 콤플렉스를 말이나 행위로 표출시켜 노이로제를 치료하는 정신요법의 이름으로도 쓰이기 시작했다. 이 용법에 따르면 억압된 감정들이 발산되는 것이 바로 감정의 카타르시스인 것이다. 이러한 용법에 영향을 받은 것인지, 요즈음은 시원하게 감정을 해소했을 때, '카타르시스를 느꼈다.'는 식으로 흔히 표현하곤 한다. 아리스토텔레스는 카타르시스의 의미를 설명하지 않았을 뿐만 아니라, 『오이디푸스 왕』에서 우리가 감정의 카타르시스를 경험하게 되는 이유에 대해서도 말해주지 않는다. 우리가 스스로 생각해야 하는 숙제가 남겨진 것이다.

3) 정신분석학 – 오이디푸스 콤플렉스

정신분석학의 창시자, 프로이트Sigmund Freud가 이 숙제를 해결해 주었을까? 그는 오이디푸스 콤플렉스라는 개념을 제시하여 우리 안에도 오이디푸스가 있다는 것을 보여준다. 만일 이것이 사실이라면 우리는 오이디푸스의 비극에 공감하고 감정의 카타르시스도 느낄 수 있을 것이다.

사실 오이디푸스 하면 먼저 생각나는 사람은 소포클레스가 아니라 프로이트일 정도로 오이디푸스 콤플렉스라는 개념은 충분히 친숙하지만 그 개념을 확인하는 것이 먼저 순서일 것이다. 프로이트는 한스라는 다섯 살짜리 꼬마의 아버지로부터 아이를 분석해 달라는 의뢰를 받은 적이 있다. 프로이트는 이 아이에게는 아버지가 죽어버렸으면 좋겠다는 은밀한 소망이 있었다는 것을 분석해 낸다.[108]

한스가 이런 소망을 갖게 된 경위는 다음과 같다. 아이가 처음으로 친밀하게 맺게 되는 인간관계는 어머니이다. 어머니는 육아를 맡기 때문에 아이의 첫사랑이 된다. 즉 유아기의 아이는 "어머니에 대한 대상 리비도 집중을 개발시킨다."[109] 그러나 아이가 커서 한스처럼 다섯 살 정도 되면 어머니에 대한 아기 때의 순진무구한 열망은 그대로 간직될 수도 없고 더 진전될 수도 없는 진퇴양난의 상황에 빠지게 된다. 아이는 아버지가 어머니의 사랑을 두고 자기와 경쟁하고 있는 남자라는 것을 발견하게 되고 어머니에 대한 성취하지 못한 성적 소망을 아버지에 대한 적의로 바꾼다. 아버지의 자리를 빼앗고 그를 제거하려는 욕망을 갖게 되는 것이다. 이것이 바로 오이디푸스 콤플렉스이다. 아버지에 대한 아들의 태도는 양가적이다. 즉 아들은 아버지처럼 되고 싶다는 욕망과 함께 아버지를 제거하고 싶다는 욕망을 동시에 갖는다. 오이디푸스 콤플렉스 이전 시기에는 이 두 욕망은 나란히 지속되다가 오이디푸스 콤플렉스 시기에 이르러 이 양가성은 명시화되어 대립한다. 그리고 아버지와의 동일시가 강해지면서 아들은 오이디푸스 콤플렉스를 극복하게 된다.[110] 이와 함께 아이는 어머니

---

108) S. 프로이트, 「다섯 살배기 꼬마 한스의 공포증 분석」, 『꼬마 한스와 도라』, 김재혁 옮김, 서울: 열린책들, 2004.

109) S. 프로이트, 「자아와 이드」, 『정신분석학의 근본 개념』, 박찬부 옮김, 서울: 열린책들, 1997, p. 371.

110) 「오이디푸스 콤플렉스의 해소」(S. 프로이트, 『성욕에 관한 세편의 에세이』, 김정일 옮김, 서울: 열린책들, 2004) 에서 프로이트는 부모가 거세 위협을 가하여 유아기의 연장선에서 발달시킨 성욕인 남근기가 끝나는 것으로 오이디

에 대한 대상 리비도 집중을 포기하게 된다. 이렇게 하여 남자 아이는 남성적인 성격을 확립하게 된다.

그런데 오이디푸스 콤플렉스를 한창 겪고 있는 꼬마 한스는 말馬에 대해 특별한 반응을 보인다. 한스는 말을 굉장히 두려워하면서도 흥미로워한다. 또 말처럼 이리저리 뛰고 자기가 말이라도 된 듯 아버지를 깨물기도 한다. 프로이트는 한스가 아버지에 대한 적의와 그 이전부터 가지고 있던 동경이라는 양가감정의 혼란을 극복하기 위해 아버지의 대용이 되는 대상 즉 말에다가 자기감정을 전위시켰다고 본다.[111] 프로이트는 한스와 비슷한 나이의 어린이들이 특정 동물과 자신을 동일시하면서도 적대시하거나 공포를 느끼는 여러 사례들을 소개하는데, 이는 우리 자신의 경험이나 관찰로도 확인할 수 있는 것들이다. 이 어린이들의 사례는 토테미즘에 대한 중요한 사실을 암시한다.

프로이트는 「토템과 터부」에서 오이디푸스 콤플렉스의 사회 인류학적인 연구를 진행했는데, 오스트레일리아에서 구석기적 생활양식을 보존하고 있는 원주민들의 삶을 예로 들어, 모둠살이에는 금제禁制가 따라다닌다는 사실과 그 금제의 본질은 무엇인지를 밝히고자 했다. 프로이트는 토템에 대한 언급부터 시작하지만 수월하게 접근하려면 터부부터 시작하는 것이 좋겠다. 터부는 심리적인 것이고 전통적인 금제를 말한다. 프로이트에 따르면 가장 깊고 중요한 터부는 토템동물을 죽여서는 안 된다는 것 그리고 같은 토템족의 이성과는 성관계를 맺어서는 안 된다는 것이다.[112] 이 두 터부는 친족 관계 유지에 결정적인 역할을 한다. 다시 말해 이 터부들 중 하나라도 범한다면

푸스 콤플렉스의 해소를 설명한다.

111) S. 프로이트, 「토템과 터부」, 『종교의 기원』, 이윤기 옮김, 서울: 열린책들, 1997, p. 199.

112) 위의 글, p. 72.

친족 관계의 질서는 훼손되어 버린다. 이 두 터부가 가장 깊고 중요한 금제인 것은 이것들이 인간이 지니고 있던 가장 오래되고 가장 강한 욕망에서 비롯된 것이기 때문이다. 프로이트는 터부의 심리적 근원을 찾기 위해 신경증 환자의 강박증과 터부를 유비한다. 그에 따르면 신경증 환자는 지나칠 정도로 양심적이다. 양심의 가책은 무의식에 잠복해 있는 유혹에 대한 반작용의 증상이다. 환자는 죄의식을 고도로 발전시킨다. "죄의식은 곧 '양심의 불안'"[113]이다. 죄의식이 불안인 것은 곧 죄의식의 대상이 미지의 것이라는 것을 의미한다. 미지의 것, 무의식에 잠복해 있는 유혹, 표현될 수도 없으나 강력한 욕망, 의식화되지 못해서 증상으로 나타나는 욕망, 이것이 곧 터부의 대상이다. 과연 이것이 무엇인가?

프로이트는 여러 원시 부족의 토템 향연으로부터 역사적인 가설을 만들어 낸다. 토템은 혈족이 공동으로 섬기는 조상인 동시에 수호령이다. 한 혈족이 특별하게 여기는 토템은 식물이나 무생물인 경우도 있지만 동물인 경우가 많다. 토템 향연에서 사람들은 토템 동물을 죽이고 그 피와 고기를 먹는다. 먹은 후에는 살해된 동물에 대해 애도의 의식을 한다. 그리고 마지막으로 야단법석의 축제를 벌인다. 프로이트는 이 토템 향연이 범죄 행위의 반복이며 기념 축제였을 것으로 가정한다.[114] 이 범죄에 대한 프로이트의 설명은 다음과 같다.

> 어느 날 문득 추방당했던 형제들이 힘을 합하여 아버지를 죽이고 그 고기를 먹어 버림으로써 부군父群을 결딴낸다. 말하자면 자군子群은 단결함으로써 혼자서는 도저히 불가능하던 일을 성취시키고 마침내 부군의 결딴을 성사시킨다. 그들은 식인종들이었으니, 살해한 아버지의 고기를 먹었을 것임은 두말

113) 위의 글, p. 123.
114) 위의 글, p. 215.

할 나위도 없다. 폭력적인 원초적 아버지는, 아들 형제들에게는 누구에게든 선망과 공포의 대상이자 전범典範이었다. 이들 형제들은 먹는 행위를 통해 아버지와의 일체화를 성취시켰고, 각자 아버지가 휘두르던 힘의 일부를 자기 것으로 동화시켰다.[115)]

이들은 한스처럼 양가감정을 느낀다. 한편으로는 권력욕과 성욕의 막강한 장애물인 아버지에 대한 적대감을 느끼고 다른 한편으로는 자신들의 전범인 아버지를 사랑하고 찬미한다. 아버지를 제거함으로써 증오를 해소하고 나자 억눌려 있던 애정이 고개를 든다. 그리고 여기에서 죄의식과 양심이 생겨난다. 이에 아들들은 아버지의 대용물인 토템의 도살을 삼가하여 저희들의 행위를 철회하고자 한다. 앞서 말했던 두 가지 터부는 오이디푸스 콤플렉스의 두 가지 소망과 일치하는 것이다.[116)] 토템 동물 보호에 대한 터부는 죄책감의 해소라는현실적으로 원상 복구가 불가능하지만 감정적 동기에서 비롯된 것이다. 근친상간 금제의 터부는 실질적인 근거를 가지고 있다. 여자를 둘러싼 경쟁이 형제들 사이에서 발생해서 조직이 허물어지는 것을 막는 것이 그것이다. 다시 말해 근친상간을 금지하는 규범은 족외혼만을 인정하여 혈족내의 여자들을 함께 단념하고 자신들의 조직을 지키려는 목적에서 만들어진 것이다.

토테미즘은 또한 아버지와의 계약이기도 하다. 토템 동물의 살해는 아버지 살해이고 동물을 먹는 행위는 아버지와의 합일, 동일시를 상징한다. 그리고 토템 동물의 살해에 대한 애도는 친부의 죽음에 대한 애도이며 다시는 반복하지 않겠다는 서약이다. 떠들썩한 축제는

115) 위의 글, 같은 곳. 프로이트는 이 가설이 다윈의 저서로부터 추론하여 앳킨슨이 세운 것이라고 밝힌다.

116) 위의 글, p. 217.

금지되어 있던 것에 대한 해방감 때문이 아니겠는가? 프로이트는 토테미즘 종교는 아들들의 죄의식을 완화하고 미뤄왔던 아버지에 대한 복종을 의례화함으로써 아버지와 화해하고자 하는 시도로 규정한다. 그에 따르면 후대의 종교도 모두 동일한 문제를 해결하려는 시도이다.[117] 즉 프로이트는 종교와 도덕이 죄의식에서 비롯되었다고 본다. 이는 개인이 오이디푸스 콤플렉스의 극복하면서 자아이상 또는 초자아를 형성하는 것과 마찬가지이다. 다음과 같은 프로이트의 말은 지금까지의 논의를 요약해 준다.

> 종교, 도덕, 그리고 사회적 감정 — 인간의 고차원적 측면의 중요한 요소들 — 은 원래 동일한 것이었다. 내가 「토템과 터부」에서 제시했던 가설에 의하면, 이것들은 아버지 콤플렉스에서 계통 발생적으로 습득된 것이었다. 즉 종교와 도덕적 억제는 오이디푸스 콤플렉스 그 자체를 극복하는 과정에서 생겨나고 사회적 감정은 그 당시 젊은 세대의 구성원들 사이에 남아 있던 경쟁심리를 극복하기 위한 필요성에서 나온 것이다.[118]

오이디푸스 콤플렉스를 극복함으로써 한스는 초자아를 갖게 되었다. 초자아는 이드의 초기 대상 선택의 잔재물과 그러한 선택에 대한 강력한 반동 형성이라고 프로이트는 설명한다.[119] 다시 말해 초자아는 유아일 때 어머니를 향했던 사랑에 대한 거부와 아버지에 대한 동일시로 인해 갖게 된다. 라캉Jacques Marie Emile Lacan은 아버지에 대한 동일시를 아버지의 이름에 대한 긍정으로 풀이했다. 즉 아버지의 유아 성욕에 대한 금지non를 받아들이면서 아버지의 이름nom을 동시에

117) 위의 글, p. 219.
118) S. 프로이트, 「자아와 이드」, p. 379.
119) 위의 글, p. 375.

받아들여, 아버지로 대표되는 세상의 질서로 편입된다는 것이다. 초자아는 한 사람에게 있어 도덕률이기도 하고 이상적인 자기 모습, 권위 등등이다. 당연히 이는 한스에게만 해당하는 것이 아니라, 우리 모두에게도 해당하는 것이다. 뿐만 아니라 인류의 차원에도 적용되는 것이다. 프로이트의 정신분석학적 작업은 개인에게 한정되지 않는다. 프로이트는 초자아가 "두 가지 대단히 중요한 요소, 즉 생물학적 성격을 지닌 요소와 역사학적 성격을 지닌 요소의 결과"[120]라고 말한다. 초자아는 각 개인이 계통 발생적으로 습득한 것들을 바탕으로 할 뿐만 아니라, 태곳적 유산과 연결된다. 오이디푸스 콤플렉스를 겪기 전의 긴 어린 시간은 빙하기의 인류가 겪은 시간과 같다. 그렇다면 저 부친 살해의 '어느 날'은 오이디푸스 콤플렉스를 겪고 있는 어린이가 겪는 시간과 같을 것이다.

자, 이로써 왜 우리가 오이디푸스의 비극에 공감하는지가 밝혀졌다. 오이디푸스는 두 가지 금기를 어겼다. 그는 억눌러야 할 것을 억누르지 않았다. 그는 친족 관계를 교란시켰다. 사회의 규칙을, 도덕률을, 종교의 가르침을, 신을 무시해 버렸다. 그는 모독자이다. 오이디푸스 콤플렉스를 극복하고 잘 자라난 우리와는 다르게 말이다. 그러나 우리가 그를 비난하거나 외면할 때 마음속에 찜찜함이 남는다면, 이는 프로이트의 가르침대로라면 오이디푸스의 위반 행위에서 우리도 한 때 품었던 소망을 발견했기 때문이다. 우리가 어린 시절에 가졌던 소망은 우리 조상들이 한 때 가졌고, 극복하면서 우리에게 터부의 형태로 물려준 것이기도 하니, 우리 모두는 어느 정도 오이디푸스인 것이다. 금기의 대상은 강력한 욕망의 대상이기도 해야 한다. 원하지

---

120) 위의 글, p. 376.

않는 것은 하지 말라고 할 이유도 없는 것이니 말이다. 여전히 부친살해와 근친상간이 금기인 것은 여전히 우리의 어떤 부분이 그것을 욕망하고 있기 때문일까?

4) 분석심리학 – 어머니와 영웅의 원형

물론 정신분석학이 우리의 불행을 일깨워 고통스럽게 하려는 목적의 학문은 아니다. 라캉은 우리 모두가 히스테리나 강박증 환자라고 말하지만, 우리가 모두 병리학적인 문제를 가지고 있다는 것을 지적하려 한 것은 아니다. 오히려 우리는 모두 불완전한 존재이고 이것을 인정하고 완전함에 대한 집착을 버려야 자신에 대한 진리에 접근할 수 있다는 것을 의미하고자 했을 것이다.

프로이트의 정신분석학은 엄청난 반향을 불러왔고, 수많은 계승자와 비판자를 함께 낳았다. 우리가 이 장에서 다루고자 하는 융 역시 프로이트의 계승자이자 비판자이다. 프로이트를 계승한 면은 무의식을 공통적으로 인정한다는 것이고, 비판한 면은 그 무의식이 어떻게 생기는지, 무의식에 대해 의식적인 우리 마음은 어떤 태도를 취해야 할지 하는 부분이다. 융은 자신의 이론을 프로이트와 구분하고, 자신의 작업을 분석심리학으로 명명한다. 정신분석학이 오이디푸스 콤플렉스를 핵심으로 하여 모든 것을 성내지는 리비도으로 축소시킨다는 비판은 일반적으로융을 포함하여 가해지는 비판이다. 프로이트는 문제가 되는 증상으로부터 무의식적의 징후를 포착하고 대화를 통해 억압된 무의식적인 것을 결국 의식적인 것으로 만들어서 환자를 치료하려 했고, 이러한 치료 방식을 손색없는 과학으로서 확립하고자 했다. 융이 보기에 이러한 방식은 유물론적 한계에 갇혀 무의식의 보다 넓은 차원을 보지 못하는 문제를 내포한다. 프로이트에게 꿈은 무의식의 한 징후이지만 융에게는 무의식적인 자기self가 의식적인 자아ego에게 전달하는 메시지이다. 자기는 우리의 생각이 닿지 않는 무의식의 세계에 속한다. 이 무의식의 세계는 개인을 넘어 집단 무의식의 원형에까지 이르는 포괄적인 세계이기도 하다. 융은 자아가 심연의 자기와 만나고 통합하는 것이 진정 중요하고 궁극적인 과업이라고 여긴다.

분석심리학에서 신화는 대단히 중요한 가치를 갖는다. 반대급부로 분석심리학은 신화를 해석하는데 유용하다. 융에 따르면 신화는 "집단무의식의 원형"으로서 인간의 의식적 삶에 영향을 미친다. 신화가 인간의 삶을 이끄는 기능에 대해서는 앞서 분석심리학의 틀을 쓰는 캠벨Joseph Campbell의 논의를 살폈으니 부연이 필요하지 않을 듯하다.

그러면 분석심리학의 입장에서 오이디푸스의 비극에서 무엇을 읽어낼 수 있을까? 프로이트가 오이디푸스와 그의 아버지와의 관계에 집중했다면 융에게서는 오이디푸스와 그의 어머니의 관계가 더 중요하다. 일단 분석심리학자에게는 환자가 어머니를 연상하는 꿈을 꿨다고 해도 그 환자와 그의 어머니라는 두 당사자만이 문제가 되지 않는다. 물론 한 개인의 구체적인 어머니는 그만의 고유한 정신성을 이루는 중요한 요소이지만 한 사람의 정신에 깃든 어머니는 원형으로서의 어머니이다. 원형 개념은 앞서 설명했지만 열거할 수 없을 정도로 많은 측면을 가지고 있을 뿐더러, 열거한다고 해도 이것들은 언어로 된 유비적 표현일 뿐 결코 원형 자체가 아니며 원형은 완전히 제시될 수도 언어로 표현될 수도 없다. 그럼에도 불구하고 이해를 돕기 위해 열거를 하자면 이렇다. 모성 원형은 개인적인 어머니, 할머니, 계모, 장모, 시어머니, 유모, 보모, 나아가 여신, 천상의 예루살렘 같은 구원의 궁극적 목표, 교회, 대학교, 도시, 나라, 하늘, 땅, 숲, 바다, 고요한 물, 물질, 정원, 동굴, 나무, 수원지, 자궁, 요니, 빵 굽는 오븐 외 무수한 형태를 가질 수 있다.[121)]

모성 원형은 다른 원형들도 그렇듯이 대극성을 갖는다. 대극성이라 하면 두 가지 대척적인 요소를 말한다. 욥Job을 시험하는 야훼Yahweh는 우러러보는 대상의 면과 공포의 대상이라는 대척적인 면을 동시에 갖는다. 야훼는 이 두 면이 결합된 대극결합으로서의 신의 상이라 할 수 있다. 대극성은 서로 대척점에 있으면서도 통일되려는 경향을 갖는다. 모성 원형도 마찬가지이다. 모성 원형은 '모성적인 것'의 성질을 갖지만 자애로움, 돌봄, 유지시키는 힘, 성장시키고 영양을 공급하는 제공자의 성질뿐만 아니라 비밀스러운 것, 감추어진 것, 어둠, 심연, 죽은 자의 세계, 삼켜버리고 유혹하고 독살하는 것, 두려움을 유발하는 것 그리고 피할 수 없는 것이기도 하다.[122)] 융에 따르면 모성 원형의 대극성은 한 마디로 "사랑하면서도 엄한 어머니"이다.[123)] 오이디푸스에게 이오카스테도 두 가지 면을 지닌 어머니이다. 결혼을 하게 되었을 때의 그는 이오카스테로 인해 기쁨을 맛보았으나, 자신의 아내가 어머니였다는 것을 알게 되었을 때, 오이디푸스는 그녀로 인해 참담해 진다.

한편 캠벨에 따르면 영웅의 시련이란 결국 자각의 위기이다. 영웅은 모험의 입문 단계에서 만나 한 여성과 결혼을 하게 되는데, 이 여성은 유혹자의 역할을 한다.[124)] 여신또는 여왕이든 공주든 여인이든은 영웅으로 하여금 자각을 위한 계기를 만들어 준다는 것이다. 여신과의 결

---

121) 칼 구스타프 융, 「모성 원형의 심리학적 측면」, 『원형과 무의식』, 한국융연구원 C. G. 융 저작 번역위원회 옮김, 서울: 솔, 2002, p. 201~202.

122) 위의 책, p. 202~203.

123) 위의 책, p. 203.

124) 조셉 캠벨, 『천의 얼굴을 가진 영웅』, 이윤기 옮김, 서울: 민음사, 2004(신장판), p. 159.

합은 곧 삶을 완전하게 만들 기회로서 필수적이고 긍정적인 순간이지만, 기존의 자아의 입장에서 보자면 자아가 파괴되고 거듭나게 되는 위기의 순간이다. 다시 말해 여신은 삶을 완전하게 만들고 기존의 자아를 파괴하기를 요청하는 존재이다.

신화에서 이 존재는 아들을 통해 간접적으로 세상의 지배에 관여하는 존재이기도 하다. 여신은 삶을 탄생시키고 지배하는 원리를 생산하고 또한 때가 되면 새로운 지배원리를 탄생시키기 위해 기존의 삶을 거둬들여 세상을 지배한다. 여신은 아들신 또는 영웅을 통하여 진보라고 할 수 있는 새로운 정신성을 획득하기 위한 파괴와 생성의 순환을 실현시킨다. 그리스 창세 신화에서 가이아Gaia가 크로노스Kronos를 부추겨 우라노스Ouranos의 지배를 끝내게 하고, 이어서 제우스를 편들어 크로노스를 실추시킨 것은 한 예다. 여신은 자연이자 대지 그리고 어머니와 동의어이며 인간이 살고 있는 세계 전체의 질료 그 자체 즉 집단무의식 전체이다.[125] 오이디푸스 이야기에서 경직되어 더 이상 창조적인 힘을 발휘하지 못하는 기존의 지배 원리는 라이오스가 표상하고 있다. 오이디푸스는 라이오스를 살해함으로써 새로운 정신적 원리가 지배하는 세계가 생길 가능성을 만들어 낸다.

스핑크스는 이 어머니 여신이 보낸 괴물이다. 이유경에 따르면 수수께끼의 의미 이상으로 중요한 것은 스핑크스의 형상 자체이다. 스핑크스는 머리와 가슴은 인간인데 몸통은 사자이고 독수리의 날개까지 달고 있다. 복합적이고 괴이한 모습이다. 낯설고 공포스럽고 또는 혐오스러운 모습은 저 세계에서 온 존재의 징표가 아니던가? 스핑크

---

125) 이유경, 「신화의 심층심리학적 이해 및 해석 : 소포클레스 비극 <외디푸스 왕>의 근친상간적 주제 중심으로」, 한국미학예술학회, 『미학 예술 연구』, Vol. 12, 2000, p. 154.

스는 "모든 것을 삼켜 다시 질료의 상태로 되돌리려는 무서운 자연, 파괴하는 어머니의 모습"이다.[126] 그러나 결국 오이디푸스는 괴물 스핑크스와의 싸움을 승리로 끝낸다. 만일 그러지 않았다면 정신적인 재탄생은 고사하고 이야기와 함께 오이디푸스도 끝나고 말았을 것이다. 스핑크스를 물리침으로 오이디푸스는 어머니의 세계를 극복하고 독립적인 성인으로 성장한다.

이제 오이디푸스는 어머니를 만날 준비가 다 되었다. 성장한 아들은 어머니의 세계로 되돌아가서 육적인 것의 해체를 통해 근원인 자연 및 대지인 어머니와 하나가 된다. 재탄생을 위한 이러한 결합이야말로 근친상간이라는 주제의 핵심이다.[127] 이런 점에서 분석심리학은 오이디푸스의 행적을 어린 시절의 어머니에 대한 사랑으로 되돌아가는 퇴행으로 파악하는 정신분석학에 비판적인 입장을 보인다. 분석심리학적으로 보자면 근친상간이라는 신화의 주제는 신성이나 영혼의 불사성을 획득하려는 정신활동의 상징적 표현이며 따라서 근친상간을 하는 아들은 어린아이가 아니라 성인 남자로 보아야만 한다. 오이디푸스에게 내려진 신탁은 실제의 어머니와의 결혼이 아니라 상징적 결혼이고 참다운 영웅의 길, 신성의 존재에 이르게 되리라는 것으로 해석되어야 한다.

대극성을 갖는 화학물질이 융합해 황금이나 철학자의 돌을 생산하는 것을 목적으로 하는 연금술에 비유해서 말하자면 여성과 자궁은 창조적 근원지에 대한 상징 내지는 창조적 용기이다. 그 안에서 대립하는 정신 즉 의식과 무의식은 융합되어 새로운 정신성을 지니는 왕이 생산되는 것이다. 요컨대 왕과 왕비의 근친상간적 결합의 목적은

126) 위의 글, p. 158.
127) 위의 글, p. 160.

의식과 무의식의 통합, '대극의 합일' 이다.128)

그러나 소포클레스의 작품에서 우리가 본 대로 오이디푸스가 왕이 된 테베에는 신이 불러온 역병이 휩쓸고, 결국 오이디푸스는 눈을 잃은 채 고향을 떠나게 된다. 어찌된 일일까? 두 가지 해석이 가능할 듯하다. 첫째, 오이디푸스는 새로운 정신성을 획득하는데 실패했다. 둘째, 새로운 정신성을 테베가 받아들이지 못했다. 둘 다 개연성이 있는 해석이다. 『오이디푸스 왕』의 대미에서 오이디푸스는 비탄에 빠져 테베를 떠나는데, 이러한 모습은 새로운 정신성을 획득한 모습으로 보이지는 않는다. 그가 비탄에 빠진 것은 신도, 오이디푸스 자신을 포함한 모든 도시민도 근친상간을 받아들일 수 없었기 때문이었다. 그렇다면 새로운 정신성 자체가 거부당한 것으로 볼 수 있을 것이다.129) 달리 보자면 이 비극이 보여주는 것은 근친상간이 이제 신화 속에서만 이야기될 수 있지, 현실에서 이루어질 수는 없는 것으로 여겨지는 시대, 신화가 인간의 비극의 한 소재나 코드에 불과하게 되는 시대의 한 단면이라고도 말할 수 있겠다.

결국 오이디푸스가 평화를 찾게 되는 순간은 콜로노스 숲에서 마지막 숨을 거두게 될 때인데, 이 때 그는 세상의 진리를 테세우스 Theseus에게 전한다. 오이디푸스가 가진 진리는 범속한 사람들에게는 알려질 수 없는 것이었던 모양이다.

---

128) 이유경, 『원형과 신화』, 서울: 분석심리학연구소, 2008, p. 140~141.

129) 근친상간이 터부가 되면서 이 터부는 집단을 지배하는 지배자들이 자신에게 도전해올 새로운 '영웅'의 탄생을 금지하기 위해 활용된다고 볼 수도 있다. 이것이 성공하는 것은 개인의 차원에서는 개인이 그저 집단적 심성에 동화되고 마는 것으로 그 자신의 고유한 성숙을 유보한 채, 집단의 구성원에 머무는 것이며 성인이 아니라 유아로 전락하는 것과 같다. 이러한 터부가 고착될수록 홀로 집단의 터부를 깨는 영웅의 탄생은 요원해진다. 참조. 이유경, 위의 책, p.185

진리를 찾는 것은 아주 어려우면서도 또 아주 쉬운 일이라고 한다. 테세우스는 아리아드네에게 받은 실패로 미궁을 벗어났다. 왜 이전의 아무도 이 간단한 생각을 못했던 걸까? 실패는 도처에 있는데 말이다. 오이디푸스 이야기를 포함한 모든 신화와 꿈은 우리의 실패로서 활용될 수 있다. 영웅과 어머니의 관계는 근친상간이지만, 문제는 가족의 로맨스가 아니라 의식과 무의식으로 나누어진 정신의 이중적 구조이다. 자아가 모르는 자기의 모습, 그 미궁을 찾는 모험에 신화와 꿈이라는 실패를 이용해 보는 것이 어떤가?

5) 철학 – 나는 누구인가?

소포클레스의 『오이디푸스 왕』을 언급하고 분석하며 자신의 철학을 개진한 철학자는 무수히 많다. 철학의 궁극적인 물음이 무엇이냐는 물음에 답은 하나로 수렴되기 어렵지만, 주체에 대한 물음이 철학의 고유한 물음이라는 것에는 이견이 없을 것이다. 이 장에서는 오이디푸스의 문제를 주체의 문제로 파악하는 김상봉의 주장을 소개하고자 한다.[130)]

오이디푸스가 자신이 주워온 아이라는 말을 듣고, 키워준 부모에게 질문을 던졌을 때 그리고 델포이 신전으로 향했을 때 이야기는, 모험은 시작된다. 이 모험은 '나는 누구인가요?'라는 질문과 함께 시작된다. '나는 누구인가요?'라는 물음은 '나의 부모는 누구인가요?'로 번역될 수 있는 자기의 시원arche에 대한 물음이며 자기의 과거로부터 정체성을 확인하려는 시도이다. 그런데 이 물음에 대해 신이 내려준 대답은 '너는 아비를 죽이고 어미와 혼인할 자'라는 미래의 운명이다.

---

130) 이하의 내용은 김상봉, 앞의 자료, v. 9, v.10을 재구성한 것이다.

오이디푸스는 신의 예정에 도전하고 자기의 과거를 확인하겠다는 의지를 갖는다. 오이디푸스는 운명에 도전하고 스스로 자신의 정체성을 확립하려는 인간인 것이다. 이런 점에서 그는 근대적 주체성을 선취한 인물이다.

근대적 주체성이란 무엇일까? 먼저 주체성이라는 용어부터 생각해 보자. 주체에 대한 물음은 "나는 누구인가?" "나는 어떤 존재인가?" 나아가 "나와 같이 생각하고 움직이는 존재 즉 인간이라는 존재는 어떤 존재인가?" 등의 물음이다. 내가 누구인지를 알기 위해 어떤 사유를 전개해야 할까? 근대 철학자들은 나에게 속하지 않는 것 외부의 어떤 것 다시 말해 타자를 배제하면 오롯이 내가 남는다고 믿었다. 다시 말해 '나'는 (모든) '나 아닌 것'이다. 옷, 신발, 아버지, 어머니, 신의 규정 등등은 모두 '나 아닌 것'이다. 모든 타자를 배제하면 무엇이 남는가? 오직 내면에서 의식으로부터 직접적으로 확인되는 유일한 것이 남는다. 그것이 '나'이다. 이런 점에서 주체성은 '이건 나다.' '나는 나다.'라는 직접적인 의식과 나 아닌 것들의 배제 속에서 성립한다. 즉 주체성은 타자성을 온전히 배제·부정하면서 성립하며, 주체성의 야망은 순수한 자기 동일성의 확인이다. 이것도 저것도 모두 의심하고 회의해 본 데카르트에게 팩트는 오직 '생각하는 나' 뿐이었다. '내가 의심하고 있다는 사실마저 혹시 악령이 나를 속이는 것이 아닐까? 그렇다면 이 의심을 하는 나는 적어도 확실한 나구나!'라고 말이다.

오이디푸스의 '나는 누구인가?'라는 주체에 대한 물음은 자기 동일성의 물음이다. 자기 동일성이라는 말은 자기가 누구인지를 자기만을 준거로 하여 확인한다는 의미이다. 또한 자기 동일성이라 함은 자기가 자기와 항상 모순 없이 존재해야 함을 내포한다. 미드를 보면 흥분 상태에서 벗어난 인물이 "I lost myself"라고 말하는 장면이 종종 나온다. 흥분 등은 자기에 속하지 않는 감정인 것으로 보는 것이다. 또한 자기에 속한 것이 아닌 것과 공존할 때는 순수한 myself가 아닌 것이고, 순수한 myself를 찾을 때만이 모순 없이 자기 동일성을 확보하는 것이라는 생각이 깔려 있는 것이다. 따라서 나는 이랬다가 저랬다가 하는 존재가 아니라 절대적인 존재, 환원 불가능한 고유성을 갖는 존재이다.

자기 동일성은 의식에 떠오르지 않는 어떤 것도 없다는 전제 위에 있다. 그러므로 나는 의식이고 의지이다. 주체가 의식적·의지적 존재로 정의되면 주체는 또한 완전히 자유로운 존재로 규정될 수도 있다. 이러한 견해를 가진 대표적인 철학자가 사르트르Jean-Paul Sartre이다. 그에 따르면 인간은 "자유롭도록 운명 지어져" 있고 "인간은 자유롭지 않을 자유가 없다."[131] 인간이 처한 상황은 의식적인 인간대자존재과 그렇지 않은 여타의 것들즉자존재이 혼합되어 있는데, 상황으로부터 대자의 몫과 즉자의 몫을 분리하는 것은 불가능하다. 그 이유는 다음과 같다. 내가 산을 올라가고 있을 때 산길을 막은 바위 때문에 곤란해진 상황이 있다고 하자. 내가 산에 오르려 하지 않는다면 바위가 거기에 있는 것은 나와는 무관한 일이다. 그렇다면 이런 경우는 아예 상황조차 아니다. 상황이라는 것은 항상 의식적 존재인 인간이 뭔가를 하려고 할 때, 의도를 바깥에 실현시키려 할 때만 조성되는 것이다. 그렇다면 사르트르의 정의상, 상황은 항상 대자와 즉자가 다소간의 범위로 서로 얽혀있는 것이면서 동시에 (상황에서 대자의 몫과 즉자의 몫을 나누는 것은 불가능하기 때문에) 전적으로 인간적인 것이자 인간의 책임 하에 있는 것이다. 요컨대 의식적 존재 또는 대자

131) Jean-Paul Sartre, *L'être et le néant Ⅱ - Essai d'ontologie phénoménologique*, Paris : Gallimard, 1943, p. 202.

존재인 인간의 자유는 무한하고 절대적이다. 지금까지 설명한 것들은 철학사에서 17세기 데카르트부터 20세기 중엽의 실존주의 철학자들이 공유하는 주체성 즉 주체성에 대한 근대적 관념이다.

그러나 17세기에서 20세기의 모든 서양 철학자가 같은 전제를 가졌다고 생각해서는 곤란하며, 어디까지나 일반적인 경향으로 여겨야 할 필요가 있다. 한편 곧 아니 사르트르와 동시대에 그것도 같은 나라에서 역풍이 불기 시작했다. 이른바 '주체의 해체'라는 역풍 말이다. '주체의 해체'가 무엇을 말하는지 살피기 전에, 근대적 주체성을 선취했다는 오이디푸스로 잠시 돌아가는 것이 좋겠다.

『오이디푸스 왕』의 거의 대부분은 오이디푸스가 자신의 근원을 밝히는 과정으로 이루어져 있다. 자기가 찾는 것이 자기인지 모르고 라이오스의 살해범을 찾겠다고 선언했고, 테이레시아스에게 아는 것을 말하라고 캐묻고, 기어코 자신을 버린 라이오스의 하인을 찾아내 버린 아이가 누구냐고 묻는다. 오이디푸스는 묻기를 주저하지 않는다. 종종 무모하고 종종 성급해 보일 정도로 그는 알고자 하는 욕망을 제어하지 않는다. 진정한 주체성은 자유로울 때에만 확보될 수 있다. 주체가 원칙적인 자유를 넘어 실질적으로도 자유로우려면 자기 내부에 국한되어서는 안 되고 자기가 속한 외적 세계를 능동적으로 규정하고 바꿀 수도 있어야 한다. 오이디푸스는 라이오스의 하인을 만나면서 막연한 두려움을 느끼지만 그럼에도 불구하고 알고자 하는 욕구를 줄이지는 않는다. 그는 완전히 알지 못한다면 자유롭지도 못할 것이라는 것도 알고 있다.

그런데 인식이 정말 자유를 보장했는가? 오이디푸스는 테이레시아스가 살인자가 바로 당신이라고 말하자 화가 나서 "당신에겐 진리가 없소. 당신은 귀도, 정신도, 눈도 멀었기 때문이오."132) "그대는 영원히 이어지는 밤 속을 헤매고 있구려."[133]라고 비난한다. 막 말로 '보이는 게 없으니 아는 것도 없구나.'가 되겠다. 고대 그리스인들은 시각을 통한 인식에 특권을 부여했다. 그리스어 idein은 '보다'로도 '알다'로도 새겨진다. 테이레시아스는 오이디푸스에게 응수한다. "그대는 앞을 보면서도, 자신이 어떤 악 속에 있는지, 어디에 살고 있는지, 어떤 사람들과 함께 살고 있는지 보지 못하고 있소."[134] 우리는 눈뜬 오이디푸스가 아니라 눈 감은 테이레시아스가 진실을 알고 있다는 것을 안다. 결국 오이디푸스는 인식의 순간에 실명을 한다.[135] 그가 원한 것은 자신의 운명을 자기 손으로 떠맡으려는 것이었다. 또한 자기가 누군지 알고 싶어 했다. 그래서 묻고 물어 결국 알아냈다. 예언이 실현되었다는 것을.

그렇다. 내적 모순 없이 완전히 스스로 동일한 주체, 자유로운 의식

---

132) Sophokles, *Oidipous Tyrannos*, 370~371.
133) 위의 책, 373.
134) 위의 책, 414~6.
135) 이 비극이 상연되던 시기는 전통적인 종교관에 따르는 대다수의 사람들에 대립하여 합리성으로 종교적 사유를 대체하려는 소피스트로 대표되는 엘리트들의 움직임이 생겨나는 시기였다. 소포클레스는 보수적인 입장에서 오이디푸스의 '실명' 모티프를 통해 합리주의가 내포하는 인간중심적인 사유의 한계를 강조, 아니 반격했다고 볼 수도 있다. 오이디푸스가 자신의 눈을 찌른 것은 시각적 경험을 토대로 한 일체의 지식에 대한 그리고 그러한 지식을 표방한 소피스트들의 인간중심적 사유에 대한 일격이었다고 말이다(임철규, 앞의 책, p. 375). 하지만 소포클레스의 작품이 새로운 사유의 위험성, 인간중심적 사유의 오만함에 대한 일종의 경고로만 해석한다면 조금 난감하다. 일단 소포클레스의 경고는 전혀 먹히지 않았다. 소포클레스보다 한참 어렸던 소크라테스를 보라. 그는 아무데서나 젊은이들을 붙잡고 '논증'을 벌이기 일쑤였고, 그의 제자 플라톤, 플라톤의 제자 아리스토텔레스 그리고 그 다음으로 가면 갈수록 종교적 사유는 합리적 사유에 밀려나고 인간 중심주의는 점점 강화된다. 인간중심주의에 여러 문제가 있는 것이 사실이라 하더라도 이 작품의 위대함은 인간 중심주의에 대한 비판이 아니라, 대체 인간을 어떤 존재로 파악해야 하는지를 알려준다는데 있다. 이렇게 생각하면 소포클레스는 새로운 사유 경향에 반대하는 보수주의자가 아니라, 보편적인 주제를 제시하는 현자이다.

의 주체는 허구였던 것이다. 가장 순수한 원형arche에 대한 동경은 동경일 뿐이었던 것이다. 내 속에는 내가 모르는 것이 있고, 나는 나로부터 소외되었으며, 어쩌면 '나'라고 부를 수 있는 단일한 것조차 없다는 것, 나는 타자라는 것, 이것이 진실이었던 것이다. '주체의 해체'니 또는 '주체의 죽음'이니 하는 것은 이러한 인식에 내려진 세례명이다. 누가 당신의 눈을 해쳤느냐는 코러스의 물음에 오이디푸스는 절규로 답한다. "그것은 아폴론이었소, 아폴론이오, 친구여. 나의 불행을, 불행을, 나의 고통을 완성한 것은."136) 오이디푸스는 능동적인 행위자agent가 아니라 신의 대리인agent이었을 뿐이다.

그러나 오이디푸스는 곧 이어 "눈을 직접 찌른 것은 다른 누구도 아니고 가련한 나 자신이었소."137)라고 말한다. 주체는 완전히 해체되지 않는다. 내가 타자성 속에 완전히 해체되어 버린다면 책임을 질 일은 없을 것이다. 아니 책임을 질 나조차도 없을 것이다. 그러나 이렇게 절망하고 있는 내가 있지 않는가? 어느 순간에? 가장 절망하고 후회하고 수치스러워하는 순간에. 모든 것이 신의 뜻대로였더라도, 단 한 가지 양도할 수 없이 오이디푸스에게 남은 것이 있었으니 그것은 바로 죄의식이다. 당신이 신을 믿지 않는 현대인이라고 해도 오이디푸스와 크게 다르지 않을 것이다. 당신은 사회를 탓할 수도 있고, 무의식에 원인을 넘길 수도 있다. 그러나 죄의식을 느낀다면 그것은 사회든 무의식이든 구조든 운명이나 신이든 타자에게로 양도할 수 없는 책임을 느끼고 있다는 것을 의미한다. 내가 무엇인가 잘 한 일이 있을 때 그 덕을 완전히 타자에게 돌리는 것은 가능하다. 그러나 죄의식만은 타자와 나눌 수가 없다. 바로 이것이 소포클레스가 우리에게

136) Sophokles, 앞의 책, 1329~1330.
137) 위의 책, 1331~2

제시하고 있는 주체성의 자리이다. 주체는 보편적인 차원에서 그 본질이 어떠 어떠하다는 식으로 규정되지 않는다. 주체는 죄의식, 도덕적 자각, 자기 의식 속에 있을 때만 누구에게도 양도할 수 없는 절대적인 자기로서의 자기 자신을 경험한다. 주체가 타자로부터 완전히 자유롭다는 것도, 타자와 분리불가능하게 얽혀 있기에 규정지을 수 없는 허구적 개념이라는 것도 전적으로 옳지 않다. 주체의 영역은 가변적이지만 있다. 도덕적 자기 의식이 발휘되는 진정한 자유의 영역이 그것이다. 그러므로 '나는 누구인가?'라는 질문은 이제 각자의 것이다.

자, 어느 설명이 가장 그럴듯한가? 어떤 이론이 『오이디푸스 왕』의 비극적 본질을 가장 잘 설명하는가? 선택하기 쉽지 않다. 따져보면 각 설명이 집중하는 지점이 상이하다. 아리스토텔레스는 관객이 공감하고 감동받을 수 있는 작품을 만드는 시작詩作 기술을 설명하고 있다. 프로이트는 우리 자신이 가지고 있는 아버지 콤플렉스가 작품에 묘사되어 있다고 설명하고, 융은 근친상간이 무의식과 의식의 합일을 상징한다고 설명한다. 철학은 작품의 주제가 주체 물음이라고 분석하고 소포클레스가 주체성의 장소를 암시했다고 설명한다.

정신분석학과 분석심리학은 부친살해와 근친상간이라는 터부의 심리적 원인을 제시한다. 그 원인이 무엇인지에 대해서는 입장이 일치하지 않는다. 정신분석학은 이 두 터부가 오이디푸스 콤플렉스를 겪기 이전의 시기로, 아이 시절의 어머니에 대한 합일의 욕망으로 퇴행하는 것을 막기 위한 금제라고 설명한다. 개인의 차원에서 퇴행은 병리적인 문제이고 사회적인 차원에서는 문명의 파괴가 될 것이다. 분석심리학의 관점에서 보자면 이러한 진단은 성 또는 리비도로 모든 것을 환원시켜 버리는 오류이다. 근친상간은 퇴행이 아니라 성장의 상징이다. 어머니무의식, 자기와 융합할 준비가 된 성장한 아들의식, 자아의 융합, 대극의 합일이야말로 근친상간이 상징하는 것이다. 이러한 차이에도 불구하고 오이디푸스의 비극의 원인에 대해서는 정신분석과 분석심리학이 공통적인 대답을 제시할 것 같다. 새로운 영웅 또는 새로운 지배자의 탄생을 기존의 지배자 그룹이 터부라는 장치를 통해서 봉쇄하고 있다는 것이다. 프로이트의 입장에서 이것은 문명 수호를 위해 필수적인 것으로 긍정적인 것이지만 융의 입장에서는 인류와 개개인의 정신적 진보를 막는 부정적인 결과를 낳는 것이라는 차이는 있다.

정신분석학과 분석심리학은 내가 모르는 나의 마음 즉 무의식이라는 개념을 공유한다. 이 개념은 근대 철학에는 없는 개념이다. 자기 동일적 주체에게는 모순된 어느 구석도 없다(고 가정된다). 과연 그런가? 여러분 자신 안을 들여다보라. 내 안에 내가 모르는 면이 정말 없는가? 현대 철학은 모르는 면이 아주 많다고 대답을 한다. 이 장의 앞부분에서 프로이트 이후 인간 존재의 해석의 새로운 지평이 열렸다는 언급을 했었는데, 이 지평이란 그가 프로이트는 인간은 투명한 의식만으로 이루어진 존재가 아니라는 점을 이론적으로 밝히면서 열린 것이다.[138] 이런 점에서 현대 철학은 프로이트에 진 빚이 많다.

사실 네 설명은 모두 인간의 심성 내지는 인간이라는 존재 그 자체에 대한 설명이다. 이런 점에서는 모두 맞는 말이다. 인간은 비슷한 처지의 다른 이의 비극에 공포와 연민을 느끼는 존재이고, 아버지에 대한 적개심과 동일시 욕구라는 양가감정을 가지고 있고 이것을 극

138) 물론 프로이트와 그의 제자들의 정신분석학은 많은 반발을 불러온다. 라캉과 동시대인인 푸코, 들뢰즈 등은 '욕망', '무의식' 등의 개념을 의도적으로 배제하는 수고를 아끼지 않는다. 그렇다고 해도 반정신분석학(?)적 노선의 철학자들이 이전의 단일한 의식적 주체라는 관념을 고수하는 것은 전혀 아니다.

복하고자 하는 존재이며, 스스로의 안에 분열되어 있는 것을 합일이라는 근본적인 성질을 갖기도 하고 자신에 대해 묻고 알고자 하는 존재인 것이다.

'나는 대체 누구인가?'를 진지하게 물어본 적이 있는가? 없다면 운이 좋은 편이다. 이런 질문은 행복할 때는 제기되지 않는 질문이다. 그렇다고 중요한 이 질문을 던지기 위해 일부러 고통스러운 상황을 만들 수는 없을 것이다. 이것이 우리가 비극문학을 읽어야 하는 이유이다.

13. 안티고네의 비극

안티고네Antigone는 오이디푸스와 이오카스테 사이에서 태어난 테베의 공주이다. 이 장에서는 소포클레스가 지은 『안티고네』를 원전으로 삼아 그 내용을 살펴보고, 안티고네의 행적에 대한 해석들 중 헤겔Georg Wilhelm Friedrich Hegel과 버틀러Judith Butler의 해석을 살펴볼 것이다. 소포클레스가 이 작품을 발표한 것은 『오이디푸스 왕』을 쓰고 15년 쯤 후인 기원전 441년이다. 내용상, 『안티고네』는 오이디푸스의 사후에 일어난 일에 오이디푸스의 딸이 관련하면서 벌어진 후속작이다.

1) 안티고네 이야기

『안티고네』는 안티고네가 테베에 도착하면서 시작을 하니, 그 전에 어떤 일이 일어났는지를 먼저 알아야 한다. 『안티고네』이전의 이야기는 『콜로노스의 오이디푸스』로 돌아가야 한다(『콜로노스의 오이디푸스』는 『안티고네』보다 나중에 쓰였고, 소포클레스의 손자에 의해 기원전 401년에 상연되었다고 전해진다.). 『콜로노스의 오이디푸스』는 자기의 눈을 찌르고 테베를 떠난 오이디푸스가 아테네 근처의 콜로노스 숲에 머무르고 있을 때의 이야기이다. 안티고네는 눈 먼 아버지 오이디푸스를 뒷바라지 하면서 같이 숲에 머무르고 있었다. 여기에 크레온과 오이디푸스의 아들 폴뤼네이케스Polyneikes가 찾아와 오이디푸스를 자기편으로 삼고자 애쓰는데, 이는 오이디푸스가 떠난 후 그의 두 아들이 테베의 통치권을 둘러싼 다툼을 벌였고, 오이디푸스를 같은 편으로 끌어들인 쪽이 이기리라는 예언이 있었기 때문이었다. 그러나 오이디푸스는 어느 편으로도 가지 않고 조용히 죽음을 맞이한다.

오이디푸스의 두 아들은 폴뤼네이케스와 에테오클레스Eteocles인데, 이 둘은 아버지의 죽음 후에도 권력 투쟁을 끝내지 않고 있다가, 각각 1년씩 번갈아 가며 나라를 다스리기로 합의한다. 그러나 폴뤼네이케스의 차례가 시작되었을 때, 그는 왕이 되기는커녕 목숨조차 위태롭다는 것을 인식하고 아르고스로 도피해야 했다. 거기에서 그는 아르고스 왕의 사위가 되었고, 아르고스 왕의 지원을 받아 아르고스 군대를 이끌고 고국을 공격한다. 폴뤼네이케스는 테베군을 이끄는 에테오클레스와 맞수가 되어 싸웠고, 결국 각자의 창으로 상대를 찔러 형제는 모두 죽고 만다. 이제 왕위는 비었고, 크레온이 남아 테베를 통치한다. 아이스퀼로스의 『테베를 공격한 일곱 장수』에 여기까지의 내용이 묘사되어 있다.

내전이 끝난 직후, 크레온은 에테오클레스의 장례식을 성대하게 치르면서 폴뤼네이케스의 매장을 금하는 칙령을 내린다. 이유는 그가 조국의 안전을 위협했으므로 적이나 다름없다는 것이다. 이런 상황의 테베에 안티고네가 돌아오면서 『안티고네』도 시작된다.

극은 안티고네와 이스메네Ismene의 자매 간 대화로 시작한다. 안티고네는 크레온이 금한 폴뤼네이케스의 시신 수습을 하겠다는 뜻을 강하게 밝히고 이스메네는 말린다. 그러나 안티고네는 폴뤼네이케스의 시신을 지키는 파수꾼의 눈을 피해 결국 시신에 흙을 덮는다. 이에 크레온은 시신에 흙을 덮은 자를 찾아오라는 명령을 내린다. 안티고네는 다시 한 번 폴뤼네이케스의 시신에 접근하는데, 이전에 흙을 덮으면서 제주를 뿌리는 것을 잊었기 때문이었다. 안티고네는 이번에는 파수꾼들에게 잡혀 크레온의 앞에 서게 된다. 크레온이 왜 자신이 내린 칙령을 어겼느냐 묻자, 안티고네는 "어떤 남자의 뜻이 두렵다고 신의 법을 소홀히 하여 신들에게 벌을 받지는 않겠노라 결심했다."[139] 고 대답한다. 크레온은 "다른 사람의 노예인 주제에 거만하게 굴 수는 없는 법"[140]이며 "이 아이에게 아무 탈 없이 이런 짓을 할 권리가 허락된다면 확실히 내가 사내가 아니라, 이 아이가 사내일 것"[141]이라며 노발대발 한다.

크레온은 안티고네를 가두라 명하고, 무대에는 크레온의 아들 하이몬Haimon이 등장한다. 하이몬은 안티고네와 결혼을 약속한 사이이다. 하이몬은 안티고네의 행위를 명예로운 것이라 옹호하며 사면을 청한다. 그러나 크레온은 하이몬의 말을 듣지 않고 "여자 뒤나 따르는 놈"[142]이라 비난한다. 하이몬은 반항하며 뛰쳐나가고, 크레온은 안티고네를 바위로 된 지하 동굴에 산 채로 가두고 최소한의 음식만

139) Sophokles, *Antigone*, 458~459, 「안티고네」, 『오이디푸스 왕』, 강대진 옮김, 서울: 민음사, 2009.
140) 위의 글, 479.
141) 위의 글, 484~485.
142) 위의 글, 746.

을 넣어주도록 명령한다. 코로스가 안티고네를 동정하는 노래를 부르고 난 후 테이레시아스가 크레온 앞에 선다. 테이레시아스는 크레온의 결정이 그릇된 것이니 철회해야 한다고 촉구한다. 만일 그렇게 하지 않는다면 곧 크레온의 집 안에서 곡 소리가 날 것이라는 예언도 한다.

이러한 예언을 듣고 크레온은 내키지 않지만 마음을 돌린다. 그가 명령을 철회하기 위해 지하 동굴로 갔을 때 거기엔 천으로 만든 올가미로 스스로 목을 맨 안티고네와 안티고네를 끌어안은 하이몬이 있었다. 하이몬은 슬픔에 빠져 제 정신이 아니었고, 마침 나타난 크레온에게 칼을 휘두르다가 자기 몸을 찔러 "불행하게도 하데스의 집에서 결혼 의례를 올리고, 시신이 되어 시신 위에 누었다."143) 그러나 이것이 불행의 끝은 아니었다. 망연자실한 크레온에게 또 하나의 비보가 날아든다. 아들이 죽었다는 소식을 들은 크레온의 부인이 자신의 배에 칼을 꽂아 운명한 것이다. 그리고 크레온은 파멸 속에 홀로남아 울부짖는다.

실로 오이디푸스의 집안의 비극적인 최후라 하겠다. 라이오스부터 안티고네까지 누구 하나 끔찍한 사연을 지니지 않고 죽은 사람이 없으니 말이다. 이 비극에서의 주된 갈등은 크레온과 안티고네 사이의 갈등이다. 크레온은 국가의 수장으로서의 자신의 입장을 견지하고, 안티고네는 오빠에 대한 동생으로서의 도리라는 명분으로 맞선다. 국가나 사회의 규칙이 자신이 따르고자 하는 규칙과 상충할 때 어떻게 하는 것이 옳을까? 이것은 분명 중요한 정치적·윤리적 문젯거리이다. 안티고네의 입장은 옹호될 만한 것인가? 안티고네의 행동은 공동체

---

143) 위의 글, 1240~1241.

의 질서를 어지럽히는 무모한 행동이었는가? 아니면 공권력의 반대를 무릅쓰고 자신의 가치를 수호한 용감한 행동이었는가?

2) 친족의 대표자, 안티고네

헤겔은 일찍이 이러한 질문을 던지고 대답했다. 작품에서 크레온은 "누가 자기 조국보다 친구를 더 중요하게 여긴다면, 그를 아무 가치 없는 자로 여길 만한" 일이며, "이 땅이 안전할 때, 그리고 바로 선 그것을 타고 항해할 때에야 비로소 친구도 사귈 수 있다."[144]고 자신의 입장을 밝힌다. 크레온은 자신의 행동의 정당성을 폴리스의 안정에서 찾는다. 반면 안티고네는 포고는 들었지만 그 포고가 "확고한 신들의 법을 넘을 수는 없기 때문에," "그 어떤 남자의 뜻이 두렵다고 신의 법을 소홀히 하여 신들에게 벌을 받지는 않겠노라 결심했다."[145]고 결의를 밝힌다. 바로 이 대목으로부터 헤겔은 이 대립을 친족의 원리와 국가의 원리의 대립으로 파악한다. 헤겔에 따르면 안티고네와 크레온은 각각 친족의 원리와 국가의 원리를 상대적으로 표상하고 있다.

헤겔은 안티고네의 결심이 같은 핏줄을 지닌 자신의 형제, 즉 친족에 대한 충성에서 비롯된 것이라고 파악한다. 헤겔에 따르면 인간의 역사는 "자기 정체를 상호 인정하기 위한 주체들 간의 투쟁의 역사"[146]로 요약된다. 개인들 간의 투쟁은 국가와 친족 간의 투쟁이라는 사회적인 투쟁으로 발전하고, 이에 따라 국가와 친족은 각기 두

144) 위의 글, 183~190.
145) 위의 글, 454~458.
146) Axel Honneth, *The Struggle for Recognition: The Moral Grammar of Social Conflicts*, trans. Joel Anderson, Cambridge: Polity Press, 1995. p. 5.

근본적인 법, 즉 두 가지 다른 윤리적인 실체 즉 인간의 법과 신의 법을 표방한다. 헤겔에 따르면 인간의 법은 곧 국가의 법과 같으며 크레온은 이를 표상한다. 나아가 이 법은 남성의 법이자 보편성의 법이다. 반면 안티고네는 신의 법이자 자연적인 윤리 공동체인 친족의 법, 여성의 법을 표상한다. 헤겔에게서 국가는 친족 보다 더 우월한 윤리적 삶이 전개되는 영역이다. 혈연으로 묶인 친족 보다는 국가가 보편성을 보다 더 갖기 때문이다.[147] 헤겔에게서 국가와 친족의 관계는 전체에 대한 부분의 관계와 같다. 이런 맥락에서 보자면, 크레온의 행동은 정당한 것인데 반해 안티고네의 행동은 도덕적, 정치적 판단 없이 오직 형제에 대한 순수한 의무에 따른 행동이며 자의식 없는 자연적인 행동, 덜 윤리적인 행동이다. 헤겔은 안티고네가 윤리적이지 않다고 비난하고 있는 것이 아니다. 헤겔의 입장에서 안티고네의 행위는 윤리적이지만 의식적이라기보다는 직관적인 차원에서의 윤리적 행위이다. 즉 자기가 하는 행위가 어떤 것인지 의식하지 않고 직관적적으로 행동했다는 것이다. 의식을 하던 하지 않던 표면상으로는 마찬가지이겠지만 맹목적인 행동은 정의상 윤리적 행위라고 할 수 없다. 안티고네는 "친족이라는 '부분'의 이익을 위해서만 행동하고 국가라는 '전체'의 이익을 위해서는 행동하지 않기 때문에 진정한 윤리적 의식에 이르지 못한 것"이다.[148] 헤겔이 명시적으로 말하는 것은 아니지만 이러한 논리대로 하자면 결국 안티고네는 국가의 법에 저항하는 공공의 적인 것이다.

요컨대 안티고네와 여성은 자기의식이 덜 발달해 있고, 보편성으

147) 친족의 법에 대해서는 G. W. F. 헤겔, 『정신현상학 2』, 임석진 옮김, 파주: 한길사, 2005), p. 24~40 참조, 국가의 법과 그 보편성에 대해서는 같은 책, p. 63~74 참조.

148) 임철규, 같은 책, p. 288.

로 나아갈 계기가 부족한 처지에 있는 반면 크레온과 남성은 자기의식이 충분히 발달해 있고 보편성으로 나아갈 계기도 가지고 있는 처지이다. 가히 합리주의 내지는 이성중심주의의 정점이며 또한 남성중심주의적 사유의 전형이라 할 수 있다.

그렇지만 헤겔의 안티고네 해석은 굉장히 중요하다. 헤겔이 구성한 친족·여성·개별성의 원리와 국가·남성·보편성의 원리라는 대립 구조 자체가 하나의 논쟁거리가 되었기 때문이다. 헤겔의 입장은 전자보다 후자의 원리가 우월하고 안티고네 보다는 크레온이 우월하다는 것이지만, 이에 반발하여 그 반대를 주장한 논자들도 많이 있다. 라캉과 이리가라이Luce Irigaray가 대표적인 논자이다. 라캉에 따르면 안티고네는 보통 사람들은 전혀 욕망하지 않는 무, 죽음을 순수하게 욕망한 사람이다. 안티고네를 "순수 욕망"을 타협하지 끝까지 추구한 인물로 평가하면서 라캉은 "숭고미"에 눈부셔 한다. 여성주의자로서 이리가이의 기본적인 입장은 여성을 남성과 다른 그 무엇으로 규정하기를 거부하고 그 자체로 규정하고자 하는 것이다. 이리가라이는 안티고네를 가부장제의 법에 대항하여 어머니의 법을 실현한 여성주의적 주체의 전범典範으로 평가한다. 이 두 논자들은 안티고네에게서 긍정적인 면을 찾아냈다는 점에서 헤겔과 다르지만, 역시 헤겔이 놓은 대립 구조를 전제로 하여 논의를 전개한, 헤겔의 상속자이다.

그런데 이러한 한계를 넘어 헤겔의 유산을 제대로 뒤집어엎어 버리고 싶어 한 사람도 있다. 버틀러를 소개한다.

3) 우울한 퀴어(queer), 안티고네

버틀러가 보기에 라캉과 이리가라이는 헤겔이 놓은 대립구도 즉 친족의 법과 국가의 법의 대립을 전제하고 있다. 버틀러의 문제의식은 '과연 친족의 법과 국가의 법이 그처럼 구분될 수 있는가?'하는 것이다. 헤겔은 안티고네의 행위 동기를 친족의 법에 따르는 것으로 파악했는데, 버틀러가 보기에 안티고네의 행위는 친족 즉 피로 맺어진 공동체를 위한 것이 아니라 단 한 사람을 위한 것이었다. 버틀러는 『안티고네』에서 다음의 대목을 인용한다.

> 내가 어머니여서 내 아이들이 있었거나, 아니면 내 남편이 죽어서 썩어갔더라면 나는 결코 시민들에 대항하면서 이런 고역을 스스로 짊어지지는 않았을 거예요. 어떤 법을 위해서 내가 이런 말을 하느냐고요? 남편이 죽었다면 내게 다른 남편이 생길 수가 있고, 첫아이를 잃었다면 다른 남자에게서 또 아이가 생길 수도 있을 거예요. 그러나 어머니도 아버지도 두 분 다 저 아래 하데스에 계시니, 내게는 절대로 또 다른 오빠는 생겨나지 않을 거예요. 법이 그러하므로 그러한 법을 위해 내가 누구보다도 오라버니 당신에게 각별히 존경을 보냈건만, 크레온에게는 내가 그른 행동을 한 것으로 보였고, 지독히도 무모하게 보였던 거예요. 오, 나의 오라버니! 그래서 이제 그분께서 내 손을 붙잡아 이끌어 가고 계신 거예요. 결혼도 못하고, 혼례식도 없이, 혼인의 생활을 나눠 보지도 못하고, 아이들도 길러 보지 못한 채 말이죠.[149)]

이 인용문에서 안티고네가 스스로 밝히는 법에 저항하는 이유는 단지 오빠 때문이지 모든 친족을 위해서가 아니다. 버틀러는 안티고네의 법이 오직 단 한 가지의 경우에만 적용된다고 말한다. 안티고네의 법은 "그 순간의 법, 일반성 없는 법, 어떤 이항 가능성transposability

---

149) Sophokles, 앞의 글, 900~920. J. 버틀러, 『안티고네의 주장』, 조현순 옮김, 서울: 동문선, 2005, p. 27~28에서 인용.

도 없는 법이다."[150] 안티고네의 법은 한 순간, 한 사례, 하나의 조건에서만 유효한 법이므로 일반적인 의미에서 볼 때는 법이라고 할 수도 없다. 즉 안티고네는 친족 신의 명령, 친족의 법조차 어기고 있다.

헤겔의 가정처럼 안티고네와 크레온이 각각 친족과 국가를 표상하면서 맞서고 있다면 둘은 상대방과의 관계 속에 얽혀야만 그러한 표상을 수행할 수 있다. 그런데 이 둘이 얽히면 얽힐수록 관계는 모호해진다. 안티고네는 남성다워지고, 그런 안티고네를 상대하는 크레온은 남성성을 잃는 것이다. 이런 점에서 "이 두 행위는 서로 맞서는 것이기보다는 서로를 거울처럼 되비치고 있다."[151] 크레온과 얽힌 안티고네 행위의 모호함은 그의 언어 행위에서도 나타난다. 크레온의 질문, "너는 네가 한 짓이라고 시인하느냐, 부인하느냐?"라는 질문에, 안티고네는 "나는 부인하지 않습니다I do not deny."라고 대답한다. 이 대답은 부인의 거부, 이중 부정이다. 이 이중부정은 한편으로는 완전히 확정적으로 무엇을 주장한 것이 아니라, '부인하기를 거부'한 수행문이며, 다른 한편으로는 남성적 권력에 저항하기 위해 남성적 권력의 언어를 수용하는 확고한 주장의 언어이다.[152] 다시 말해서 이 이중 부정 수행문은 크레온의 통치권을 거부하고, 남성적인 권위에 저항하는 행위인 동시에 남성적인 권위를 수용하고 흡수해서 또 다른 남성적인 권위를 발휘하는 효력을 발휘한다. 결국 크레온은 "확실히 내가 사내가 아니라, 이 아이가 사내일 것"[153]이라고 분노를 터뜨립니다. 둘의 대화는 서로의 젠더를 역전시키며 뒤섞이고, 둘은 각각 표상하

---

150) J. 버틀러, 위의 책, p. 28.
151) 위의 책, p. 29, 강조는 원문
152) 조현준, 「안티고네 : 숭고미에서 퀴어 주체로」, 한국 라깡과 현대정신분석학회, 『라깡과 현대정신분석』, 제8권, 제2호, 2006, p. 201.
153) Sophokles, 앞의 글, 485.

는 것이 무엇인지 알 수 없도록 모호해진다.

버틀러에 따르면 이와 같이 안티고네와 크레온은 자신들의 행위 원리로서 각각 친족의 원리와 국가의 원리를 따르는 것이 아니며, 각각 그 원리들을 표상하지도 않는다. 두 원리는 분명히 구분되지도 않는다. 그 이유는 무엇일까? 헤겔은 남매 관계는 "티 없이 맑은 관계," "서로가 욕정을 품는 일도 없고 저마다 자립성을 상대에게 안겨주거나 또는 상대에게서 받아들이는 일도 없이 각기 자유로운 개인으로 서로 마주하는"[154] 관계로 본다. 헤겔에 따르면 안티고네는 오빠를 그 어떤 성적 의미도 없이 순수하게 한 핏줄로서 욕망하겠지만 버틀러는 이에 동의하지 않는다. 버틀러가 보기에 안티고네는 오빠를 사랑하고 욕망하고 동일시한다.

이는 안티고네가 근친상간의 자식이라는 사실과 상관있다. 안티고네가 '오빠'라는 단어로 일컫는 것은 누구일까? 텍스트에서 그는 폴뤼네이케스로 보이지만, 그는 오이디푸스일 수도 있다. 분명 오이디푸스는 안티고네의 아버지이자 오빠이다. 『콜로노스의 오이디푸스』에서 오이디푸스는 "나는 너희들을 사랑했고, 어느 누구도 나보다 더 너희들을 사랑할 수는 없을 것이다. 이제 너희들은 나 없이 남은 생을 살아가야 할 것이다."[155]라고 말했다. 버틀러는 이 대사에서 안티고네의 매장 행위가 오빠에 대한 사랑에서 비롯된 것이며, 여기에서 오빠는 폴뤼네이케스와 동일시된 오이디푸스라고 읽어낸다. "안티고네는 이미 오빠의 위치를 차지해 버렸다."[156] 안티고네는 오빠들을 대신해 아버지를 돌보았으며, 아버지 대신 오빠에게 테베의 먼지를 뿌

154) G. W. F. 헤겔, 앞의 책, p. 34.

155) Sophokles, *Oidipous epi Kolonoi*, 1617~1618, 「콜로노스의 오이디푸스」, 『소포클레스 비극 전집』, 천병희 옮김, 고양: 숲, 2008.

156) J. 버틀러, 앞의 책, p. 105.

렸으며, 폴뤼네이케스와 에테오클레스가 했던 결별을 이스메네와 반복했으며, 오빠를 대신하여 지하 바위 동굴로 걸어 들어갔다. 안티고네는 가족 내의 거의 모든 남자의 위치를 다 차지해 본 셈이다. 이미 오이디푸스는 "이 애들이 나를 지켜주고 있고, 이 애들이 나를 부양해주고 있어. 함께 고생해야 할 때 이 애들은 남자들이지 여자들이 아니야."[157] 라고 말하고 자신의 두 아들이 마치 이집트의 남자들처럼 집 안에 앉은 채, 집 안의 권력 다툼에 몰두해 있는 반면 두 딸은 아버지를 돕기 위해 집 밖에 있다고 말하여[158] 딸과 아들의 젠더를 역전시켰다.

오이디푸스는 안티고네의 유일한 남자로 자신을 지정했다. 결국 오이디푸스의 저주 또는 명령은 실현되었다. 안티고네는 아버지에 대한 사랑을 오빠에 대한 사랑으로 바꾸면서 이 저주를 실현하는 동시에 불복했다. 버틀러는 안티고네가 아버지의 명령에 "난잡하게 promiscuously 복종"했다고 말한다. 오이디푸스의 저주를 완성하면서 동시에 배반했기 때문이다. 뿐만 아니라 아들들은 근친살인을 저질렀고, 딸 안티고네는 남성 젠더를 획득할 뿐만 아니라 근친에 대한 사랑에 빠지게 되어 버렸다. 난잡하기 이를 데 없다. 자식들의 비극은 오이디푸스 운명의 반복이기도 하다.

요컨대 이 모든 비극은 근친상간으로 이루어진 친족 관계에서 비롯되어 반복된 것이다. 버틀러에 따르면 안티고네는 아버지와 오빠를 사랑한 근친상간자, 더 이상 여자가 아닌 남자, 그러므로 동성애자 등의 복잡한 정체성을 띤다. 안티고네의 혼란스러운 죄는 혼란스러운 친족 관계에서 비롯된 것이다. 그러므로 안티고네는 친족 관계의 그

---

157) Sophokles, 앞의 글, 1366~1368.
158) 위의 글, 337~344.

무엇에 대해 암시하는 것이 틀림없다.

정신분석학의 독법으로 안티고네를 읽자면 근친상간의 금기가 생물학적인 재생산과 가족의 이성애적 성애화를 기반으로 해서 친족을 합법적인 것, 정상적인 것으로 만든다는 가정에 대해 문제를 제기할 수 있다.[159] 그러나 정신분석학은 그런 정상화가 규제적인 규범에 따르지 않는다는 점을 보여주기는 하지만, 친족형태의 대안에 대해서는 언급한 바가 없다. 오히려 정신분석학은 보편질서로서의 상징계와 우연적인 사회계를 분리함으로써 대안적인 친족의 변화가능성을 봉쇄하는 결과를 가져온다.[160] 이것이 버틀러가 정신분석학 특히 라캉에 대해 가한 비판이다.

버틀러는 안티고네 — 오이디푸스가 아니라 — 를 정신분석학의 출발점으로 삼아보자고 제안한다. 안티고네가 뚜렷하게 이성애가 아닌 다른 섹슈얼리티를 보여준 것은 아니지만, "이성애를 재설정하는 것으로는 보이기"[161] 때문이다. 안티고네는 약혼자 하이몬은 안중에도 없으며, 어머니와 아내가 되기를 거절하고, 흔들리는 젠더로 공적 영역을 추문에 휩싸이게 하고, 자신의 무덤을 '깊이 묻힌 집kataskaphes oikesis', '신방'이라고 부른다. 신방이 무덤이라! 그녀의 무덤은 결혼의 파괴를 상징한다.

안티고네의 행위는 흔적을 남기는 무의식으로 점철되어 있는데, 그 무의식은 불가능한 애도에서 비롯된다. 무엇보다도 애도를 금지하는 칙령 때문에 그녀의 공개적인 애도는 그 자체 범죄가 된다. 그러나 문제는 그보다 더 깊은 곳에 있다. 프로이트에 따르면 애도의 대상이

159) 위의 책, p. 111~112.
160) 임옥희, 『젠더의 조롱과 우울의 철학 주디스 버틀러 읽기』, 서울: 여이연, 2006, p. 226.
161) J. 버틀러, 앞의 책, p. 128.

분명한 경우에는 문제가 없지만, 주체가 상실한 대상을 "의식적으로 인식"하지 못한 경우, 우울증을 앓게 된다. 누구나 아끼던 사람을 잃게 되면 슬픔에 빠지게 되는데 특수한 경우, 상실로 인한 슬픔이 지나쳐 분노로 바뀌게 된다는 것이다. 그러나 분노할 대상은 없다죽었으므로. 그래서 무의식적으로 그 분노를 자기 자신에게로 돌려, 심한 자책이나 폭력 행사를 해버린다는 것이다. 이를 프로이트는 "멜랑콜리아"라고 불렀는데, 일종의 우울증이다.[162] 안티고네는 그 특수한 상황 때문에 자신의 애도 대상이 정확히 오빠인지 아버지인지 알 수 없는, 애도에 실패한 우울증 환자이다. 안티고네는 아버지를 아버지라고, 오빠를 오빠라고 부르는 것이 금지되어 있는데, 이 금지는 근친상간의 금지와 연관된다.

버틀러에 따르면 안티고네는 오빠의 특이성과 자신이 상실한 것이 오빠 폴뤼네이케스라고 주장하지만 앞서 살핀 것과 같은 이유로 이 주장은 의심스럽다. 안티고네의 두 오빠에 대한 애도는 근본적으로 불가능하다. 안티고네는 공적인 애도를 하겠다는 고집을 부리면서 오만함hubris와 남성적인 과잉excess으로 자신을 몰고 간다. 버틀러는 우울증 환자가 자신의 애도를 언어화하여, 말할 수 없는 곳으로부터 말할 수 있는 가능성의 한계선까지 자신을 끌고 간다는 프로이트의 설명을 인용한다.[163] 그렇다면 말해질 수 없는 것으로 남겨진 것은 과연 무엇일까?

레비스트로스Claud Levi Strauss에 따르면 친족구조에서는 인간사회에서 한 남자는 자기 여자딸로 명명되든, 누이로 명명되든를 다른 남자에게 양

162) S. 프로이트, 「슬픔과 우울증」, 『정신분석학의 근본 개념』. 윤희기 옮김, 서울: 열린책들, 2003, p. 243~264.

163) J. 버틀러, 앞의 책, p. 135.

보하는 그 남자로부터만 여자를 취할 수 있다는 것을 의미하는 근친혼의 금지라는 보편적 법칙이 존재한다. 안티고네의 비극은 이 법칙에서 벗어난 그의 친족에서 비롯된다. 그런데 버틀러는 여기에서 근친상간의 금기 이전에 이미 배제되어 있는 동성애를 문제시한다. 버틀러는 "'원래' 섹슈얼리티라는 개념은 영원히 억압되고 금지되므로, 결과적으로 그것의 금지로 작동하는 법의 생산물이 된다."고 주장한다.[164) 버틀러는 레비스트로스와는 대조적으로 섹슈얼리티와 관련된 금지는 보편적인 것이라기보다는 역사적인 것으로 본다. 근친상간의 금지 역시 마찬가지이다. 레비스트로스가 밝히듯 근친상간의 금지는 분명한 이항대립의 구조에 입각해있고, "근친상간의 금기는 분명한 젠더 정체성의 생산을 규제"한다.[165) 이 생산을 위해 "동성애는 억압되기 위해 생산되어야 하는 욕망으로 등장"한다."[166) 동성애는 배제된 영역에서 등장하지만 부정된 것이 아니며, 죽은 것도 아니면서 죽어가는 것이라는 의미에서 공적 사회의 우울증과도 같다. 현대의 동성애자들도 살아있을 때도 긍정되지 않고아니면 인식되지 않고 죽어서도 마땅한 애도를 바칠 수 없으며, 연인은 매장의 권리를 갖지 못하지 않은가? 동성애는 일종의 그림자이다. 공적인 법과 사적인 법은 대립하지 않는다. 하나의 법이 자신의 내부에 상대를 자신의 무의식으로 안고 있다. 안티고네는 자신이 배제되어 있는 호칭의 언어 안에서 말하기 때문에 무엇인가를 대표할 수도 없고 확고한 어떤 것을 재현할 수도 없는 위치에 있다.[167) 안티고네는 인간의 언어로는 배제된 것을 행위로 나타낸다. 결과적으로 행위할 권리가 없으면서 행위하는 그는

164) 위의 책, p. 230.
165) J. 버틀러, 『젠더 트러블』, 조현준 옮김, 파주: 문학동네, 2008, p. 230.
166) 위의 책, p. 231.
167) 조현준, 앞의 글, p. 204~205.

인간이 되기 위해서 전제가 되어야 하는 친족이라는 용어를 전복시킨다.

"「애도와 우울증에서」 프로이트는 우울증 환자의 자기 비판적 태도야말로 상실한 애정의 대상을 내면화한 결과라고 해석한다. 다름 아닌 그 대상이 상실되었기 때문에, 관계는 양가적 상태로 해결되지 않은 채 남아 있기는 해도, 대상은 에고 안으로 '들어오게' 된다."[168] 안티고네는 오빠에 대한 합당한 애도에 실패해서 오빠라는 남성을 자신의 자아에 부분적으로 합체한 우울증 환자이다.

『주장』의 첫 문단에서 버틀러는 "나는 국가에 대항해서 맞서 싸웠던 페미니스트의 노력이 어떻게 되었을까 궁금해 하다가 안티고네를 떠올리게 되었다."[169]고 말한다. 버틀러가 보기에 페미니스트들이 여성주의 정책을 실행하기 위해 국가의 지원과 권위를 빌려오고자 하는 것은 무언가 석연치 않다. 페미니스트들이 가부장적인 국가를 길들이면서 복지국가로 이행하기 위해 여러 가지 국가의 보호모성보호, 청소년 보호, 노동자 보호 등등를 요청하는 행위는 마치 등 넓은 아버지에게 기대는 유아처럼 보인다는 것이다.[170] 이에 비해 안티고네는 국가 주권주의나 권위주의에 대항하는 모범적 사례일 것이다. 그러나 버틀러에게 안티고네는 여성 영웅은커녕 퀴어 영웅조차 아니다. 안티고네는 "새로운 영역의 인간에 대한 사례"이다.[171] 근친상간의 금기라는 토대에 선 친족은 인간이 된다는 것의 전제 조건이다. 그렇다면 "인간보다 못한 것이 인간으로서 말할 때, 젠더가 뒤바뀌고, 친족이 자신의 토대한 법 위에서 비틀거릴 때" 새로운 영역의 인간은 생겨난다.[172]

168) 버틀러, 앞의 책, p. 203.
169) 버틀러, 『안티고네의 주장』, p. 13.
170) 임옥희, 앞의 책, p. 227.
171) 버틀러, 앞의 책, p. 138.

요컨대 버틀러는 국가와 친족이 구별될 수 있는 것이라는 헤겔의 가정과는 달리 국가는 친족을 전제로 하여 성립함을 주장한다. 그리고 친족은 근친상간의 금기를 토대로 하고, 근친상간의 금기는 동성애를 배제하는 구조를 토대로 한다. 안티고네의 우울증은 이성애 중심의 가족과 사회의 한 우울한 징후로서 터져 나온 것이다.

크레온과 안티고네의 대화에서 드러난 갈등은 공적 권력이 어떻게 정당성을 갖고 유지될 수 있는지에 대한 문제이다. 역사상 어느 시대를 막론하고 공권력 또는 국가 권력은 내부와 외부, 공동체에 소속 가능한 것과 불가능한 것을 나누고 배제하면서 유지되어 왔다. 이러한 배제의 안과 밖의 경계선은 역사적인 것이겠지만 말이다. 성차는 이 경계선들 중 하나로 기능해왔다. 이스메네의 대사, "이것을 생각해야 해요. 우리는 여자로 태어났고, 그래서 남자들과 맞서 싸울 수 없다는 걸요. 다음으로 우리가 더 강한 이들의 지배를 받고 있다는 사실도요."[173]는 이를 분명히 보여준다. 헤겔은 여성적 원리친족의 도덕적 원리가 남성적 원리국가의 도덕적 원리보다 열등하다는 주장을 한다. 이런 점에서 헤겔은 이스메네의 주장을 합리화한 것이다. 버틀러는 이 경계선들 자체가 자연적인 것도, 합리적인 것도 아니라는 것을 주장한다. 배제의 목적은 배제이다. 또 어떤 금지는 특정한 것을 금지함으로써 뭔가를 생산한다. 매장을 금지하라는 칙령은 크레온의 권력을 그 순간 생산하고 유지한다. 동성애를 금지한다고 해도 그것은 완전히 금지되지 않는다. 그것은 이성애 사회의 그림자로서 생산된다. 그러면서 궁극적으로 젠더 정체성이 생산되고 유지된다. 젠더 정체성이라는 개념어는 예를 들자면 다음과 같은 사태를 포착하는 용어이다.

---

172) 위의 책, 같은 곳.
173) Sophokles, 앞의 글, 61~62.

즉 '어떻게 여자가……' 라든가 '남자들끼리 어찌……'라고 혀를 차면서 말하는 경우가 있다고 하자. 이 때 여자와 남자를 어떤 존재로 가정하고 말하고 있는지가 관건이다. 여기서 전형화되어 가정된 여자와 남자는 그저 말 속에만 있는 여자와 남자이다. 다시 말하자면 위의 예의 화자는 담론 속에 재현된 젠더 정체성에 토대를 두고 이야기를 하고 있는 중이며 또한 젠더 정체성을 담론 속에서 재생산하고 있다. 그런데 담론은 항상 있고, 계속 변한다. 헤겔의 분석도 버틀러의 분석도 이런 담론들 중 하나이다. 그렇다면 젠더 정체성 또한 역사적이고 문화적인 것이지 본질적인 것이거나 자연적인 것이 아니다.

버틀러가 밝힌 안티고네의 비극적 요소는 복잡하지만 정리하자면 아버지/오빠에 의해 남성의 젠더 정체성을 획득한 안티고네가 오빠와 아버지를 동일시하여 애정을 담아 장례식을 치렀다는 것. 그러나 애정의 대상은 잃어버렸고 그 우울증으로 자기 자신을 애정의 대상과 동일시하여 죽음에 이르렀다는 것이다. 안티고네가 지금 서울이나 뉴욕에 살고 있다면 그녀는 어떻게 되었을까? 이런 사람이 감옥도 병원도 안 가고 살 수 있을까? 그러니 담론은 변하고 담론이 재현하는 젠더 정체성 역시 가변적이지만, 고대부터 지금까지 변하지 않고 지속되는 것도 있다고 말해야 하지 않을까? 인간 모둠살이의 가장 근원적인 규칙인 근친상간의 금지 그리고 근친상간의 금지가 젠더 정체성을 규제한다는 것 말이다.

찾아보기

ㄹ

ㅁ

ㅂ

ㅅ

ㅇ

ㅈ

ㅊ

ㅋ

ㅌ

ㅍ

ㅎ

그리스의 신과 영웅

초판 1쇄 발행 2012년 12월 10일
초판 2쇄 발행 2015년 9월 1일
초판 3쇄 발행 2019년 2월 11일

지은이 조명동 · 강미라
발행인 김인철
총괄 · 기획 가정준 Director, University Knowledge Press
편집장 신선호 Executive Knowledge Contents Creator
도서편집 박현정 Contents Creator
전자책편집 인은주 e-Contents Creator
재무관리 김현주 Managing Creator
사전 · 출판 정준희 Contents Creator
마케팅 파트장 백승이 Chief Marketing Creator
마케팅 이현진 Marketing Creator
발행처 한국외국어대학교 지식출판콘텐츠원
02450 서울특별시 동대문구 이문로 107
전화 02)2173-2493~7
FAX 02)2173-3363
홈페이지 http://press.hufs.ac.kr
전자우편 press@hufs.ac.kr
출판등록 제6-6호(1969. 4. 30)
디자인 · 편집 디자인퍼브 02)2254-4308
인쇄 · 제본 네오프린텍(주) 02)718-3111

ISBN 978-89-7464-774-2 94200 정가 15,000원
ISBN 978-89-7464-739-1 94080 (세트)

〈철학과문화연구소 에피스테메총서〉